国家出版基金项目
NATIONAL PUBLICATION FOUNDATION

● 生态文明法律制度建设研究丛书

过程与管控：
我国核能安全法律制度研究

GUOCHENG YU GUANKONG
WOGUO HENENG ANQUAN FALÜ ZHIDU YANJIU

宋志琼 ● 著

重庆大学出版社

图书在版编目（CIP）数据

过程与管控:我国核能安全法律制度研究/宋志琼
著.--重庆:重庆大学出版社，2023.4
（生态文明法律制度建设研究丛书）
ISBN 978-7-5689-3804-4

Ⅰ.①过… Ⅱ.①宋… Ⅲ.①核安全—能源法—研究
—中国 Ⅳ.①D922.54

中国国家版本馆CIP数据核字(2023)第094556号

过程与管控：我国核能安全法律制度研究

宋志琼 著

策划编辑:孙英姿 张慧梓 许璐
责任编辑:陆艳 版式设计:张晗
责任校对:谢芳 责任印制:张策

*

重庆大学出版社出版发行
出版人：饶帮华
社址：重庆市沙坪坝区大学城西路21号
邮编：401331
电话：（023）88617190 88617185（中小学）
传真：（023）88617186 88617166
网址:http://www.cqup.com.cn
邮箱:fxk@cqup.com.cn（营销中心）
全国新华书店经销
重庆升光电力印务有限公司印刷

*

开本：720mm×960mm 1/16 印张：16.5 字数：224千
2023年4月第1版 2023年4月第1次印刷
ISBN 978-7-5689-3804-4 定价：88.00元

丛书编委会

主　任：黄锡生

副主任：史玉成　　施志源　　落志筠

委　员（按姓氏拼音排序）：

邓　禾　　邓可祝　　龚　微　　关　慧

韩英夫　　何　江　　卢　锟　　任洪涛

宋志琼　　谢　玲　　叶　轶　　曾彩琳

张天泽　　张真源　　周海华

作者简介

————

　　宋志琼，1983 年出生，安徽马鞍山人，北京航空航天大学法律管理与科学专业博士。主要研究关注领域为环境和自然资源法、教育法。

总　序

　　"生态兴则文明兴，生态衰则文明衰。"良好的生态环境是人类生存和发展的基础。《联合国人类环境会议宣言》中写道："环境给予人以维持生存的东西，并给他提供了在智力、道德、社会和精神等方面获得发展的机会。"一部人类文明的发展史，就是一部人与自然的关系史。细数人类历史上的四大古文明，无一不发源于水量丰沛、沃野千里、生态良好的地区。生态可载文明之舟，亦可覆舟。随着发源地环境的恶化，几大古文明几近消失。恩格斯在《自然辩证法》中曾有描述："美索不达米亚、希腊、小亚细亚以及其他各地的居民，为了得到耕地，毁灭了森林，但是他们做梦也想不到，这些地方今天竟因此成了不毛之地。"过度放牧、过度伐木、过度垦荒和盲目灌溉等，让植被锐减、洪水泛滥、河渠淤塞、气候失调、土地沙化……生态惨遭破坏，它所支持的生活和生产也难以为继，并最终导致文明的衰落或中心的转移。

　　作为唯一从未间断传承下来的古文明，中华文明始终关心人与自然的关系。早在 5 000 多年前，伟大的中华民族就已经进入了农耕文明时代。长期的农耕文化所形成的天人合一、相生相克、阴阳五行等观念包含着丰富的生态文明思想。儒家形成了以仁爱为核心的人与自然和谐发展的思想体系，主要表现为和谐共生的顺应生态思想、仁民爱物的保护生态思想、取物有节的尊重生态思想。道家以"道法自然"的生态观为核心，强调万物平等的公平观和自然无为的行为观，认为道是世间万物的本源，人也由道产生，是自然的组成部分。墨家在长期的发展中形成"兼相爱，交相利""天志""爱无差等"的生态思想，对当代我们共同努力探寻的环境危机解决方案具有较高的实用价值。正是古贤的智慧，让中华民族形成了"敬畏自然、行有所止"的自然观，使中华民族能够生生不息、繁荣壮大。

中华人民共和国成立以来，党中央历代领导集体从我国的实际国情出发，深刻把握人类社会发展规律，持续关注人与自然关系，着眼于不同历史时期社会主要矛盾的发展变化，总结我国发展实践，从提出"对自然不能只讲索取不讲投入、只讲利用不讲建设"到认识到"人与自然和谐相处"，从"协调发展"到"可持续发展"，从"科学发展观"到"新发展理念"和坚持"绿色发展"，都表明我国环境保护和生态文明建设作为一种执政理念和实践形态，贯穿于中国共产党带领全国各族人民实现全面建成小康社会奋斗目标的过程中，贯穿于实现中华民族伟大复兴的中国梦的历史愿景中。党的十八大以来，以习近平同志为核心的党中央高度重视生态文明建设，把推进生态文明建设纳入国家发展大计，并提出美丽中国建设的目标。习近平总书记在党的十九大报告中，就生态文明建设提出新论断，坚持人与自然和谐共生成为新时代坚持和发展中国特色社会主义基本方略的重要组成部分，并专门用一部分内容论述"加快生态文明体制改革，建设美丽中国"。习近平总书记就生态文明建设提出的一系列新理念新思想新战略，深刻回答了为什么建设生态文明、建设什么样的生态文明、怎样建设生态文明等重大问题，形成了系统完整的生态文明思想，成为习近平新时代中国特色社会主义思想的重要组成部分。

生态文明是在传统的发展模式出现了严重弊病之后，为寻求与自然和谐相处、适应生态平衡的客观要求，在物质、精神、行为、观念与制度等诸多方面以及人与人、人与自然良性互动关系上所取得进步的价值尺度以及相应的价值指引。生态文明以可持续发展原则为指导，树立人与自然的平等观，把发展和生态保护紧密结合起来，在发展的基础上改善生态环境。因此，生态文明的本质就是要重新梳理人与自然的关系，实现人类社会的可持续发展。它既是对中华优秀传统文化的继承和发扬，也为未来人类社会的发展指明了方向。

党的十八大以来，"生态文明建设"相继被写入《中国共产党章程》和《中华人民共和国宪法》，这标志着生态文明建设在新时代的背景下日益规范化、制度化和法治化。党的十八大提出，大力推进生态文明建设，把生态文明建设放在突出地位，融入经济建设、政治建设、文化建设、社会建设各方面和全过程，努力建设美丽中国，实现中华民族永续发展。党的十八届三中全会提出，必须建立系统完整的"生态文明制度体系"，用制度保护生态环境。党的十八届四中全会将生态文明建设置于"依法治国"的大背景下，进一步提出"用严格的法律制度保护生态环境"。可见，生态文明法律制度建设的脚步不断加快。为此，本人于2014年牵头成立了"生态文明法律制度建设研究"课题组，并成功中标2014年度国家社科基金重大项目，本套丛书即是该项目的研究成果。

本套丛书包含19本专著，即《生态文明法律制度建设研究》《监管与自治：乡村振兴视域下农村环保监管模式法治构建》《保护与利用：自然资源制度完善的进路》《管理与变革：生态文明视野下矿业用地法律制度研究》《保护与分配：新时代中国矿产资源法的重构与前瞻》《过程与管控：我国核能安全法律制度研究》《补偿与发展：生态补偿制度建设研究》《冲突与衡平：国际河流生态补偿制度的构建与中国应对》《激励与约束：环境空气质量生态补偿法律机制》《控制与救济：我国农业用地土壤污染防治制度建设》《多元与合作：环境规制创新研究》《协同与治理：区域环境治理法律制度研究》《互制与互动：民众参与环境风险管制的法治表达》

《指导与管控：国土空间规划制度价值意蕴》《矛盾与协调：中国环境监测预警制度研究》《协商与共识：环境行政决策的治理规则》《主导或参与：自然保护地社区协调发展之模式选择》《困境与突破：生态损害司法救济路径之完善》《疏离与统合：环境公益诉讼程序协调论》，主要从"生态文明法治建设研究总论""资源法制研究""环境法制研究""相关诉讼法制研究"四大板块，探讨了生态文明法律制度建设的相关议题。本套丛书的出版契合了当下生态文明建设的实践需求和理论供给，具有重要的时代意义，也希望本套丛书的出版能为我国法治理论创新和学术繁荣作出贡献。

2022 年 9 月 于山城重庆

前　言

　　无所不在的能源危机让国际社会越来越仰仗新能源的发展，核能又以其经济效益高、清洁性能强的优势备受推崇。2011年福岛核爆炸给人类社会带来了惨痛的损失和挥之不去的阴霾，然而短时间之后，各国在巨大经济效应和发展需求的驱使下，又开始复苏核能工业。根据国际原子能机构（IAEA）核反应堆信息系统（PRIS）的数据显示，截止2023年11月，全球共有34个国家和地区的412座核电站在运行，58座核电站在建。这种又爱又怕的矛盾情绪最终都来源于安全感的缺乏。正是基于对以上问题的关注和思考，本书拟从法律学科的角度出发关注核能安全保障问题。

　　首先，采用法律解释学的方法，对核能安全进行基础理论和现实状态的研究。在法律语境下，分别诠释了核能、安全、核能安全这几个基本概念，区分核安全、核安保、核安防的不同内涵，有效地界定本文所要探讨的民用核能安全的范围。然后通过介绍分析世界以及中国核能安全的现状，对比研究各学科对核能安全保障的作用发挥，可以看出我国一直高度重视核能安全保障工作，但是仍存在核能安全管理机构缺位、核能安全法律性文件缺失等问题，针对核能安全领域法律所开展的系统性和综合性的学术研究还相对滞后，制度性危机亟待解决。

　　其次，根据社会学和历史研究，鉴于核能利用可持续发展、贯彻国际责任、实现能源安全和能源法治的现实需要，我国核能安全法律体系的建立具有不言而喻的必要性。同时，较为良好的国内立法基础、较为成熟的国际立法经验以及国际原子能机构的引导和协助，都为我国核能安全立法提供了非常有利的条件。本文梳理了国际原子能机构关于核能安全的立法历史及成果，对比介绍了核工业国家具有借鉴意义的重要核能安全法律制度。

最后，从立法实践出发，建议我国核能安全法律制度的立法模式采取由《核安全法》作为本领域基本法，再配套制定一系列的行政法律法规、技术文件，形成"一主多从"的法律制度体系，协同发挥作用。分析界定法律制度的价值定位和基本原则，将对整体立法进程起到全局统领的推动作用，本文将核能安全法律制度的基本原则尝试归纳为：以安全原则为核心，以可持续发展原则、信息公开原则、公众参与原则以及决策问责原则共同辅助支撑，以上基本原则最终延伸为具有特定内涵的制度表现。本文尝试采用分类研究的方法，根据法律制度发挥作用的时机和阶段，大致将核能安全所涉及的具体法律制度分为三类：核能安全监管制度、核能安全预防制度、核能安全应急制度，其下又各自包含几个具体的核心法律制度，例如核能安全环境影响评价制度、核能安全行政许可制度、核能安全信息公开制度、核能安全监管制度、核能安全应急制度等。具体行文中结合国情实际，选取各基本原则和重要制度的内容重点、制度特点和立法难点加以一一评述，并尝试对我国 2018 年 1 月 1 日起正式施行的《核安全法》进行介绍，兼而简要阐述了个人的一些立法完善建议，以期为形成科学有效的核能安全法律制度提供有益的学术意见，保障核能工业安全持续发展。

高尔基曾经感慨道：世界上最快而又最慢，最长而又最短，最平凡而又最珍贵，最易被忽视而又最令人后悔的就是时间。自本书完成初稿，跨越疫情三年，直至将要出版之际，得到了众多老师、亲友的鼎力相助，在此真诚地道一声感谢。特别感谢我的导师黄锡生教授。导师治学严谨、博识多通、怀瑾握瑜、为人师表，不仅以法学领域的深厚造诣传道授业，而且常以中国传统文化的独到见解答疑解惑，让本人的学术研究、职业发展受益匪浅。导师更像是慈父挚友，以大智慧、正能量给予我生活的勇气。衷心感谢北航法学院以龙卫球教授、肖建华教授、孙国瑞教授、付翠英教授、张慧玲书记、程文浩书记、陈巍副教授、杨勇老师等为代表的各位老师，给予了我亲切的关怀与无私的教导。感谢多年来陪伴成长的法学同窗们，感谢陪伴身边的母亲和远在天堂的父亲，感谢丈夫和女儿们，谢谢你们的心灵守护。最后，尤其感谢为本文提供研究基础和学术支持的各位国内外学者们，前人挖井，后人饮泉；前人铺路，后人道畅。正是因为有了各位前辈的研究成果，给予了我莫大的学术帮助，才引发了本书的一点思考和拙见。法学殿堂博大精深，作为初入门槛的小学生，本人水平和能力有限，本书的某些观点不免有所偏颇、粗鄙，万请海涵、敬请斧正。同时也期待自己能够有机会、有毅力在不断否定中继续探索，坦然面对学术之苦，感悟学术之乐。

宋志瑶

2023 年 1 月

目　录

绪　论

一、无法忽视的核能问题

（一）无处不在的能源危机

在科学技术高度发展的今天，如何使科学技术的利用与人们基本权利的保护获得平衡，是愈来愈重要的论题。选取"中国核能安全法律制度研究"这一问题一探究竟，缘于笔者近年对世界能源危机、核能等新能源迅猛发展，以及重大核安全事故的关注和思考。

从世界范围来看，能源的安全直接关系到整个国家的利益，甚至关系到全球的存续发展，因此成为各国和国际组织全面关注的重要内容。《2012 世界能源展望》是国际能源署于当年年末发表的一份综合性分析报告，其中文版摘要显示，世界各国为了应对日益严重的能源危机，虽然提出了众多的新政策和新措施，但依然不能确保全球能源体系进入更为可持续发展的轨道。在新政策情景中，2035 年全球能源需求增长将超过 30%，中国、印度和中东地区将对此需求大幅增长作出较多贡献，占比达到 60%，世界电力需求以近两倍于世界能源需求的速度增长。[1] 当今世界面临着如何持续可靠地供给廉价的能源，如

1　Internationl Energy Agency.World Energy Outlook 2012 ［J］.International Energy Agency，2012，2010（1）：3.

何迅速步入低碳、高效、环保的能源供应新体系等一系列重大能源挑战，以上问题的解决与人类社会的繁荣和未来休戚相关。

中国经济将持续发展，能源需求不断增加，预示着我国不可避免地将面临严峻的能源短缺问题。我国政府深刻认识到该问题的重要性并进行了相关政策研究分析，于 2012 年发布了《中国的能源政策（2012）》白皮书，书中严肃指明我国能源过度依赖国外来源的问题，且表现出较快的逐年上升趋势，尤其体现在石油类产品的对外依存度上，2015 年石油消费对外依存度第一次突破 60%[1]。2012 年 11 月，中国共产党的十八大报告提出，要推动能源生产和消费领域的革命，总体控制能源消费量，促进节能降耗，扶持鼓励节能低碳产业、新能源和可再生能源的持续发展，确保实现国家能源安全。为应对能源危机，中国致力于寻找和发展可替代能源和可再生能源。2020 年 4 月国家公布了《中华人民共和国能源法（征求意见稿）》，文中第三十二条强调说明，国家鼓励高效清洁开发利用能源资源，支持优先开发可再生能源，合理开发化石能源资源，因地制宜发展分布式能源，推动非化石能源替代化石能源、低碳能源替代高碳能源，支持开发应用替代石油、天然气的新型燃料和工业原料。

（二）核能中并存的机遇与风险

核能自 20 世纪中叶正式步入和平利用时代，作为一种新能源日益受到人们的重视，核电利用技术发展日趋成熟。六十余年的实践证明，核能具有浓集、清洁、安全、经济等特点，对解决目前人类面临的能源问题，减少温室气体的排放有重要作用，是一种环境友好型能源。对于日益减少的化石燃料而言，最能救急的代替物是各种形式的原子能。原子能可以大量满足世界未来能量的需要。[2] 国际原子能机构（IAEA）核反应堆信息系统（PRIS）的数据显示，截至 2016 年 12

---

1 孙贤胜，钱兴坤，姜学峰.2015 年国内外油气行业发展报告［M］.北京：石油工业出版社，2016：31.
2 芭芭拉·沃德，勒内·杜博斯.只有一个地球：对一个小小行星的关怀和维护［M］.《国外公害丛书》编委会，译校.长春：吉林人民出版社，北京：中国环境科学出版社，1997：153.

月，全球共有 30 个国家和地区的 450 座核电站在运行，净装机总容量 392012 兆瓦；2 座核电站被永久关闭；60 座核电站在建。2015 年全世界核能发电总计 24413 亿千瓦时，超过世界总发电量的 10%。

然而，核能开发利用的极大风险在历史发展中也不证自明，稍有懈怠即给人类带来毁灭性灾难。1986 年 4 月 26 日切尔诺贝利核电站泄露事故所造成的对人类的损害仍让人心有余悸，隔离区被划定为该核电站方圆 30 公里以内，甚至被世人赋予了"死亡区"的恐怖定位。"2011 年 3 月 11 日"这个日期日渐变成历史，但福岛核事故的影响却没有随着人们的主观淡忘而消失殆尽。福岛核事故发生一周年之际，《朝日新闻》特刊刊登了世界著名核物理学家，被誉为"放射性核束之父"的谷畑勇夫教授对福岛及其周边地区土壤核污染的监测与研究结果，研究数据指出：随着放射性元素的衰变，以 2011 年 3 月 16 日辐射量的监测值为基准，"5 年后减少约 60%，10 年后减少约 70%，20 年后减少约 80%，30 年后减少约 85%"，日本当局表示福岛周围有部分地区恐将永远成"禁区"。

核事故的发生并没有阻断核能利用的步伐，反而促使人类不断探索核能利用的可持续发展模式。开发利用核能的过程也是人类经历各种风险，不断试错、纠错，提高风险认知度的过程。为了实现核能的可持续发展，核能安全问题已经成为专业领域乃至社会民众关注的一个焦点。保障核能安全工作从宏观来看是一项复杂性、系统性都很强的庞大工程，需要综合采用科技、经济、管理、教育、法律等多种方法和手段，其中法律作为一种能够充分调整人与人之间复杂关系的重要的社会性规范，尤其具有特殊功能。自核能民用以来，"科技加法律"是保障核能安全的通行做法，世界各国都先后制定了相关法律。国际社会通过共同努力，也初步形成了较为完善的国际核能安全法律体系。中华人民共和国成立以后，随着核工业发展，国家非常重视核能安全工作，在立法方面也取得了一些成就。但是与我国核能利用发展趋势以及建设生态文明社会的需求仍有相当大的差距，不管宏观立法体系还是微观法律制度都亟待进一步完善。

（三）核能安全视角看问题的重要意义

从人类进步的历史来看，仅有着不足百年发展史的核技术是一门非常年幼的技术；从法律历史看，自公元前 18 世纪汉谟拉比王在古巴比伦颁布第一部法典以来距今已有 4 000 余年，但核技术和法律结合的产物——核能相关法律，则尚处于婴儿时期。核能法是法律学科一个新的分支，学界对该学科的研究尚处于起步阶段，有关它的一些理论和实践问题还在形成和完备之中，值得加以研究和发展。尤其是从安全角度出发，深入探讨如何构建核能安全法律制度，之于核能产业的可持续发展、世界和平的保障、生态环境的切实保护、“两型社会”的建设都很必要，具有重要的理论意义与现实意义。

一是从法律角度界定与“核能安全”相关的概念、内涵，具有理论基础意义。相对于核能民用的迅猛发展，理应配套运作的核能安全事宜则略显滞后，更难谓全面深入的理论探讨，更勿论法律层面的探究，核能安全立法的立足点是否存立则有赖于此。《核安全公约》（*Convention on Nuclear Safety*）这一规范世界各国核安全管理的第一个法律性文件于 1994 年由国际原子能机构通过生效，同年国际原子能机构核安全司正式成立，“核安全”的概念被正式提出并得以传播，但未引起国内法学界的足够重视。在中国知网以“核能安全”和“核安全”为篇名关键词搜索可见，最早的期刊文章始见于 1980 年[1]，归属于科普类新闻角度，而最早的法学类新闻报道则在 1996 年[2]，法学视角的研究则于 2000 年以后开始偶见于期刊和报纸之中[3]，较为系统

1　叶文．美国成立核电站运行研究所和核安全分析中心［J］．国外核新闻，1980（9）：33.
2　核安全公约［J］．中华人民共和国全国人民代表大会常务委员会公报，1996（1）：41–51.
3　李韡．主要核国家核安全行政体制及法令［J］．国外核新闻，2001（7）：4–8；王晓丹．浅谈国际核安全立法现状［J］．中国核工业，2003（4）：39–41；吴坤．立法确保核能安全［N］．法制日报，2003-01-02；司国建．核安全与辐射防护法规体系的现状与发展［J］．核安全，2005（3）：29–33；马立毅，王建英．我国核安全法规概述［J］．辐射防护通讯，2007（2）：39–42.

的学术研究则是从 2006 年开始，可见于法学期刊和硕士论文 [1]，其中高水平法学学术成果则屈指可数。总而言之，在我国法学领域中对核能安全或核安全领域进行系统理论研究的成果少之又少。法学理论是法律制度的基石和支撑，成熟有效的制度必然建设于应有的理论基础之上，因此本书拟结合我国现实状态，从法学基础理论层面系统阐述核能安全的内涵、制度必要性和可行性、价值追求和立法原则，具有弥补理论研究稀少的学术价值。

二是构建全面系统、相互协调的核能安全立法体系，具有实践指导意义。核能开发关涉公众的健康与安全，技术性高、涉及面广、影响力大，各国核能法律规制过程中的经验无一不表明，系统的、稳定的、相互间协调一致的优秀立法是确保核能安全利用的基础性保障。而且公开透明、易于操作的法律制度，不但有助于核能企业遵纪守法、自律自省，也有利于广大公众更便捷地了解和掌握法律，在提高自身维权意识的同时，积极参与核能工业安全运营的监督工作，最终以立法保障行业运营和公众行为，实现核能安全发展的最终目标。

二、国内外专家的看法

在国际社会，核能利用这个领域的话题热度一直未减，众多核能利用科技发达国家的法学界基于社会需求的状态，涉及核能利用各专业领域的国际法律文件的法理分析和实践研究的历史比较长，程度也相当细致；涉及核裁军、核不扩散、核能和平利用等领域以及其相关分支范畴的国际法律研究的著作和论文也非常丰富。与此

---

1 李晶晶，屈植.如何建立我国核能安全立法体系［J］.科教文汇（下半月），2006（16）：157-158；张红卫.核能安全利用的法律制度分析［D］.青岛：中国海洋大学，2006；宋爱军.我国核能安全立法研究［D］.长沙：湖南师范大学，2009；张铭.民用核能安全利用的国际法规制——以福岛核事故为例［D］.济南：山东大学，2012；岳树梅.中国民用核能安全保障法律制度的困境与重构［J］.现代法学，2012（6）：115-125；苏勇.生态安全视角下核能开发利用的法律规制［D］.重庆：西南政法大学，2012；王晓方，王高.核安全立法 保障核能有序健康发展：世界主要核电国家核安全法立法概览［J］.中国核工业，2013（3）：40-43；汪劲，耿保江.核能快速发展背景下加速《核安全法》制定的思考与建议［J］.环境保护，2015（7）：25-29.

同时，涉核大国的法学界对本国国内的原子能法律体系的专业研究历史比较悠久、内容比较全面、程度比较深入。如 1997 年英国律师 Stephen Tromans QC 编著的 *Nuclear Law: The Law Applying to Nuclear Installations and Radioactive Substances in Its Historic Context*[1]（《核法律：在历史背景下适用于核设施和放射性物质的法律》）一书，详细介绍了有关许可、核电站的运行规律、辐射防护、核设施退役前的清理、放射性废物和乏燃料的管理、放射性物质运输、安全责任和保险等方面的知识，成为适用于与核能和放射性物质相关的国际、欧盟和英国法律的实用指南，一经出版就广受欢迎，并于 2010 年更新后再版，是目前较为权威且全面的国别核法律研究成果。具体到核能安全角度，在国际原子能机构和国际核协会等相关重要网站中，都设有专门的核安全和安保栏目。如国际原子能机构从核安全的组织架构、技术领域、会员国服务、相关出版物、公约规章、教育培训、会议和项目计划等方面，进行全面规范。国际核协会则相对简单，介绍了核设施安全、放射线与健康安全、核不扩散三个方面的相关信息，且介绍了核安全（Nuclear Safety）、核安保（Nuclear Security）、核防卫（Nuclear Safeguards）三个概念的区别。通过文献查询，各国学者从安全角度考虑核能利用法律规制论题的著作和文章相对欠缺，众多理论研究和成果展示主要体现在国际和各国国内核能相关法律规章之中。

在中国，核能利用具有极高的战略价值，经由最初的核能军用发展到核能民用广泛推广的过程，政府机构、科研单位以及核电企业作为核能利用的直接参与者，从涉及核能的立法、外交、工程技术和科研等领域出发，对核能利用相关的国际法和其他国家的法律文本已有比较深入的研究，尤其是国际核能利用相关的法律文本已经成为我国国家核能立法实践中的重要参考依据，为国家参与国际核能技术交流与合作提供了许多国际准则，是我国核工业制定行业技术标准的官方

1　Stephen Tromans QC. Nuclear Law: The Law Applying to Nuclear Installations and Radioactive Substances in Its Historic Context（2nd）［M］.Oxford：Hart Publishing Ltd，2010.

指南。但是近四十年以来，国内法学界对核能利用安全相关领域的法学理论研究，无论从局部看还是从整体而言均少有涉足，缺乏针对性的学术文章，系统论著更为少见，对核能安全利用法律问题的理论研究较为分散，缺乏系统性。随着《中华人民共和国核安全法》（以下简称《核安全法》）立法的前进或停滞，陆续有国内学者提出从安全角度关注核能法律体系建设的思路和倡议。有学者开始从安全角度介绍借鉴国外的核能法律体系和制度[1]，也有学者开始尝试将视野放回国内[2]，从安全角度关注探析我国核能法律制度的发展趋势，甚至从初步地探讨中国核能安全法的立法必要性，转向更为细致地探讨具体的法律构成和详细制度内容[3]。上述专业论文的陆续发表以及传播，显现出中国法学界已开始有专业人士关注到开展核能利用安全法律制度综合研究的必要性和可行性，但最终成体系的研究则相对稀少。写作本书时，笔者以"核能安全""核安全"为篇名关键词在中国知网检索到法学学科文献有 178 篇，其中法学学科博士学位论文仅 1 篇，[4] 优秀硕士学位论文仅 14 篇。下面将从本书涉及的几个方面介绍国内外研究现状。

（一）从法律层面认知核能安全

经历过三里岛事故和切尔诺贝利核事故，尤其在步入 21 世纪后发生的福岛核事故之后，世界各国尤其是发达国家的核电发展基本处于停滞态势，安全成为制约核能发展的最大问题。"核能安全"或"核安全"转化为完整的说法是"保障核能的安全利用"，其内涵解释在

1 曹霞.美国核电安全与法律规制［J］.政法论丛，2012（1）：103-110；程荃.欧盟核安全立法的新发展及其对中国的启示［J］.时代法学，2012（3）：100-108；甘继刚.核能安全的国际法规制［J］.湖南警察学院学报，2012（2）：77-80；陈玮.德国核能安全和环境保护调控模式借鉴［J］.人民论坛，2015（3）：251-253.
2 陈金元，李洪训.浅谈我国核安全立法问题［J］.核安全，2007（3）：1-4+9；花明，陈润羊.我国核安全法律体系研究［J］.核安全，2009（1）：39-45；邓禾，夏梓耀.中国核能安全保障法律制度与体系研究［J］.重庆大学学报（社会科学版），2012（2）：26-32.
3 蔡先凤.核电安全风险管理、信息公开与法律保障［J］.绿叶，2011（4）：70-76；陈伟.核安全法的指导思想、体系与内容［J］.沈阳工程学院学报（社会科学版），2011（3）：370-372；陈伟.中国核安全法论纲［J］.北华大学学报（社会科学版），2011（4）：84-87.
4 刘画洁.我国核安全立法研究——以核电厂监管为中心［D］.上海：复旦大学，2013.

相关的国际公约中有所涉及。1994 年 6 月 17 日，在维也纳通过了《核安全公约》，该公约具有加强指导各国核活动规则的法律性质，是一项指导各国进行核设施安全管理的框架性公约。公约的基本目的是，通过国家和国际合作措施的增强，在全世界范围内达到和保持一个高水平的核安全状态；建立和保持对核设施潜在的放射性危害的有效防护，以保护个人（公众）、社会和环境免遭这些设施可能的放射性的伤害影响；防止有放射性后果的事故以及当这种事故发生时减轻其后果。《核安全公约》强调指出，"安全应被置于优先地位，应设立并实施质量保证方案"。正如有文章提出，核能对环境和人体健康的危害可分为以下几个方面：放射性污染、核事故与核事件、核武器。[1]简单来说，核能安全就是要采取措施避免环境和人体健康承担或遭受以上风险和危害。

核能安全在核能发展的当前实践中，在很多场合和时间以"核能安全文化"的形式和内涵显性地表现出来。在探讨总结切尔诺贝利核事故教训的工作过程中，国际原子能机构的国际核安全咨询组（International Nuclear Safety Advisory Group，INSAG）提出了一个"安全文化"（Safety Culture）的概念。安全文化是一个包括决策、管理和运行过程中各层次人员的安全素养，以及安全政策、管理体制、工作作风和知识水平在内的总体概念。[2]安全文化的首创者国际核安全咨询组（INSAG）对安全文化给出了经典的定义：安全文化是存在于单位和个人中的种种素质和态度的总和，它建立一种超出一切之上的观念，即核电厂的安全问题由于它的重要性要得到应有的重视。有学者指出：核安全文化是震惊世界的美国三里岛和苏联切尔诺贝利两次严重核事故后提出的关于核安全的新概念和新举措，其结果是对核安全管理的进一步重视和形成的新的安全管理理念，核安全文化被作为

1　张红卫.核能安全利用的法律制度分析［D］.青岛：中国海洋大学，2006.
2　张力.核安全文化的发展与应用［J］.核动力工程，1995（5）：443-446.

一项管理原则加以推广和实施，用以防止和减少人因错误。[1] 由于安全文化对人的影响是深层次的，因此不可能在短时间内产生明显的、根本的效果。有人甚至指出，倡导安全文化的效果可能要在两至三代人的身上才能显现出来。另外，安全文化的推行，必须建立在完善的安全技术措施和良好的安全管理基础之上。因此，要使安全文化充分发挥作用，必须以核安全法律制度的健全和有效为基础。正如法律对文化的推动和促进一样，核能安全法律对核安全文化具有同样的推动和促进作用，而且还对核安全文化的负面效应有抵制和预防作用。

　　法是经由国家有权机关制定的社会规范，天然具有"指引、评价、预测、教育和强制等规范作用"[2]。有学者在分析法与科学技术的关系时认为：法对科技发展所带来的消极后果有抵制和防范的作用，为了遏制原子能利用过程中可能产生的消极后果，促进原子能所带来的一系列社会问题，需要建立原子能许可制度、核材料安全监督管理制度、放射防护监督管理制度以及核损害赔偿制度等一系列法律制度。[3]因此，核能的安全利用是核能科技、核能管理和核能安全文化三者共同发挥作用的产物，而法律无疑是保证这三者正常运转的基础因素和规制手段。

（二）对中国建立核能安全法律制度必然性的研究

　　回顾古今中外，各思想家、法学家总结提出的通过"法"所促进实现的价值内容、名称、数量和形式均不在少数，但归纳起来无外乎"正义"和"利益"两大类价值，这里的"正义"和"利益"两个词都蕴含着丰富的内涵和外延。曾有学者专门讨论过"正义与安全"的关系，文中指出：法律对于权利来讲是一种稳定器，而对于失控的权力来讲则是一种抑制器。在有关秩序之需要的讨论中，常把安全需求的问题

1　张红卫.核能安全利用的法律制度分析 [D].青岛：中国海洋大学，2006：32.
2　沈宗灵.法理学 [M].北京：高等教育出版社，1994：67.
3　沈宗灵.法理学 [M].北京：高等教育出版社，1994：268.

置于中心地位。人们在正义理论中将安全置于幕后主导者的地位，究其原因必须探究这样一个事实，即安全在法律秩序中的作用明显带有从属和派生的气质，相对于生命、财产、自由和平等，以及其他价值而言，安全能够保障它们被人们所稳定并持续享有。这种法律上所强调的安全目的，清晰地体现在霍布斯的名言中，"人民的安全乃是至高无上的法律"[1]。

在与核能安全相关的国际立法研究方面，有学者指出：国际核能安全立法即国际核安全体系主要由数量众多的国际条约组成，大致可以分为三类：第一类是保证核能的和平利用和防止核武器扩散的条约；第二类是确保安全地利用核能的条约；第三类是有关减轻核事故后果的预防性条约。其中涉及核能安全利用的主要是后两类条约。此外，还有不少其他领域的与核能利用有关的国际条约，主要是关于环境保护的。除了从国际条约角度对核能的安全利用进行规定外，各国还通过国际组织的形式对核能的安全利用进行组织保障，如国际原子能机构、国际辐射防护委员会等。这些国际条约与国际组织构成了目前的国际核安全体系，[2]也为各国国内核能法律制度提供了参照标准，给出了原则性的指向。

国内早就有学者对核能利用时间长、经验丰富的美国、日本等国的国内核能安全立法体系进行了研究。美国是核电大国，核电工业起步早、发展快，又经历了世界第一次核泄漏事件，积累了丰富的核电安全方面的经验。美国自三里岛核事故之后一直非常重视核电安全，从电厂建设质量、运行与维护、设备可靠性、应急计划等全方位地保障核电安全开发利用。有学者认为，"无论是否会发生严重核事故，有一点是肯定的：没有一种能源是绝对安全的。避免核事故的发生需要强大的安全技术支撑，同时还需要完善、有效的监管法律与制度相

1　E.博登海默.法理学：法律哲学与法律方法［M］.邓正来，译.北京：中国政法大学出版社，2004：293.

2　宣海林.全球核安全体系反思［J］.今日国土，2011（3）：26-27.

结合"。[1]除了《1954年原子能法》《1974年能源重组法》等立法之外，美国核电安全管理还受到《行政程序法》《国家环境政策法》相关内容的调整，前者用以规范与核电安全管理相关的联邦行政行为，后者着重强调保持人与环境和谐的国家环境政策，形成了美国完整的核电安全法律规制体系。这些法律明确了民用核能的开发利用原则、管理部门及其管理范围与职责、核安全责任的承担方式等内容，为有效实施核安全管理提供了法律依据。美国核电安全管理法律规制的经验昭示，系统、稳定、相互协调的立法是做好核电安全管理工作的基础和保障。[2]

对比分析中国核能安全立法，学界普遍认为：我国现有的核安全法律体系还不够完善，主要体现在：一是领域内基本法姗姗来迟，导致核安全法律法规体系曾经长期缺失高层法律依据；二是没有完整的配套性法律法规，核安全法律法规体系内容不明；三是没有完善可行的技术性文件体系，技术和法规两个体系之间脱节现象严重。除了以上问题外，还有一些问题需要重视：我国核能立法时间较短，立法过程中公众参与度较低，立法缺口较大；原有的一些核安全法律法规无法满足核能发展的需要，亟待修订；我国还没有加入核损害方面的国际公约，如《核损害民事责任维也纳公约》《核电方面第三方责任公约》；核安全文化在核安全法律法规体系中的渗透不足；等等。

（三）对核能安全法律制度基本原则的研究

立法主体必须将立法基本原则作为立法活动的准绳，才能将立法指导思想有效地贯彻到立法实践之中。如在总的立法原则方面，有学者在研究美国《1954年原子能法》时指出：该法强调无论是军事目的还是民用目的，核能的开发、利用和管理必须本着"促进世界和平、增加社会福利、提高生活水平与增强私营企业间自由竞争"的原则。

1 曹霞.美国核电安全与法律规制［J］.政法论丛，2012（1）：104.
2 曹霞.美国核电安全与法律规制［J］.政法论丛，2012（1）：109.

　　我国在发展核电过程中也始终坚持"安全第一，质量第一"的方针，把安全工作放在首位，采取一切有效措施预防核安全事故的发生，保障工作人员和公众的健康，保护环境。《中华人民共和国放射性污染防治法》第三条明确规定：国家对放射性污染的防治，实行预防为主、防治结合、严格管理、安全第一的方针。据参与起草《中华人民共和国原子能法（征求意见稿）》（以下简称《原子能法》）的相关专家透露，"核立法充分体现了核能的特点，重点强调安全第一"，"核安全（核的安全使用）、核安保（核的安全保卫，防止非法应用）、核保障（保障核不扩散）是原子能立法的三个重要原则，也被称作"3S原则"。此外，有学者还提出在我国核能安全立法的过程中应坚持以下几项基本原则：一是立足中国国情与借鉴国际国外经验相结合；二是坚持中央立法与地方立法相结合，保持法制统一；三是现在需要和未来发展相结合。[1]

　　在核能安全管理体制和职权配置方面，国际和其他国家的核能安全管理实践都体现出"统一集中管理"原则。作为国际原子能领域的政府间科学技术合作组织，国际原子能机构同时也兼管地区原子能安全及测量检查，成立于1957年7月，其性质是联合国专门机构。《国际原子能机构规约》（*Statute of the International Atomic Energy Agency*）确定了国际原子能机构的主要职能是：协助关于原子能用于和平目的的研究和实际应用；促进科学和技术情报的交换；鼓励科学家和专家的交换及训练；制定并执行保障监督措施，以确保机构本身或通过机构所提供的裂变物质和其他材料、劳务、装备及情报不用于任何军事目的，并经当事国的请求，对该国在原子能方面的任何活动实施保障监督；与联合国系统的有关主管机构协商或合作，制定保护健康和尽量减少生命和财产危险的安全标准，并规定这些标准的应用范围。可以看出，国际原子能机构对国际核能安全利用进行统一管理。

1　宋爱军．我国核能安全立法研究［D］．长沙：湖南师范大学，2009．

美国的经验表明，实现核电有效安全管理的重要手段之一莫过于有一个权威胜任、高效运作的管理机构。美国核管理委员会（NRC）依法成立并被授权全权、独立负责管理全美民用核电安全工作。它独立于政府与企业，对全国核反应堆、核材料与核废料的利用和处置的管理享有完全、独立的决策权和执行权，对其在各地设立的地区办事处和常驻核电厂安全监察员享有垂直管理权。这种管理模式便于集中管理，提高管理效率，减少利益部门的相互推诿和倾轧、职责重叠或缺位现象。[1]

（四）对核能安全预防法律制度的研究

根据"预防为先"的原则，核能安全预防相关立法是保障核能安全利用的首要途径，即通过明确核能安全监管机构的职责以及核设施经营人、放射性物质承运人等主体义务的调整方式实现核能安全保障的目的。有学者认为，事前预防法律制度主要包括规划制度、环境影响评价制度、"三同时"制度、资质管理与许可制度、登记与安全保卫制度等基本制度。[2]

从立法理论的角度，有学者提出，德国核能法运用了不确定法律概念，既体现了核能科技和核能风险的特点，又履行了国家的保护义务，这些都可为我国的核能安全立法提供有益的借鉴。我国现行法律对核能损害预防的基本要求"失语"，有关的许可规范在含义上模糊不清。立法调控模式应当运用开放的法律结构，同时对核能安全的基本要求作出规定。[3]从实践操作的角度，有文章针对我国现状指出，"事前预防相关立法法律责任规定有失偏颇，且强度普遍过轻"。[4]纵观

1 曹霞.美国核电安全与法律规制［J］.政法论丛，2012（1）：103-110.
2 邓禾，夏梓耀.中国核能安全保障法律制度与体系研究［J］.重庆大学学报（社会科学版），2012（02）：26-32.
3 伏创宇.核能安全立法的调控模式研究：基于德国经验的启示［J］.科技管理研究，2013（17）：245-250.
4 邓禾，夏梓耀.中国核能安全保障法律制度与体系研究［J］.重庆大学学报（社会科学版），2012（2）：26-32.

中国核能安全事前预防相关立法，其法律责任部分大多规定了核设施经营人、放射性物质承运人等主体的责任，而对于核安全监管部门及其工作人员玩忽职守、滥用职权的责任涉及甚少。如《上海市放射性污染防治若干规定》规定的都是核设施经营人、放射性物质承运人违反法定义务的责任，而对于有关国家机关不履行建立放射性污染管理信息系统、不及时制定放射性污染防治规划等法定职责的责任规定则是空白。法律责任规定的缺失，容易助长有关国家机关的不作为和乱作为现象。

与核能安全预防法律制度密切相关的某单一制度，业界也有进行相关普适性研究，针对核能的个性化应用则鲜有涉及。如"许可证制度"，有学者分析我国现行法律制度，认为条款中"指向的义务关系不明确，不确定法律概念的内涵和外延模糊不清，核设施建造许可和运行许可的具体条件间关系错综复杂"。相比较而言，核电开发许可制度在美国则得到特别重视，被作为美国核电安全管理的第一道防线，法律规定建立核电站必须获得行政授权，美国核管理委员会全权负责许可证的发放工作。通过许可证管理制度美国设置了有效的核电建设安全门槛，也通过提供多元化的许可证有效激发了电力公司扩能的积极性，极大地推动了本国民用核工业的发展。[1]

又如规划环境影响评价法律制度，作为我国环境保护领域的重要法律制度之一，规划环境影响评价法律制度着眼于环境问题的全局性和根本性，从特定规划区域环境保护和生态建设的整体角度出发，同时结合国民经济发展计划，考虑多个建设项目的混合影响、交叉影响、累积影响等各方面的因素，解决规划层次上与环境有关的问题，在预防和控制环境污染与生态方面已发挥了巨大的作用。根据《中华人民共和国环境影响评价法》以及《规划环境影响评价条例》的条文内容：

1　花明，陈润羊.我国核安全法律体系研究［J］.核安全，2009（1）：39-45.

对组织编制的土地利用的有关规划和区域、流域、海域的建设与开发利用规划（以下称"综合性规划"），以及工业、农业、畜牧业、林业、能源、水利、交通、城市建设、旅游、自然资源开发的有关专项规划（以下称"专项规划"），应当进行环境影响评价。"然而，规划环评所注重的长期利益、全局利益往往与一些部门重审批、轻规划的部门利益和一些地方'短平快'出业绩的地方利益相冲突，致使很多地区和部门不支持甚至逃避开展规划环评工作。同时，法律体系上的宽泛和缺失也使规划环评的推进得不到应有的约束和保障。"[1]

（五）对核能安全应急法律制度的研究

美国核管理委员会将应急视为保护公众免受核辐射污染的最后一道防线，并将核能安全应急的目标界定为"确保许可证持有人在核辐射紧急事件中能够采取有效措施保护公众健康与安全"，同时根据不同类型的应急情况预设不同的应急行动要求，划分各应急主体承担的责任。一般而言，核电站许可证持有人应当控制事态、通知场外官员、提出保护公众安全建议；核电站经营商的第一要务是通过各种技术手段切实保护堆芯，确保关键安全功能发挥作用；州政府与地方政府负责应急保护决策、通告公众采取保护措施、组织场外应急资源等。

通过多年实践，我国建立了行之有效的核应急管理体制——核应急三级管理体制，机构设置依次为：国家核应急管理机构、省级管理机构、核电厂管理机构；制定了《国家核应急预案》；建立了适用于核电厂的核应急法规标准体系，包括以《核电厂核事故报告制度》为代表的十多部行政类的规章制度和管理导则，并且建立起了一系列配套运行的国家标准文件和行业执行标准，可见我国的核应急工作的立法基础已初具规模；有效推进基础设施建设，建成并启用多个国家和

1　闫高丽．我国规划环境影响评价法律制度的问题研究［D］．上海：上海交通大学，2011：52．

地方各级核应急指挥中心和响应设施，通过搭建和完善软件平台，核应急信息的互通互联逐步形成。

但对比国外核能安全应急管理制度，也有学者指出了我国核事故应急法律法规中存在的主要问题：一是原子能基本法和核安全法长期缺失，行政法规之间就有可能因为缺少上位法的限制而出现冲突，且在多头管理、职能交叉问题之外，还存在责任空白问题。二是《中华人民共和国突发事件应对法》涉及灾情种类较多，对每一种灾情的特殊性研究不够深入，规定不够明确具体，缺乏可操作性，如未规定突发事件执法的主体、没有直接将核事故应急单独列出。三是充满冲突的现行法规，《核电厂核事故应急管理条例》是我国核应急工作法制化和规范化的重要基础，但已不能适应《国家核应急预案》的新要求和新标准。四是应急法律机制不够健全，没有明确细化核事故的预警机制。五是尚未构建信息公开和公众参与的法律制度。[1]

从上述研究成果来看，主要存在以下不足：一是侧重对核能安全立法的某一个方面进行研究，如现状、单个法律制度等，缺乏基础理论支撑，研究体系不完整；二是对国外有关国家的立法缺乏深入的探讨和实践分析；三是对我国核能安全立法的完善只是从某些方面提出粗略的建议，缺乏具体的可操作性内容。

三、本书的出发点

（一）探讨目标及思路

本书的主要研究目标有：①界定核能安全法律制度的相关概念和内在联系；②从理论和实践角度，全面分析建立中国核能安全法律制

---

[1] 廖乃莹，周凤翱.论我国核事故应急法律法规的完善［C］//2012 年中国法学会能源法研究会年会论文集.上海，2012：195.

度的重要性和必要性；③借鉴国际立法和其他国家的立法实际，结合我国实际需求，讨论我国构建核能安全法律制度应遵循的基本理念、价值和主要原则；④对核能安全预防法律制度比较完善的国家进行历史性考察，并遵循核能利用技术过程，对我国核能安全预防法律制度进行同步梳理；⑤对美国、日本核能安全应急理论进行研究，并考察其在实践中的运行状态，基于"有取舍的移植、有创新的借鉴"的理念，完善我国核能安全应急法律制度；⑥整合以上对核能安全立法基本概念及相关理论、模式、制度的分析，探寻完善我国核能安全法律规制的总体思路和具体路径。

概言之，本书试图以国际条约、他国和我国现有的核安全相关的法律规则为基础，系统地探讨核安全的基本法律内涵，并结合中国国情思考核安全立法本土化的必要性和可行性，从历史沿革和现实需求、国外经验和国内基础、行业现状和外部环境等多个视角和层次出发，对我国核能安全法律制度进行系统探究，以期为我国核安全立法提供有益的理论储备和具体条款建议。

①研究核能安全概述，从法律角度回答什么是核能、什么是核能安全，以及二者的内在联系。研究核能安全的缘起，核心落脚在核能安全问题产生的原因上，探究原因离不开对世界和我国核能安全现状的介绍和分析，以及人们为了核能安全已作出的努力和存在的相关不足。

②研究我国核能安全法律制度的必要性与可行性，回答我国核安全立法为何必要、能否存立的问题。首先从我国国家发展现实、国际地位、行业需求、法治目标等角度出发，从宏观到微观，阐明核能安全立法工作刻不容缓。其次分析现存的国内、国际与核能安全相关的法律制度，梳理我国核能安全立法的基础。

③研究我国核能安全法律制度的价值追求和基本原则，回答我国核能安全立法的出发点和落脚点。立法理念和立法目标是先于具体法

律制度，而应当被重视、被探讨清楚的内容，它们反映的是国家和公民、立法与实践的基本诉求。

④研究我国核能安全法律制度的基本构想，回答的是具体立法工作的内容和方法。这里具体回应的是立法体系如何架构，法律原则如何具体体现，哪些法律制度应当得到重点强调。在本书写作过程中，笔者恰巧经历了我国《核安全法》从公布草案征求意见到最终正式颁布的历程，所以结合分析所得，本书也对现行的《核安全法》提出了拙见以供参考。

⑤基于前人成果，笔者试图基于研习所得加以完善和创新。首先，从法律理论视角和宏观立法层面，总领性地思考核能安全问题，探讨基础概念和现实需求；其次，梳理纷杂的法律规章制度，较为全面地汇总分析核能安全相关法律制度，根据时间阶段划分预防和应急两项法律制度的管控范围，提出具体完善建议。

（二）探讨方法

本书基于论题特点，采用以下主要研究方法：

第一，法律解释学的方法。对我国现有的核能安全法律规则文本进行法释义学分析，明确既有规则的内容意义、构成要件、适应范围和法律效果。

第二，比较的方法。本书将从制度比较、功能效果比较的角度，对我国既有的核能安全机制与其他国家的核能安全机制进行比较研究，发现共同性和差异点。同时，也对发展较为完善的国家的立法历史进行对比，探究核能安全立法的发展进程和特性。

第三，历史研究的方法。本书将对核能安全立法的产生、发展、演变进行研究，发现相关制度适用的特定历史背景和变化规律。

第四，社会学方法。对我国和其他国家现行核能安全预防和应急法律制度进行评估，综合运用社会分析和预测的社会学方法。

　　第五，系统论方法。本书将核能安全法律制度作为一个全球性问题进行论证和阐述，同时从核能安全法律制度的缘起、问题所在、基本概念、存在基础、实现路径等多方面、多层次地进行研究和构建。

第一章　核能安全概述

一、核能安全的概念厘定

（一）核能

1. 核能的定义

（1）原子能与核能二者其实为同一事物

为了厘清后文提到的"原子能法"和"核能法"的关系，我们首先还是要简单明晰一下容易混淆的"原子"和"原子核"这两个概念，抛开复杂的学科原理，一句话描述两者之间的关系就是，原子核是原子的核心部分。从质量和物理性质上而言，原子核是原子结构之中最为重要和关键的部分。原子物理学这一学科主要研究的是原子核外电子运动，而原子核物理学则是关心原子核自身的内部结构和性质的学科。[1] 因此，原子核的物理特性是本书关注的目标，"原子核"通常称为"核"。那我们通常所说的"原子能"和"核能"之间的关系又如何呢？《核科学技术辞典》（原子能出版社出版）中这样定义：核能俗称为原子能，是指当原子核中的核子发生重新分配时从中释放出来的能量。为了统一，本书行文之中提及与原子核能、原子能相关的技术术语时，一般采用"核能"或者与"核"关联的词语进行统称，

1　郭江，赵晓风，彭直兴.原子及原子核物理［M］.北京：国防工业出版社，2010：115.

而因历史沿袭原因已采用"原子能"或"原子"的继续保留，如"国际原子能机构"、《美国原子能法案》等。

从英文释义看，"核能（原子能）"通常被翻译为"nuclear energy（atomic energy）"，人们也习惯上把它归为能源、能量的范畴，其中还蕴含另外一层重要的意思，即英文表述的"nuclear power"，这个词通常被翻译为"核能""原子能""核动力"或者"核电"等相关词语，"power"具有自然科学和社会科学的双重含义，在自然科学领域表达的是能量、动力的意思，而在社会科学领域则蕴含力量、威力的内涵，所以核能法律所调整的，除核能的动力应用和核能的非动力应用所属的自然科学领域外，还有涉核的国际关系和国家政策所属的社会科学领域。

（2）核能利用发展史中充满了矛盾和博弈

在"科技无罪"的论断久已不为人载道的时代，人们对以社会进步、时代发展为名而从事的种种科技活动，总难免不投以批判的眼光。早在1945年，一切看来似乎都很清楚、简单：核裂变将成为未来能量的来源，核能的发现被誉为近代最重大的科学胜利之一，核能的和平利用是科学进步与技术发展的重要里程碑。但正如人无完人一样，核能也和其他能源一样存在其自身的问题，同样，核能的发现也被攻击为"与魔鬼签约的最大一笔交易"。围绕着核辐射危害、核电站安全以及核废料处理等核能利用过程中的一系列重要环节和问题，政府、学者、民众都理所当然地站在各自立场上，就核能对环境、生态、人类健康、社会发展等方面可能产生的影响，从理论和实践出发表明各自的观点和主张。无论反核还是亲核，分析这些观点和主张，可以充分地了解世界核领域发展所经历的路程，从而既认识到核能造福人类的一面，也警惕与防范核能可能造成危害的一面，正所谓知己知彼才能百战不殆。

核能由军用转为和平商用经历了曲折的过程。在第二次世界大战结束后，许多为研制原子弹勤奋工作过的科学家，以及那些与曼哈顿计划[1]曾有合同关系的美国公司高级职员们有过预料，那些用于发展原子弹的金钱和人力会转而用于核裂变的和平用途。但在当时的情势下将原子能军用与和平利用原子能分开，看起来是相当困难的事情。1946年，美国国会就通过了《原子能法案》（Atomic Energy Act），立法规定要设立原子能委员会以发展和平利用原子能的计划，并设置了国会原子能联合委员会，加以监督原子能委员会的活动，同时该法案试图在核武器的国际性广泛传播以前，禁止核技术的交换。然而，1949年苏联开始试验发展核设施后，美苏两大国展开了疯狂的核武器竞赛，导致美国原子能委员会转而给予军事研究优先权，而对和平发展核能成为商用能源仅提供象征性的经费。几年后，艾森豪威尔的新政府才修改能源政策，宣布开展期待已久的和平利用原子能计划，并呼吁与其他国家协议分享科技专门知识。直到1954年6月，苏联在莫斯科近郊奥布宁斯克建立了核电站，这个世界上第一座向工业电网送电的核电站功率只有5000千瓦；三年后，在美国联邦政府的补贴之下，世界上第一座商用核电站——希平港（Shippingport）核电站建成了，其功率提升为60000千瓦。当核能推动产生的电力第一次送至电力网时，商用核能终于与军事计划分离了，美国希平港反应堆的运转证明了建造安全且经济的商用核电站的时代已经来临。之后的20世纪60—70年代，商用核能经历了一窝蜂式的迅速发展时期，至1979年全世界已有530座核电站在运转，数目从0到530的飞跃，仅用了22年的时间。这种井喷式的发展壮大是有充分理由的，因为从当时看来，核工业界的安全纪录是其他能源工业无法比拟的，而且彼时的核能价格相对来说更便宜、更具有商业竞争力。

---

1 曼哈顿计划（Manhattan Project）即美国陆军部研制原子弹计划，美国陆军部于1942年6月开始实施的利用核裂变反应来研制原子弹的计划。为了先于纳粹德国制造出原子弹，该工程集中了当时西方国家（除纳粹德国外）最优秀的核科学家，动员了10万多人参加这一工程，历时3年，耗资20亿美元，于1945年7月16日成功地进行了世界上第一次核爆炸，并按计划制造出两颗实用的原子弹，整个工程取得了圆满成功。

核能商用的发展也是春冬交替的历程。以美国为例，1954 年国会修改了《原子能法案》，认可核设施可为私人拥有，由原子能委员会发给执照；1957 年，国会又通过了《普赖斯－安德森法案》（Price-Andersen Act），使电力公司在严重核意外事故发生时避免承担全部的赔偿责任，该法案设置了 5.6 亿美元的最高损害赔偿额，电力公司承担 6000 万美元而联邦政府承担其余的 5 亿美元责任。[1] 这一切带来了 1972—1974 年全国核电站的订单暴涨，达到 110 座。但随后的1978—1982 年，反应堆制造商却未收到任何新的订单，且有 44 座核电站的建造计划被取消。导致情势急转直下的一个重要原因就是高涨的建造成本，投资者们不愿意对一个未来不可预测的且受环境管制、变化无常的技术下赌注，华尔街经纪公司也对主顾们提出警告："华盛顿分析公司预测，国内核能工业的前景总的来说极为不利。由于建造周期过长、当地居民的反对、不利的电费结构、在国际市场上没有能力以及未能解决辐射废料等问题，核能经济具有极大的不稳定性。因此，在较长时期的前景仍然密布乌云。"[2] 最能反映投资者信息的电力公司债券的等级产生了急剧变化，清楚显示出核工业界的赢弱状态，如一些主要进行核能投资的电力公司此时从最高的 AAA 级被降为了 A 级甚至 BBB 级。一直到 20 世纪 80 年代，美国核工业才迎来了好日子，主要归功于政治气候有了重大改变，有别于 70 年代摇摆不定的能源政策，当政的里根政府更乐于对某些核能费用承担责任。基于白宫为核能作出的国家承诺，华尔街及电力公司继而也认为核能是个踏实靠谱的投资。美联邦政策主要改变之处包括：一是解除 1977年的废料再加工禁令；二是核电站申请执照程序缩短，以加速核电站开工运转，简化了核电站操作与维护的法规与管制；三是里根政府要

---

1 1975 年，《普赖斯－安德森法案》又一次被修改后，虽然仍将核意外事故的赔偿设定在最高值 5.6亿美元，但其中 1.6 亿美元由私有保险公司提供，电力公司为每个反应堆提供 500 万美元，其余的由联邦政府保险。这次的修改使得政府在这个保险计划中的责任又实际上被免除了。
2 米契欧·卡库，詹尼弗·特雷纳 . 人类的困惑：关于核能的辩论 [M]. 李晴美，译 . 北京：中国友谊出版公司，1987：184.

求国会拨款以加紧三里岛反应堆的净化工作；四是政府正在考虑将商用废料加工，以用于对军事计划提供钚的可能性；五是能源部得到指示，尽早选择与进行核废料储存场地的建造。以上一系列措施，被批评者们所攻击，"虽然总统奉为神圣的市场拒绝了核能，他自己则设法解救它"。

（3）法律中对核能概念的界定主要散见于国际法领域之中

20 世纪 50 年代，原子能法在西方一些国家法律系统中开始出现，直到 60 年代后期，"原子能法"才常见于各国法律文本、学术书籍之中，正式成为一个法律术语。[1]但是，一直以来，并没有官方机构尝试对原子能法或者核能法的名称进行规范统一。目前，与核能有关的国际法律文书已达 50 多项，这些文书通过规制核裁军、核不扩散、防止核恐怖主义行为与和平利用核能等领域，交织建立起国际间核能的各种关系准则，这些是关系到世界和平与安全，促进核能造福世界人民的重要国际法律文件。下面将摘取几项较为重要的与核安全相关的法律文书加以说明。

《国际原子能机构规约》（以下简称《规约》）于 1956 年 10 月 26 日在联合国总部签订，1957 年 7 月 29 日生效。在此基础上形成的独特的却行之有效的法律机制，使得国际原子能机构得以成为核能利用国际控制领域的核心，成为国际组织法研究的典型示范。《规约》第二条"目标"中明确指出："机构应谋求加速和扩大原子能对全世界和平、健康及繁荣的贡献。"[2]此处使用的是"原子能"。

国际原子能机构出版物《核法律手册》将"核法律"定义为：对于从事与可裂变材料、电离辐射相关活动以及接触天然辐射源等的一

1　Lamm V. The utilization of nuclear energy and international law［J］.International Geology Review，1986，18（2）：167–171.
2　《国际原子能机构规约》第二条英文原文如下：*The Statute of the IAEA* ARTICLE II： Objectives： The Agency shall seek to accelerate and enlarge the contribution of atomic energy to peace， health and prosperity throughout the world. It shall ensure， so far as it is able， that assistance provided by it or at its request or under its supervision or control is not used in such a way as to further any military purpose.

切法人或自然人的行为开展监管而专门设立的一类特殊的法律规范。[1]
此处采用的是"nuclear"[2]，把核能的相关范围表述为"可裂变材料""电
离辐射""天然辐射源"。

《核安全公约》也是国际原子能机构通过的一项国际公约，诞
生于 1994 年 6 月 14—17 日在其总部举行的外交会议上。公约文本
开篇序言的第一条便作出释明："缔约各方认识到确保核能利用安全、
受良好监督管理和与环境相容对国际社会的重要性"[3]，通过公约所
使用的"use of nuclear energy"可以得知，公约规制的客体是利用核
物质所产生能量的行为，综述后文的内容可以看出，核能利用具体
还包括核设施的管理、核安全文化、核设施事故、放射性废物管理、
核燃料循环等阶段和范畴。公约定义"核设施"为：各缔约方管辖下
的所有陆基民用核动力厂，包括与其运行直接相关的一切存贮、装卸、
处理放射性材料的设施。直到遵照程序办理完相关事务后才不再属于
核设施，事务包括从堆芯永久卸除核燃料元件、安全贮存计划获监
管机构批准、退役计划获监管机构批准等步骤。基于同类意义的考虑，
本书探讨考量的核能安全也限于民用范围，且囊括核能利用的各过
程阶段。

《核法律手册：实施立法》（*Handbook on nuclear law: implementing
legislation*）于 2010 年由国际原子能机构出版，文中对名称上采用"核
能法"还是"原子能法"之争这样解释道：对于"核"和"原子"
二者用词的抉择问题，无论是准确性的判定，还是何者更适合在现
代用语的情境中被采纳为正式的法律用语，涉及技术性和历史性两
个维度上的研究分析。从技术维度而言，原子核或者原子中的粒子

---

1 Carlton Stoiber, Alec Baer, Norbert Pelzer, Wolfram Tonhauser.Handbook on Nuclear Law［M］.
Vienna：IAEA，2003：4.
2 《核法律手册》相关核法律的定义英文原文如下：1.2 DEFINITION OF NUCLEAR LAW：In the light
of these basic factors， nuclear law can be defined as：The body of special legal norms created to
regulate the conduct of legal or natural persons engaged in activities related to fissionable materials，
ionizing radiation and exposure to natural sources of radiation.
3 《核安全公约》相关英文原文如下：*Convention on Nuclear Safety* PREAMBLE（ⅰ）"Aware of the
importance to the international community of ensuring that the use of nuclear energy is safe， well
regulated and environmentally sound".

反应而生电离辐射，因此采用"核"一词更准确且符合科学规律。但是从历史传统和公众习惯出发的话，"原子"一词则占了上风，很多早期的国际法律中都习惯采用"原子"这个词，可见二者的选择标准在很大程度上取决于各个国家的习惯。[1]综上可见，并不存在非此即彼的说法。

（4）我国现有核能相关立法中并未明确界定核能或原子能

我国现阶段的立法实践中并没有统一与核能相关的立法名称，法学界也未曾探讨过这一问题。经笔者通过北大法宝检索，我国现有的部门规章、部门规范性文件、部门工作文件，其中65篇在标题中使用了"原子能"一词，文中并未涉及对"原子能"的定义；25篇在标题中使用了"核能"一词，文中也未涉及对"核能"进行定义。标题中使用"核电"的行政法规、部门规章、部门规范性文件、部门工作文件有1763篇，数量最多，但也没有对"原子能""核能"这类基础概念进行明确的定义。从我国自1984年酝酿制定《原子能法》的历程可知，我国习惯采用"原子能法"的命名方式，实践中也一直采纳"原子能法"为本领域法律体系的统称，但是"核安全法"的提法也在立法讨论阶段被并行采用，现行公布的《核安全法》中仅对核设施和核安全进行了界定，因为我国的《原子能法》未能在《核安全法》之前颁布，所以建议在《核安全法》后期修订中对"原子能"抑或"核能"加以说明和界定，此乃明确法律规制范围的重要组成部分。

2. 核能的特性

（1）核能是一种具有明显优势的新型能源

核能是一把双刃剑，它在给人类带来取之不竭的新能源的同时，也可能给人类带来毁灭性的打击，但它最初展现给世人的是其美好的一面。首先，核能是一种经济的能源。核能具有高密度矿产能源的属性，据科技文献所言，1吨金属铀裂变所产生的能量与270万吨标准煤所

1　Carlton Stoiber, Abdelmadjid Cherf, Wolfram Tonhauser, Maria de Louedes Vez Carmona. Handbook on Nuclear Law：Implementing Legislation［M］. Vienna：IAEA，2010：9.

产生的能量相当[1]。虽然核电站等设施的建设一次性投资大、建设周期长，但投产后的运营费用低，运营时间长达 40 ~ 60 年，整个寿命期的综合成本较低。国际经验表明，一旦核电发展到批量投产的阶段时，其经济成本是要远远低于煤电和水电成本的。美国煤电站的综合成本比核电高出 38%，法国的煤电成本是核电的 1.75 倍，德国为 1.64 倍，日本为 1.51 倍，韩国为 1.7 倍。[2] 其次，核能是一种安全的能源。虽然世界核电史上曾经发生过由于早期设计缺陷和员工严重违章操作而造成的苏联切尔诺贝利核电站严重外泄事件，但从 20 世纪 80 年代末期开始，各国就废弃了造成事故的这种核电站设计，普遍提高了核电站的安全等级要求，并全面推广核安全文化，从根本上排除了类似事故重现的可能性。[3] 美国卫生安全委员会曾就核电站从燃料开采、运输到发电的全过程进行估算，以一座容量为 1000 万千瓦的核电站为例，其发生事故的年均死亡人数为 0.25 人，而同样量级的燃油火电站的同类数据则为 0.3 人，燃煤火电站则高达 1.8 人，事故死亡率是核电站的 7 倍。再次，核电是一种清洁的能源。当今由燃煤等原因造成的温室效应是全球性的难题，在过去的几十年中给各国造成了数以亿计的经济损失，其祸根之一就是空气中二氧化碳、二氧化硫及氮氧化物的增加。同样为 100 万千瓦电站，煤电站年均排放二氧化硫 4.4 万吨、氮氧化物 2.2 万吨、烟尘 32 万吨、固体废物 50 万吨，而核电站相应的排放为零，仅残留乏燃料 30 吨、低放射性废物 80 吨，经由严格有效的废物监管和处置措施，足以确保不危害环境。

以法国核电相关数据为例证，已有的 19 座核电站中现有 59 台运行机组，占据了法国 70% 的电力总装机容量，发电量占法国总发电量比为 78%。核电的高占比取代了燃油燃煤火电的投入，为温室气

1　欧阳予，汪达升. 国际核能应用及其前景展望与我国核电的发展［J］. 华北电力大学学报（自然科学版），2007（5）：1-10.
2　春江. 核能利用与核安全：写在切尔诺贝利核电站爆炸 15 周年［J］. 质量与可靠性，2001（2）：35-40.
3　韩运旗. 从核能到核武：民用核技术与军事核技术要离有多远［J］. 今日科苑，2006（12）：11-12.

体减排等环保事业作出了巨大贡献。作为发达国家的法国，其人均二氧化碳排放量每年仅 1.68 吨，属于最低数量国家行列。同层级的发达国家相应数据为：美国 5.36 吨，德国 2.8 吨，英国 2.4 吨。法国居民享受了极大的民生福利，其用电价格相比于欧盟用电平均价格低出 20%。[1] 由此可以有效地印证上文提到的观点，利用核能不仅仅会给人类社会提供无穷的电力供应，也将带来极大的经济利益和环保利益。

（2）核能对于人类社会和自然环境而言存在不容忽视的风险

爱因斯坦曾悲观地预言过，人类一切的思维方式被原子释放出的无穷能量改变了，甚至使得人类正在趋向无穷的灾难。也有工程师曾说："核能是一种少风险，却令人高度惧怕的技术。"以上论断，无一不说明人类面对着核能这一如此巨大的能量释放方式，无论是初见还是开发利用，一路走来都怀揣着敬畏，这一心情正是源于对核能风险的感知和判定。尤其是近年来的福岛核事故，沉重地打击了公众对核能发展的信念和信心，同时也促使人们对核能风险有更清晰的认识。对于核能的拥护者而言，除非将概率一并考虑在内，否则谈论重大核事故潜在的灾难性后果是毫无意义的。但公众依然没有充分准备好去应对近代高科技带来的副作用，正如食物中的杀虫剂、泄漏到河川中的化学物等。

一是核物质的辐射可能长久危害人类健康。核能利用过程中产生的乏燃料包含有大量的裂变产物，即使将铀和钚从中分离，其中残存的镎、镅和锔都属于拥有极其漫长半衰期的次锕系元素，相比较而言，镅–241 半衰期最短，为 433 年；镅–243 的半衰期则上升了一个数量级，为 7000 多年；镎–237 的半衰期超出人类文明存续的时间，更是长达 200 万年。如果放任这些放射性物质肆意存在而不妥善安置，其对人类造成的负面后果将无法想象。虽然，放射性总是存在于人类周围的环境里及人体内，例如维持人类健康所必需的元素钾，钾原子中

1　王岩岩. 法国核电发展模式对我国的启示 [J]. 价值工程，2010（16）：133–134.

的极少部分的钾–40 是放射性的，这是人体内天然辐射的最主要来源之一，但通过了解辐射的本质[1]，可以明白在评价辐射的危害时，有两个方面需要考虑：一是定量很重要，不能只定性。只有定性说理，则人类的任何活动几乎都可被证明是有害的，只有在定量说理的基础上才能作出理性的决定。二是要把事情看得长远些，正确观察事物的相互关系，而不应该只集中考虑一个危险而忽略其他危险。我们时刻与各种危险的工业技术共存，那些技术产生灾难的可能性也许大于核电站，例如煤炭与化学工业的危险性。国际辐射防护委员会、联合国原子辐射效应科学委员会等世界上权威的科学团体，都曾制定了辐射防护标准。

二是核物质的渗漏危害自然生态环境。首先是核事故的直接影响，因为所有的反应堆均需要用河水、湖水及海水作为冷却水，由反应堆产生的污染会扩散至其中，继而扩散到下游，从而危害用这些水作为饮用水的社区。即使在核事故发生的几个月后，这个惨剧的余波仍然未尽，被污染地区生产的食物的食用必须受到限制，假设事故发生在多风的季节，牛奶类食物的食用限制可能延伸至核电站 1000 英里之外，水溶性裂变产物通过到达储水池的沉降物及被污染地面的雨水而将水源污染。其次，即便是日常的核能利用，也会对自然生态环境产生严重影响。在原子时代诞生初期，人们并没有把核废料处理看成一个值得关注的问题，低辐射废料可埋于浅沟内或者放在无人居住的地带隔离起来，这些废料包括处理辐射物用过的受到污染的手套和工具，以及开采铀矿剩下的尾矿等。但之后产生的必须由反应堆芯定期撤换下来的用过的燃料棒等，这一类高辐射废料的放射性很强，需要在自然生态环境中隔离几万年后才可再对其加工。

---

1 米契欧·卡库，詹尼弗·特雷纳. 人类的困惑：关于核能的辩论［M］. 李晴美，译. 北京：中国友谊出版公司，1987：84. 辐射的本质是一种自然现象，是亚原子的粒子从空间的一个地方向另一个地方以极高速行进的能量的一种形式，它们容易穿透人体，在人体内可能撞击生物细胞而使其受损，因此导致癌症或使后代产生遗传缺陷。猛然听起来这是很可怕的，人们可能会认为被一个粒子打中是一件悲惨的事。事实并非如此，因为在每个居住在这个地球上的人的整个生命过程中，每秒钟都要受到来自天然产生的 15000 个粒子的轰击，尤其在照射 X 射线时会受到约 1000 亿个粒子的轰击。

三是核物质的存在给民众带来心理压力。民众对核物质及其辐射相当关切，首先是由于其污染的特殊性，不但不能被人类感官所察觉，而且其带来的损害潜伏期非常长，甚至影响子孙后代。其次对于核设施而言，真正的堆芯熔化什么时候发生？其后果将会严重到什么程度？在我们不能及时确定谁受了辐射污染的情况下，百万人被迫终生生活在可能死于核事故和核辐射的恐惧之中，核工业也只能在民众的愤怒中寻求生存，甚至每个癌症患者、每个死者都会怪罪于核能的存在。历史中不乏或大或小的民众反对放射性废物处置方式的浪潮和运动，不同程度地造成了国家或地区的社会动荡甚至政权更替。以德国为例，其运行的 17 台核电机组，年核电发电总量为 1488 亿千瓦时，供应着德国约 23% 的电力，可谓对德国经济发展作出了重要贡献。但德国迫于国内强大的环保组织压力和民众对核能安全的忧虑，特别是将放射性废物运往法国处理后再运回国内储存的安排，引发了民众大规模的抗议活动，甚至多次演变成了暴力事件。2008 年 11 月，超过 15 000 名人士集会示威并采取放火烧路障等激烈手段，与警察发生流血冲突，成为德国最大规模和最暴力的反核抗议示威。这些都促使德国政府调整措施，转向"加大可再生能源的利用，提高能源利用效率并大力节约能源"。出于对核电存在环保和安全方面的考虑，有 70% 的民众支持今后逐步关闭所有核电站的计划，德国议会根据大多数民众的意见，2002 年制定并通过了《有序结束利用核能进行行业性生产电能法》（又称《禁止核能法》），声称将在 2020 年以前关闭所有核电站。德国反核行为是一个比较极端的例子，但它真实反映了西方国家核能发展遇到公众对抗的阻力，这些阻力源自民众对核能强烈的恐慌和心理压力，这也说明核能利用发展的过程需要认真考虑公众呼声及其背后的政治因素。

如上文所列，核能的风险层层叠叠，不言而喻，但某种程度的风险承担是社会进步所必须付出的代价，也正如德国联邦宪法法院曾在 1978 年与核能相关的一份判决中写道：当有关于生命、健康及财产损害时，立法者必须依照原子能法第一条第二款及第七条第二项所揭示之最大可能的危险防止核风险预防定下标准。此一标准即当按照科学技术的水准，能实际上排除这种可能发生的损害结果。超越实践理性范围的不确定性，来自人类认识能力的限制，它是无法除去的且因此是所有市民必须忍受的社会适当的负担。因此，我们要正视核能风险，尽最大的努力去规避，这也是转而重视"核能安全"的必要性和科学性。

（二）核能安全

大多数人所挂心的安全，或者说是最直截了当、最接地气的说法，安全就是意味着自身或者所爱之人的生命和身体的平安无损，上升到更高层面对于更广泛的受众而言，安全就是意味着被期盼的和平以及对这种和平的维护。《现代汉语词典》中对"安全"是这样释明的："没有危险；平安"。英文的安全一般对应"security"一词，其来源于拉丁文"securitas"，是指"无危险，无忧虑，以及提供安全之物、使免除危险或忧虑之物"。根据《职业健康安全管理体系　要求》（GB/T 28001—2011），"安全"的定义是指免除了不可接受的损害风险的状态。这样，我们把核能安全理解为，在核能利用过程中要尽最大能力保持没有危险、没有忧虑的状态，尽最大能力免除不可接受的损害风险状态。

1. 核能安全的起源

20 世纪 70 年代末期，由于经济因素、政府安全标准的改变以及来自法庭方面的干预，市场中对核反应堆和核电站进一步扩展的热情逐渐消失。同时，核工业界自身又为一连串的问题所困扰，例如辐射废料处理未得到应有的注意，众多地区通过法律限制在其地界内存储或运送废料。就美国而言，国会于 1974 年撤销了原子能委员会而设置了能源研究与发展局（后期的能源部）以研究和推广各种能源，并设置了核能管制委员会（Nuclear Regulatory Commission）管制核能，以此为标志，核能安全进入人们的视野。为了减少对核安全逐渐产生的惧怕，美国联邦政府在1974年发表了一个耗时3年、花费300万美元，由麻省理工学院诺曼·拉斯马森博士领导的反应堆安全分析的庞大报告的初稿，该报告总结说：熔化事件的可能性极其微小，不会比一个流星打中一个大都会的概率高。虽然报告受到了广泛的质疑和攻击，但仍不影响该报告在核能安全研究史上的里程碑地位。

然而好景不长，1979年发生的三里岛核事故驱散了美国核工业界的自满情绪，并督促其在安全分析与设计上加大人力和物力投入，特别是在机件检查和操作员纪律规则等方面，核事故用残酷的事实唤醒了人们对核能安全的关注和研究。以三里岛核事故为教训和驱动，美国核工业界与电力公司在核能管制委员会外，组成了三个相关联的机构：第一个是核电站安全分析中心（Nuclear Safety Analysis Center），由专家组成的工作人员对现行的安全设计及运行中核电站发生的事件或事故加以分析；第二个是核能操作协会（Institute of Nuclear Power Operation），它对运行中的核电站及其管理作评价，以决定是否合规定；第三个是一个保险联营机构，该机构在电力公司符合操作协会规定的情形下，对电力公司提供因严重事故所受损失的保险。这三者之间，安全分析中心是一个理论的智谋中心，其余两个则协助电力公司确定核电站在适当的情形下运行。

我们的社会要能控制科技而不让它控制我们，人类必须要学会在各种技术间作选择，而不能无底线地纵容那些将我们置于危险中的大型实验。现阶段，仅仅由专家们作出结论说服公众不会因核电站例行放出的辐射物而受害已完全不够，社会民众对反复被说起的同样论断已然不再相信，我们需要的是看得见、摸得着、经得起检验的安全保护。对于核能或其他能源技术而言，唯一可行的要求是尽量减少重大事故发生的可能性，最大能力、最大范围地谨慎设计与运行，使意外事件的或然率减至极小，即致力于确保核能安全。目前，全球核工业界采取减低灾难性事件概率的策略是基于"深度防御"（defense in depth）的观念，即指在反应堆设计中附加足够的独立关卡与附加安全系统。必要的绵密的安全对策与措施，从核能设施设立地点的选择，核电站规划、设计、建设、运营各阶段，核燃料设施和核燃料物质的运输，放射性同位素处理设施，放射性废弃物的处理，周围环境放射线调查以及核电站周边防灾对策等，都逐渐一一进入人类考量应对的视野，都需要采取细致的安全规制和安全防护。

2. 核能安全的地位

从广义层面来说，核能安全关乎核材料、核设施、同位素辐射以及射线装置等多个主体的安全和安保问题，具体的议题内容包括放射性材料的安全管理、核资源前端开发利用设施的安全保障、核电站运行的安全、乏燃料安全处理、防止核扩散以及核安保等。但是限缩到狭义层面而言，核能安全特指核设施从设计建造到运行退役的全过程，采取技术上和组织上的措施，致力于保护个体、社会和自然环境避免放射性危害，具体分为三大任务：保障核设施正常运行、预防核事故、减轻核事故后果。其中最引人关注的是核电站的核安全问题，即在核反应堆设计建造和运行维护期间，必要采取相应措施避免发生不可控制的链式裂变反应的可能性。[1] 无论广义或是狭义的核能安全，都是开展核技术研究、促进核能开发应用不可逾越的红线和必须要守住的底线，更是社会公众一直以来热衷关注的重点话题。

核能安全问题能否处理好，是影响核工业发展趋向的重中之重。国际原子能机构在《国际核电现状和前景》中认为，目前有 7 个方面的问题对当前核电发展发挥关键性影响作用，分别是：核安全性和可靠性问题、成本竞争和资金筹集问题、公众接受度问题、核能产业人力资源问题、乏燃料和放射性废物处置问题、核不扩散和核安保问题、

1　朱继洲.核反应堆安全分析［M］.西安：西安交通大学出版社，2004：4.

电网与核电站内部协调问题，其中又以核能安全问题位列首位，然而全球范围内质疑核电站安全的声音从未平息，可见核能安全问题始终是影响核能事业发展的瓶颈。通常，核能安全并不是单纯触及科学的技术问题，其复合触发的还有事关社会稳定和公众关切的重要政治问题，但核能安全管理并非易事，其兼有范围广泛、过程冗长、技术含量高、后果严重等特点，因此在当代社会核电站安全问题依旧是制约核能产业迅速发展的核心问题，核能安全作为核能发展的前提保障，地位依旧。但凡有核事故发生，必将发生"多米诺骨牌效应"直接牵连所有核电站，引发全球范围内对核安全的高度质疑，随之而来的就是大量取消核电建设订单，进而投资人对核电唯恐避之不及，核电建设成本直线上升，国家立法抛弃核电，核能产业逐步萎缩至消亡等。历史中就有鲜活的实例，1978 年奥地利全民公投决定舍弃核工业，甚至不惜巨额资金的浪费，禁止刚建成的兹文登多弗核电站装料和运行，随后还以法律的形式将这一政治决策固定下来，制定发布了《禁止原子能法》；2002 年，德国通过并发布《有序结束利用核能进行行业性生产电力法》，计划到 2020 年停运其境内的 19 座核电站。[1]

   3. 核能安全的属性

   首先看能源安全这个概念，世界各国的定义既有相似之处，又各有特点。1947 年美国《国家安全法》将能源安全定义为：使政府在战时能有效利用自然资源与工业资源，供军需和民用。[2] 有英国学者提出这样的观点：能源安全是指这样一种情况，即消费者及其政府有理由相信在能源方面有足够的储备、生产和销售渠道来满足他们在可预见到的将来对能源的需求，其价格不至于使他们在竞争中处于劣势从而危及他们的生活。当国民的福利或政府追求其他正常目标的能力，由于能源供应中断或突然发生重大价格变化而受威胁时，不安全就出

---

1 徐原，陈刚 . 世界原子能法律解析与编译［M］. 北京：法律出版社，2011：45.
2 梅孜 . 美国国家安全战略报告汇编［M］. 北京：时事出版社，1996：295.

现了。[1]《2020 年前俄罗斯联邦能源战略》中对"国家能源安全"进行了定义：国家能够保障其公民、社会经济发展对燃料能源的需求不遭受威胁的一种稳定状态。这种威胁既可能取决于外部的因素（如地缘政治、宏观经济、市场行情），也可能取决于能源行业内部自身的状况和运转情况。[2]对比看来，各国基本上把能源安全的内涵理解为供应安全，指在任何时候，能源在种类和数量方面都有充足保障，而在价格方面能被接受、能买得起，强调的是能源可靠的连续供应免受内外威胁的一种状态。但其实能源安全是一个变动的概念，属于历史的范畴并随着国际关系的演变而变化。20 世纪 80 年代中期以后，随着国际社会环境保护意识的增强、可持续发展观念的提出，各国在制定本国能源发展战略中随之出现了"能源使用安全"的概念。

综上所述可以推导出这样的结果，能源安全包含两层含义：第一，从经济安全性的角度来看，能源安全所指为"供应安全"，关心的是能源供应满足国家存续发展需求的稳定性，这种需求既包括居民生活和行业生产所需的能源日常消费和消耗，也包括国防军事所需的燃料可靠供给。第二，从人身安全性和社会安全性的角度来看，能源安全所指为"使用安全"，是指消费使用能源的行为并不会危害人类自身生存和所处的自然环境。前者是基本目标，而后者是更高追求，或者说前者主要是"量"的概念，后者则是"质"的概念。而本书所探讨的核能安全，想要强调的则是核能的使用安全，想要追求的是核能消费及使用不应对人类自身或者自然生态环境产生不利影响或者构成威胁。

4. 核能安全的内涵

国际原子能机构的工作内容中将核能安全和保安与核能申请、核能能源、核能安防、技术合作等共同列为其重点组成部分，由此可

1　R. 贝尔格雷夫，C.K. 埃伯格尔，冲野秀明 . 2000 年的能源安全［M］. 王能全，李绍先，刘宁，译 . 北京：时事出版社，1990：1.
2　倪健民 . 国家能源安全报告［M］. 北京：人民出版社，2005：113-114.

以看出核能安全是较为广义的概念，其内涵还可以进行细化分解，一般包括核安全、核安保、核安防三个方面，在世界核能协会（World Nuclear Association）官网页面中，就提出了核能安全相关的三个英文词，即 safety、security、safeguard，并探讨了它们之间的意思差别。在国际原子能机构专门发布的 *IAEA Safety Glossary 2007 Edition*《国际原子能机构基本安全术语 2007 年版》（以下简称《安全术语》）[1]中，对于核安全（nuclear safety）和核安保（nuclear security）进行了较为官方的定义和区分：核安全是指实现正常的运行工况，防止事故或者减轻事故后果，从而保护工作人员、公众和环境免受不当的辐射危害。核安保是指防止、侦查和应对涉及核材料和其他放射性物质或相关设施的偷窃、蓄意破坏、未经授权的接触、非法转让或其他恶意行为。[2]

　　从上面的定义我们可以辨析出以下结论：核安全侧重于关注无意行为，"对无意造成的事故或事件进行安全保护工作"，具体工作措施可以表现为加强工作人员培训、规范工作操作流程、完善防护设施设计、推进法治建设等方面的安全保卫工作。而核安保则侧重于关注有意行为，"对人为的、有意的破坏进行的保障和保卫"，具体措施包括加强警卫防卫、部署专门保全人员等，一般多是表现为国家和机构层面的安全保障。核安全与核安保二者之间的区别，一般来说，安保涉及可能对他人造成威胁或造成伤害的蓄意或疏忽行为，安全则涉及无论何种原因的辐射对人或环境造成危害这一更广泛的问题。简单直白地说，核安全是说利用核能的时候不要发生像福岛核泄漏这种损害人身财产安全的悲剧，核安保则是说核材料和技术不能落到不法分子手中。至于前文还提到的核安防（nuclear safeguard）在《安全术语》中并没有特别定义，参照世界核能联盟官网的定义，该类型的核安全

1　*IAEA Safety Glossary 2007 Edition* 是由国际原子能机构编撰发布的核安全术语汇编，自 2000 年 4 月第 1 版，修订到目前在用的是 2007 年出版的第 3 版。该出版物界定并解释了国际原子能机构安全标准和其他与安全相关的出版物中所使用的技术术语，并对其用法做了说明。其目的主要在于统一原子能机构保护人类和环境免受电离辐射有害影响的安全标准及其适用方面的术语和用法。
2　国际原子能机构. 国际原子能机构安全术语：核安全和辐射防护系列（2007 年版，中文版）[M]. 维也纳：国际原子能机构，2007：123.

工作关注于控制和抑制可能获取核武器的相关国家行为，其主要聚焦于与流氓政府相关的核原料和设备，是核不扩散工作的重要内容，鉴于本书拟探讨的范围限于核能民用安全，该部分内容不予讨论。正如国内专家给出的通俗的定义，"核能安全"就是确保核能利用这一种特殊的工业生产活动处于正常可控的状态，不使其对人类和环境造成危害。[1]

二、世界核能安全的现状

（一）世界重大核事故的影响

20 世纪以来，人类自身的聪明才智得到了极大的发挥，人定胜天的论断似乎在核能利用领域得到了验证。然而，与之相伴而来的负面效果正在对人类自身行为的科学性和正当性提出质疑、构成挑战，直接影响人类的健康、安全与生存。根据盖然性体系所固有的特征，即使核事故发生的概率可以是任意小的数字，但无论如何也绝不会降低至零。一次次核事故的发生，对人类赖以生存的水体、土地、大气等自然要素造成了不同程度的污染，甚至导致难以修复的、无法逆转的破坏。从某种程度上来看，这可以说是自然界对于人类在核能利用中的放纵态度、无节制行为最有力的惩罚。

1. 美国三里岛核事故

1979 年 3 月 28 日，三里岛核事故发生于美国宾夕法尼亚州哈里斯堡城外，因一个价值仅 50 美分的阀零件发生故障，而触发了商用核能历史上第一次严重事故。虽然该事故对环境并未造成明显的危害，也未对公众造成直接的辐射伤害，但其带来的经济损失基本上直接造成该核电厂破产。据估算，相比于三里岛 2 号核电机组基建投资的 8 亿美元，事故后 10 年期间的恢复工作已花费 10 亿美元。该事故在人

1　汪劲.谱写依法治核新篇章［J］.中国人大，2016（21）：35-36.

们没有任何察觉的情况下发生，一大群科学家和工程师花了好几个月才确定到底发生了什么事。造成事故的人是控制室的一个不合格的操作员——才离开反应堆训练学校、还不具备处理此类事故能力的高中毕业生。总统特派委员会及其他相关调查人员在调查报告中说明：虽然已经在安全工作中投入了大量的时间与金钱，但是那些建造、拥有及管制核能的人——如反应堆制造商及核能管制委员会，并没有把注意力做适当的分配，没有严格遵守维护与训练的程序，而且拥有核电站的电力公司也没有把足够的人力、物力放到核电站的安全上去。可见，该事故发生最主要的原因不是设计上的错误，而是维护与操作上的失误。此外，美国核能管制委员会特别调查组承认：在核电站执照审查程序中，公众参与的途径被排斥了，本应为公众提供平台以解决所有与核电站建造及运转有关的安全问题，实践中却成了摆设。虽然绝大部分的安全问题在审查核电站设计时，就由核能管制委员会人员与电力公司及反应堆制造商代表通过交涉得到解决，事实上，市民的干涉很少在这个过程中起到过任何有效的作用。甚至与公众理解相反的是，核能管制委员会的委员们在核电站执照审查程序中存在局限性，除了极少数情形外，他们在发执照的决定过程中未起到任何作用。

三里岛核事故的发生，促使美国核能管制委员会针对类似事件的预防以及反应堆操作的改进，发布了一系列的安全法规，例如改进核电站操作员训练，加强火灾安全法规，改进紧急作业计划，促使检查程序更加严密等，致力于尽可能地降低另一个重大事故发生的可能性。除此之外，三里岛核事故也引发了一些核物理专家的担忧：核能最终可能证明它本身是个安全的技术，但即使是十全十美的机器，也不能完全保障并控制核裂变过程的安全，如何防止不合格的电工、不用心的绘图人员或是令人不放心的工程人员更让人头疼。这样看来，每个核电站事故最终都可追溯到人为错误，因为设计、建造、运行核反应堆的都是人，或者至少需要对公众证明，核能的价值和效益值得人们冒险去承担人为的不确定性。因此，可以说三里岛核事故主要的含意不在于弄清楚发生了什么事情，而在于预测可能发生什么事情，在于我们能为核安全的进程再多做些什么。在以往核电厂的安全考虑中，没有适当地考虑人的因素，三里岛核事故敦促全世界核电厂设计和实际运行的安全水平取得了重大改善。[1]

2. 苏联切尔诺贝利核事故

苏联切尔诺贝利核事故发生于 1986 年 4 月 26 日，事故起因在于其 4 号机组中综合爆发了多种问题，例如此类型反应堆设计缺陷、运行人员操作违规、安全意识淡漠、事故应急缺位等，两次爆炸终酿苦果。拜此次核爆炸所赐，320 万人受到核辐射侵害，2294 个居民点受到核污染，800 万公顷土地成为放射性尘埃降落区，5 万居民被疏散撤离，核电站周围 30 公里的地区被划为隔离区，离事发地仅 3 公里的普里皮亚季镇至今无人居住，成为"死亡之城"。据当时统计，苏联损失了约 900 亿美元，善后处理费用 400 多亿美元，农业和电力生产损失 400 多亿美元。另据专家估算，除去核电站本身的损失外，仅去污清理一项就得花费几十亿美元，事故全部处理费用加起来超过数百亿美元。放射性污染范围之广，受到超剂量限值的辐射的人员数量之巨，严重负面影响了政治、经济和社会等各个方面的发展。

正如上一段简单提及的本次事故原因，由客观和主观两个因素共同引发。客观因素来源于这一代反应堆的设计缺陷，但更为严重的因素是本可以避免的主观因素，这里的主观因素指的是人为产生的错误和管理上的缺陷，具体而言，就是切尔诺贝利核电站工作人员屡次违反安全生产条例和安全操作规程的要求，连续执行了系列错误操作处理。

单就切尔诺贝利核电站而言，其残留的是惨痛的教训，付出的是巨大的代价，同时带来的还有经验教训。事故发生后，国际社会致力

1　国家核事故应急委员会办公室，中国人民解放军总参谋部防化部. 核事故应急响应教程［M］. 北京：原子能出版社，1993：23.

于冷静科学地分析事故原因、认识事故后果，直到 1996 年 4 月事故发生十周年之际，国际原子能机构、世界卫生组织和欧洲委员会在维也纳联合召开大会，共有 845 名科学家参加了会议，他们分别来自 71 个国家和国际组织，会议的空前盛况反映了世界各国对核安全事故的重视。此次"国际切尔诺贝利事故十周年大会"的总结报告针对人们长久以来关心的热点问题给与了实事求是的权威解答，主要涉及此次事故对居民短期健康、长期健康的影响，自然环境安全等内容。报告声称：本次事故共造成 31 人死亡，其中 28 人死于过量辐射照射，绝大部分是参与灭火和现场抢险救助的消防队员们。

首先，就反应堆设计缺陷这一事故客观因素而言，技术界和商业界都对 LWGR 型反应堆的安全性产生了质疑，世界各国纷纷推进此反应堆型的安全改进，发现并纠正了其致命的设计缺陷：减少了反应性空泡系数；提高了紧急停堆系统的效率；加强了运行组织管理。[1] 自此国际社会间核安全领域的合作交流与日俱增，国际原子能机构率先颁布新版核电厂安全标准，升级安全要求，例如，在设计之初就强制要求将严重事故预防和缓解措施纳入统筹考虑，强调采用事故概率安全评价技术系统等。其次，就人为错误操作这一事故主观因素而言，事故发生之后的当年，德国的社会学家贝克就发表了《风险社会》一书，首次系统提出了风险社会理论，书中将科技高度发展的现代社会定义为风险社会，强调技术在给人类带来文明的同时不可避免地将产生负面影响，进而危害生存安全。在风险社会中，科学技术的发展将工业行为所可能带来的灾难性急剧放大，甚至远远超出了人类能够了解和控制的范围，导致风险呈现出潜在的普遍性和灾难性的特征。因此安全成为社会民众更高的期待，"效率第一"要让位于"安全第一"。在此理论中，风险内生于社会治理的理性基础和控制逻辑，挑战现有

1 国家核事故应急委员会办公室，中国人民解放军总参谋部防化部.核事故应急响应教程［M］.北京：原子能出版社，1993：35.

的治理结构和发展战略。[1] 以上理念的提出，有效地引导人们重新审视既有的价值观，求助于法律、文化、管理等手段去寻求风险治理的对策，向"有组织的不负责任"[2] 宣战，特别期待以安全理念为核心的法律制度能够成为有效抵御风险的利器，实现法律对社会的控制，解决现代治理形态在风险社会中面临的困境。

在国际原子能机构相关文件和措施的引导之下，在新的理论观点的支撑之下，各核能产业国家分别瞄准国内核安全法律法规修订、核电站设备系统完善升级，致力于打造完备的运行规程和操作手册，同时将工作人员教育培训和核安全文化培育提高到新的高度一并考虑。在多方努力之下，事故后的世界核安全水平得到了大幅度提升，公众对核电安全性的了解和接受程度也越来越高，有更多的个人和群体逐渐认同了核电作为新世界重要能源不可替代性的观点。切尔诺贝利核事故促成的核电技术和管理方面的改进，客观上成为推动核安全发展的重要里程碑事件。

3. 日本福岛核事故

2011年3月11日下午，日本当地时间14点46分发生里氏9.0级"东日本大地震"并引发海啸，海水淹毁了1971年投入商业运行的福岛第一核电站6台沸水堆机组的应急发电机和备用电源。尽管核电站在灾难发生时紧急停堆，但因为失去备用电池，堆芯衰变热量无法导出，造成1—3号机组堆芯熔化，破坏了核反应堆压力容器，事故产生的氢气与空气混合后爆炸，进而炸毁了核反应堆厂房，随后停堆检修中的4号机组也发生了两次火灾。事故引发了大量放射性物质的泄漏，警戒水平和事故级别一再提升，核电站周边居民撤离的范围扩大到方圆30公里。事故处理过程中，日本当局批准向大海排放放射性废水，放射性物质无法得到控制而飘散到世界各地，从而引发周边国家的高

1　董韦."风险社会"理论与风险管理再造［J］.安顺学院学报，2010（4）：75-77.
2　"有组织的不负责任"是贝克风险社会理论中的一个重要概念，其认为公司、政策制定者和专家结成联盟，制造了当代社会中的危险，后又建立了一套话语来推卸责任。

度关注，进而造成国际社会恐慌。对照国际核事件分级表，日本原子能安全保安院认定福岛核事故为 7 级这一最高级，这成为人类核能利用史上第二次 7 级核事故，与切尔诺贝利核事故达到同等级别。当时，内阁官房长官枝野幸男代表日本政府进行官方发言，宣布将全部永久废弃福岛第一核电站的 1—6 号机组。

事故发生后，德国政府立即设立了两个专门委员会研究核电站的运营时间问题，经长时间论证，决定将国内所有核电站于 2022 年前关闭并不再考虑延长许可。意大利于同年 6 月 12 日进行全民公决投票，否决了政府的核能发展计划。事故后第二年，中国生态环境部下辖的国家核安全局、国家发展和改革委员会下辖的国家能源局与国家地震局共同合作，参照国际原子能机构最新发布的核安全标准，并依据中国核安全法律法规和技术标准，在全国范围内开展综合安全检查，重新评估我国民用核设施安全状况。根据检查结果和薄弱环节，我国专门针对核设施如何应对极端自然灾害事件制订了各等级的计划，更新了安全对策和措施。

（二）后福岛时代世界核能工业的重启

日本福岛核事故给人类社会带来了一个核能利用的"低谷"，多个国家核电发展计划紧急刹车，同时引起全世界对核能安全性的再度审视。无论是各国政府还是民众，在面临能源紧缺危机和传统能源带来环境压力的同时，不得不忌惮核能开发利用所蕴含的慑人风险。随着时间的推移，核电再次迎来了充满争议的春天，国际社会中虽然仍时常会发生群体性的反核运动，但各国各类型的核电重启计划正在不同程度地逐步展开，未来总体形势晴朗而时有阴云笼罩。

欧美能源消费大国具有较早的核能利用历史，对核电的依存度很高，核电在电力结构中比重较高，其中又以法国最高，2015 年法国核电发电量占全国总发电量的 76%。在福岛核事故后很短的时间内，美国、英国、法国等核能大国，除德国外，都已相继正式发声：并不会因为核事故存在的可能性就放弃核能。2012 年 7 月，美国政府正式重新启动核工业，官方表示继续促进核电发展，其能源部表示将在核能创新中再投资 1300 万美元用以发展美国核工业，确保其 21 世纪的领先竞争力，此外还将针对核工业中存在的普遍性问题、反应堆安全性能问题、反应堆经济竞争力等问题，单独投资 1090 万美元作为问题解决支持基金。英国政府则发布《能源改革法》（草案）表示以巨额资金大力推进低碳电力的发展，并将核电产业与可再生能源、普及碳捕获与封存技术这三者一起并列为低碳电力核心，明确表示支持新建核电，并提出了雄心勃勃的核电建设计划，决定要在 2050 年之内重新建设 22 座反应堆。法国总统奥朗德上台执政后，宣布法国能源政策保持在不否定以核能为中心的前提下，计划逐步将核电占全国电力供应的比例从目前的 75% 降至 50%。截至 2020 年 1 月，俄罗斯联邦共有正在运行的核动力反应堆 38 座，在建反应堆 3 座。

随着一系列核能发展计划相继出台，亚洲在建核电站数量和规模都居首位的地区，为核能产业的再次腾飞开辟了新的战场。中国延续了全球领先地位，截至 2020 年 1 月，共拥有正在运行的核动力反应堆 50 座，在建反应堆 13 座，占全球在建核项目的 25%，在建项目居全球首位。中国目前仍在推进相关核电出口项目，合作伙伴涉及阿根廷、罗马尼亚及英国等多个国家。处于起步阶段的印度继续加大力度，与加拿大和澳大利亚签署了铀进口协议，大量铀材料运抵印度，并加速推进铀浓缩、转化以及燃料加工厂修建进展。即使是刚刚遭受过核电站爆炸重创的日本，于事故一年后也再次告别零核时代，重新启用福井县的大饭核电站，相继发布"创新能源及环境战略"，虽然在未来战略规划中树立了应当"早日摆脱依赖核电"的远期目标，但也明确表达："对于其安全性已经得以官方确认的核电站，日本会将其作为重要的电力来源而再次进行有效利用"，这种提法相当于毫不避讳地承认了其将重新启动一直停运待检核电站的可能性，即使是建立在重新检修以确认安全性的基础之上。非洲和拉美等的众多国家也都在考虑建造核电站。

综上可见，随着全球能源需求的刚性增长，温室气体减排任务的日益紧迫，以核能为代表的新能源是可持续发展的重要选择，偶发的事件并不会扭转，更不会必然终结这一历史趋势。

（三）我国核能安全现状及困境

中国一直以来被标注为人口大国、资源贫乏之国，随着社会发展对资源的需求增加，中国面临着严峻的能源结构调整需求。为了应对能源短缺问题，我国政府逐步推进扩大核电供应的战略，秦山核电站一期于 1991 年正式并网发电，成为我国步入核电国家的标志。近几十年来，我国陆续建成大亚湾核电站、岭澳核电站、江苏连云港田湾核电站、辽宁红沿河核电站、福建宁德核电站等，福清、石岛湾、防城港等新项目也已整装待发。截至 2015 年底，中国核电装机容量已经达到 2856.6 万千瓦，在建装机容量 2945.9 万千瓦，商运核电站 30 座，在建核电站 26 座，在建容量位列世界第一。中国"十三五"规划纲要中预测性地提及，2020 年我国核电运行装机总容量达到 5800 万千瓦，将开工 33 台，投产 26 台核电机组，在建装机容量达到 3000 万千瓦以上，全面进入核工业发展第二轮高峰期。除核电事业外，我国还在医疗、采矿、地质勘探、食品、农业、环保、科研等众多领域广泛应用核能。中国已经成为全球举足轻重的核能利用大国，核能在我国能源结构中的地位越来越突出，这使得我国更加需要重视核能安全问题。中国领导人出席了之前举行的三届核安全峰会。2016 年 4 月，国家主席习近平赴美出席第四届核安全峰会并讲话，以"加强国际核安全体系 推进全球核安全治理"为题，围绕构建公平、合作、共赢的国际核安全体系，全面阐述我国政策主张、新获进展和后期举措，向世界充分表明了中国对核安全问题的重视。中国在建设核安全体系中一如既往地做到了坚持发展和安全、权利和义务、自主和协作、治标和治本四个维度双向的协同并重。

1984 年，中国正式成为国际原子能机构的成员国，随后参与了多项国际公约的制定工作，并签订了一系列协定。通过对国际原子能机构相关法律制度的研究，中国能够不断提高核技术的开发与应用水平，完善国内核能领域的立法，使核能在更多方面安全地为国民服务。经过不懈努力，中国核安全能力得到持续提升，完全按照国际最新标准开展了对新建核设施的核安全系统的构建，并且对已建核设施的安全系统进行了升级改造，把核安全作为国家总体安全体系的重要组成部分，依据《中华人民共和国国家安全法》对其进行规制，全面提升了核安全的战略定位。同时《核安全法》自列入第十二届全国人大常委会立法规划，虽过程曲折，至 2017 年已正式颁布；《国家核技术利用辐射安全管理系统管理规定》业已发布；《核安保条例（征求意见稿）》已向社会公开征求意见；《核材料和核设施实物保护》《核材料管制视察管理办法》《核材料衡算与控制视察导则》《核材料管制报告管理办法》等一批核安保导则和技术规范也陆续颁布施行；核安全监管工作日益机制化、规范化，成立了国家核安保技术中心，建设了国家核安全监管技术基地，强化核安全的日常监督管理，提高核安全监管机构能力，确保实际工作中"一克不少，一件不丢"。

同时，中国在国际核安全合作领域正不遗余力地发挥重要作用。遵照国际原子能机构理事会提出的协议框架，中国主动开展与其他国家及国际组织间的协同合作，已完成与 30 余个国家的双边核能合作协定的签订工作，并据之广泛进行合作交流。例如，为加纳提供了将其微型中子源反应堆改造为可使用低浓缩铀燃料反应堆的帮助，降低了核扩散的风险；同时与美国合作，改造伊朗阿拉克的重水反应堆，最大限度地保证了其和平利用，特别是近年来，为巴基斯坦培训核安全监管人员，为确保和平利用核能提供实质性保障。中国还正式向国际原子能机构递交了《核材料实物保护公约》修订案的批准书，这是继俄罗斯之后第二个进行提交的拥有核武器的国家。中国正以实际行动对核安全理念加以诠释，彰显了负责任大国的担当。

日本福岛核事故后，我国国务院紧急出台"国四条"，严格审批新上核电项目，并立即组织对全国核设施进行全面安全检查，确立核能工业中重安全的基调和求发展的主题。2012 年 5 月，国务院向国际社会公开了《关于全国民用核设施综合安全检查情况的报告》，并同时公布《核安全与放射性污染防治"十二五"规划及 2020 年远景目标》，表态中国将在加强核能安全性的前提下战略性地推进核电发展，标志着停滞的中国核电开始解冻。同年 11 月发布的《核电中长期发展规划（2011—2020 年）》《核电安全规划（2011—2020 年）》中，规定"十二五"时期只在沿海安排少数经过充分论证的核电项目厂址，并在新建核电项目中强制引入目前全球核电界最高等级的安全体系，同时要求新建核电机组必须达到最新三代安全标准；同时提出将以投资达 798 亿元的安全改进、应急保障等五大重点项目，合力促进核能利用技术升级换代，有效消减技术安全隐患。次年 7 月，中科院核能安全技术研究所主办召开核能安全技术高峰论坛，海内外 200 余名业界专家就如何保障全球核电健康发展、提升中国在核安全领域的研究水平等主题进行充分研讨。

无论是官方的政策法规准备，还是行业内的专业筹备，都在为中国核能行业的全面重启蓄积能量。2012 年 11 月，广东阳江和福建福清的 4 号核电机组相继开工，中国核电建设在停滞了 20 个月后正式重启；次月，华能山东石岛湾高温气冷堆核电示范工程开工，该商业化示范项目首次采用全球第四代核电技术；随后，江苏田湾核电站二期工程也开工。但是，投资已达百亿元的三大内陆核电项目——湖南桃花江、江西彭泽、湖北大畈虽已完成基础设施建设，何时开工尚无定论，那么大量的核电公司设备如何处置？是搁置还是变卖，抑或是由专人维护待复工？都无从知晓。基于产业经济与地方发展休戚与共的特性，核电站的未来不可避免地牵扯着所在地地方经济的神经，一旦核电项目规划调整，这些地方的经济发展也就面临着截然不同的未来。世界核能协会（World Nuclear Association）网站依据太比雅研究机构 2008 年的数据，将以上三个中国内陆核电项目仍列为正在规划中。此外，即使是面向核能工业已经开放许久并拥有较良好安全历史记录的沿海地区，核电项目重启进展也不是那么顺利。中核集团拟在江门鹤山建设中国东南沿海第一座核燃料加工厂，虽然该项目被业内评定为安全系数颇高，但从项目"稳评"公示到宣布取消仅存续了 10 天时间。

虽然从总体数量上来看一片繁荣，但目前我国核能工业无论是在沿海区域还是在内陆都面临着尴尬，沿海地区的居民依然会"谈核色变"，反对核项目出现在自己的生活区域；内陆地区的停工项目面临着巨大的资源浪费，同时还陷入了地方经济发展和能源紧缺的困境。沿海地区需要能够接受"核"，内陆地区需要尽快开放"核"。核能工业的重启对于中国来说是理性的选择，而何时能真正全面重启则仍然待定，但可以肯定的是中国核能工业将在安全的前提下谨慎重启。

三、核能安全与法律制度的内联关系

（一）各学科对核能安全的研究

1. 科学技术层面

核能利用首先是一种科学技术，所以核能安全首先是一个技术问题，然后才是一个社会问题。核科学技术工作者们承担着开展核能安全技术研究的重要责任，他们致力于探讨核技术的革新发展，精益求精，探索更为可靠安全的核能利用技术。国际社会核能产业进程中一代、二代、三代乃至四代核电技术的更迭进阶，正是通过技术手段保障核能安全的最好印证。1954 年，苏联建成奥布涅斯克实验性核电站，这一座电功率仅为 5 MW 的核电站历史性地揭开了世界核电的大幕。经过之后 60 余年的开拓发展，陆续诞生了四代核电技术，因第四代核电技术还未正式全面投产，目前在商业化运作中采用最广泛的为第三代。第三代核电技术极大地吸取了切尔诺贝利和三里岛两次核事故的经验教训，对第二代核电技术进行了长足的改进，除了在安全性和使用寿命上明显改善，其在排放废料、发电功率和经济效率上也极具优势。事故源项估算、风场诊断与预报、气载放射性扩散、水体放射性扩散、核辐射医学应急分类及救援、放射性剂量估算等具体领域的技术也有创新进展，尤其在福岛核事故之后，从日本的教训出发，科学家们又增加了对核设施周边自然地理环境的技术性考量和测评，如综合比较分析核设施海拔高度、海堤海拔高度、备用发电设备的位置对核事故的影响等，为核应急决策和核安全保障提供了重要的技术支持。

我国一直注重利用技术手段规制核能安全，积极开展核能技术基础研究，特别关注核应急技术创新，开展"华龙一号"反应堆、美国先进压水堆（AP1000 反应堆）、欧洲压水堆（EPR 反应堆）以及高温气冷堆、快堆等第三、第四代核电技术反应堆核应急技术与管理研究。针对多机组同时出现共模事故、内陆核电站严重事故源项分析、跨地区核应急准备、核燃料循环设施应急准备、核与辐射恐怖袭击事件应急处置等重大课题，持续开展研究，取得了一批高水平技术成果。[1] 我国在关注技术革新之外还重视组织建设，先后成立了中国科学院核能安全技术研究所（以下简称"核安全所"），该所是面向核能与核应用安全相关领域开展基础性、前瞻性、战略性研究的创新型研究所，

1　中华人民共和国国务院新闻办公室.中国的核应急（白皮书）［EB/OL］.（2016-01-27）. http：//www.scio.gov.cn/zxbd/tt/jd/Document/1466414/1466414.htm.

目标是对标国际先进水平，打造高等级的核能安全技术研究基地、核能安全专业创新型高端人才培养中心、核电站及其他核设施安全技术综合支持平台及第三方评价机构。核安全所以初建于 1986 年的 FDS（Fission/Fusion Design Study）团队为核心成员，致力于设计先进核能系统，专注核能利用相关国际前沿技术的研究工作，专业领域涉及中子物理与临界安全、核材料与设备安全、核热工与事故、核系统运行与控制安全、辐射防护与环境影响评价、核能软件与仿真、可靠性与概率安全、核技术应用、核能化学与安全、核应急与核文化等。核安全所尤其在核应急领域重点发挥技术支撑作用，设置了国家核应急专业技术支持中心，从辐射监测、辐射防护、航空监测、医学救援、海洋辐射监测、气象监测预报、辅助决策、响应行动等领域出发，建有 8 个国家级核应急专业技术支持中心以及 3 个国家级核应急培训基地，基本形成专业齐全、功能完备、支撑有效的核应急技术支持和培训体系，[1] 在核安全领域充分发挥技术保障作用。但技术只能把控没有思维的机器，拥有绝对主观能动性的人类必须要依靠规则来制约，这些规则可分为行政管理类、经济利益类、文化素养类，当然也离不开法律法规类。

2. 行政管理层面

根据新公共服务理论的理念，政府有责任和义务制定与现代民主治理相关的制度和价值规范，这其中当然包括公共利益。政府是重要的行政主体，因此对处理环境问题负有无可代替的行政责任。政府主要依靠各类机关及其行政人员以及获得授权的组织来具体实施环境行政管理，此类群体由于违反或怠于履行环境保护的职责和义务，必然会带来负面的后果，这种后果一般由国家针对行政机关和行政人员作出惩罚，并相对应地补偿受害者，即所谓的惩罚性的环境行政责任和补救性的环境行政责任。20 世纪 60 年代后半阶段的工业大国都爆发

1　中华人民共和国国务院新闻办公室 . 中国的核应急（白皮书）［EB/OL］.（2016-01-27）.http：//www.scio.gov.cn/zxbd/tt/jd/Document/1466414/1466414.htm.

了声势浩大的民众性的环境保护运动，这些民间运动有效地促使政府开始正视生态环境保护，并由官方深入处理环保问题。这一积极的转变来源于公民的强烈诉求，更是根源于环境问题自身天然具备的公共性的特质。行政权具有的主动性、直接性、连续性和具体性等特点，决定了其能够在环境保护领域发挥无可替代的积极作用，环境行政也由此占据了环境法的核心地位。[1]1972 年《人类环境宣言》第七条中就指出：各地方政府和全国政府，将对在它们管辖范围内的大规模政策承担最大的责任。

国家一般倾向于借助市场经济手段宏观上管理一般工业的各类商业行为，而尽量避免采用行政干预的手段。但是对于核能工业这一特殊行业而言，国家政府则较大程度地深入其中，通过开展战略决策、宏观调控、规范行为、实施许可、履行国际义务等行为，成为核能利用行为的重要参与者和实施者。这一切都源于核能利用活动所产生的责任往往远远超过普通个人、一般机构和企业法人等常规民事主体所能够负担的能力限额。因此，国家是最为合适的核能利用活动的责任主体，并承担相应的责任和义务。国家同时也借助监督、管理的手段，对每一个核能利用主体的核能利用行为发挥作用，确保各类核能利用政策、法律法规等落实到位。

根据国内外实践，当代政府环境行政主要分为三个方面：环境行政立法、环境行政规制和环境行政执法。近代社会中，行政机关所制定的规范性文件，其中一部分正是行政机关开展行政管理活动的标准和规则。首先，环境行政立法就是一种抽象的环境行政行为，是环境规章行为以及其他具有普遍约束力的规章、决定和命令的总和，其目的是落实环境法律规定，实现环境管理的职能。其次，环境行政规制是政府依靠行政手段，规划、调整、监督各种影响环境的活动，其目的在于保护环境免受污染破坏，保持自然生态平衡，寻找经济发展和

---

1 张建伟.政府环境责任论［M］.北京：中国环境科学出版社，2008：191.

环境保护的最佳平衡点。由于环境的不确定性使得立法无法通过设定构成要件等形式将其提前界定，需要决策于未知，决定了现代环境行政规制具有风险预防的性质。此外，现代环境行政规制需要得到受规制主体的配合、协助，更强调受规制主体通过内心的认同而进行自我规制。总量控制与可交易的排放权、排污收费等经济诱因型规制工具就是最好的体现。最后，环境行政执法是确保环境行政管理行之有效的关键，本身具有法律和行政的双重特性，成为环境行政管理过程中一个极为有效的手段。

体现在核能安全领域，环境行政则清晰地展现在大量的行政管理行为和一系列的行政法规的颁布和执行中。但这种传统的政府管理模式，不切实际地过于依赖维护政治统治的工具属性，过分凸显管理主体和公众之间的不平等性，过分强调管理对社会的制约性，最终导致行政权的制约性、有限性和依法性被日益淡忘，行政管理日益凌驾于社会和公众之上。

3. 市场经济层面

近二十年来，针对整个能源开发利用中的环境保护问题，一些国家逐步采用"市场机制的方法"（Market-Based Mechanisms）或"经济手段"（Economic Approach）来弥补法律制度的不足，开发出一些较新的经济手段。一是绩效保证金（Performance Bonds），意指能源公司若想要取得能源开发利用的许可，首先要按规定提供特定数目的资金，以环保的名义封存不动，倘若能源开发过程一切安全顺利，则能源公司最终将获得的保证金返还。这种资金冻结的方式，能够对能源公司的具体行为产生经济激励，督促他们尽全力执行环保要求，以保证保证金的所有权不丧失。二是环境托管基金（Environmental Trust Funds），逐渐被采用作为保护环境或减轻环境损害的经济手段。能源公司在开始能源勘探开发之前，就把一定的资金提交为环境托管基金，若没有发生环境损害，则该基金将转变为捐赠的基金，以其利息用于环保和环境污染预防；一旦发生环境损害事故，该基金就用以减轻或清除环境污染。每次动用基金后，能源公司都有义务及时补充至最初的数量。三是环境留置权（Environmental Lien），指能源公司违反环境保护义务时，作为惩罚，政府机关有权对其资产行使环境留置权，用以完成减轻或清除环境污染影响的费用。四是环境税（Environmental Taxation），这是一种有用的控制和管理能源行业污染的公共政策工具，对违反环境法律政策或不积极履行环境保护义务的能源公司征收重税。上述方法是能源开发利用环境保护的新方式。它与传统方法不同，比较注重以经济手段来增进能源公司的环保意识。

4. 文化素养层面

核安全文化表现为三种形式的要素：一是对核安全的态度，即理念性的核安全文化；二是对核安全的认知，即知识性的核安全文化；三是对核安全的具体外部活动，即行为性的核安全文化。三个方面相互协调促进，才能实现内化于心、外化于形的文化自觉。不断提升核能行业从业人员的核安全文化修养，进而影响带动全社会公众核安全文化认知水平的提升，推进更深层次的核安全文化建设，对有效保障民众健康、维护生态安全、促使核能利用事业可持续发展都有着举足轻重的现实意义。自切尔诺贝利核事故之后，国际原子能机构就倡导核电企业发展安全文化。2015 年 1 月 14 日，我国《核安全文化政策声明》发布，中国国家核安全局、国家能源局和国家国防科技工业局多个行政主体联合重磅推出，意味着我国对核安全文化重视程度的飞跃式提高，进而促进了核安全文化培育举措的诞生。文中总结国际社会和中国核安全发展经验，提出了我国"理性、协调、并进"的核安全观，以及"发展和安全并重、权利和义务并重、自主和协作并重、治标和治本并重"的核心内涵。

在所有影响核安全的因素中，人是最活跃、最复杂的因素，培育核安全文化的主要目的就是想从"人"的层面保障核安全。人是文化的塑造者和承载者，国际原子能机构对核安全文化给出的官方特性描述是：核能行业相关的决策层、管理层以及个人的承诺。因此核安全文化建立与发展中的关键因素在于核能行业的从业人员。核能行业的从业人员都应当树立"安全第一"的思想，强化自身的核安全知识，日常做到珍惜核安全、维护核安全、敬畏核安全，树立每一个员工在应对安全事务中的"主人翁"意识。具体而言，在安全问题上决策层要奉行"保守决策"和"安全最优"的原则，确保"安全"在生产和计划活动中具有最高优先权，而不被生产进度或者经济效益等因素所掩盖。管理层的以身作则对其下属员工具有最直接的示范作用，要在日常交流中常提安全，在会议中常议安全，保证足够的时间、资源和精力来维护安全。广大员工是核安全文化最大数量的执行者，在工作中要坚持质疑的态度和严谨的方法，保持交流，提倡协作。

此外，工作氛围因素是影响核安全的关键因素，相互尊重、高度信任、团结协作的工作氛围对保障核安全具有现实意义。何为对核安全有益的适宜的工作环境？至少是员工敢于提出安全问题，敢于报告人因失误造成的事件，而不担心会遭受报复，反而应当得到及时的鼓励和表扬。要树立针对"工作差错"的正确观念，承认差错不可避免，及时关注并改正差错才是重要且有意义的。真正值得提倡的核安全文化，并不是追求不切实际的零差错，而应当是强调对隐瞒、虚报、违规操作等有悖于安全行为和事件的零容忍。能否上下一致形成以上观念，取决于整体核安全文化的意识培育和水平提升。

最后，社会环境因素是影响核安全的最广泛因素，最初界定于核能企业内部的核安全文化，随着核能安全与整个社会经济间影响互动的扩展，核安全文化的范畴也随之扩大。核安全文化建设在核能产业发展规划的全生命周期中，通过核能及核安全知识的普及和传播、全面及时的信息公开和公众参与等各种形式得以发展和升华，同时社会和大众对核安全文化的认知也在不断提高和深入。以我国为例，公众关系的应对和处理已经为各个核电厂所重视，他们专门设立了公众接待处，方便公众获取核电厂相关的知识和周边辐射监测数据等信息，但仍处于起步和表面阶段、不够深入。为了更好地实现在社会大众中普及核安全文化、转变公众核安全态度，核安全文化工作仍有很大余地，比如组织周边社团、居民例会，共享核能企业经营管理和安全业绩等信息；组织核能安全问题专项讨论小组，由核能企业、监管部门、民众等参与；还可以定期出版与核安全相关的刊物等。

在现代法治社会中，涉核企业除了被动地树立守法意识外，更应当做到积极守法，充分认识法律蕴含的安全价值，自觉遵守安全秩序，维护核能安全法律的尊严，弘扬核能安全法治精神。

（二）核能发展与法律制度的辩证关系

核能产业的蓬勃发展，为法律制度开辟了新的研究领域，推动了法律的丰富和发展。同时，法律制度的进步保障了核能产业的健康可持续发展。回顾核能法律的发展历程，它一直伴随着核能科技进步史和国际关系发展史一起成长，概括来看，有以下几个里程碑阶段：

20 世纪 40 年代后期，各国猛然意识到核能所具备的强大军事威慑力，开始从战略价值的角度重视核能，核能技术因此成为各大国在第二次世界大战之后集中攻关的目标，随之而来的就是核能相关法律规制也在这一时期得到足够重视，逐步提升到国家内部立法的层面。美国作为核能利用领先技术的拥有者，率先颁布了《1946 年原子能法》，从而成为采用国内法律来规范核能开发利用的最早尝试行为。尽管各国探索核能科学技术的初期阶段才刚刚开始，核能相关法律制度已经形影不离地开始萌发并发挥作用，逐步成为核能利用规制的重要手段之一。在联合国的推动之下，各拥核大国经过充分博弈和妥协，相继成立了一些促进核能和平利用以及控制军备的国际组织，相配套地也接连缔结了一系列的国际法律文书，促进核能和平发展、防止核武器扩散、削减核武器数量的主要规制目标基本形成，国际原子能法律体系在此开始萌芽。国际社会出于对核能利用的安全与发展需要，1956 年制定了《国际原子能机构规约》，标志着世界各国联合起来成立一个关于核能合作的对话平台，以法律手段推动核能和平利用的健康发展。

20 世纪 60—70 年代，核能商业发电迅速发展，核能和平利用的春天来临。此阶段，国际原子能机构等国际核能管理组织的工作重心在于敦促国际核能利用法律文书的缔结，在核不扩散、核损害责任、核环境保护等领域的国际法律文书卓有成效，核安全管理相关的技术标准和安全导则也陆续出台，再加上地区或国家间的和平用核协议的相继达成，核能利用法律制度越发完善。尽管三里岛和切尔诺贝利两次重大核事故重创了世界核电迅猛发展的势头，导致核电发展转而走向低迷的波谷，但从另一个角度来看，它们也创造了完善和重新审视核能法律制度的契机。国际社会开展核能交流合作、国家内部提升核安全能力、各国间处理跨界核损害责任等内容，都逐步迈入依靠国际法律制度实现规制的阶段。

20 世纪 90 年代初，包括国际能源结构在内的国际关系格局因冷战而改变，国际社会主张控制核能军事化、促进核能和平使用的势力和呼声不断壮大，大国之间的对抗得到有效缓解，对国际集体安全机构的呼声和需要与日俱增，相对应的是国际原子能法律制度也进行了重要调整。

21 世纪，伴随着核能技术创新获得进展、核能安全性稳步提升，核电产业又一次迎来复苏。但 2011 年日本福岛核电站爆炸和泄漏的重大事故，再一次敲响了人类防范核能利用安全风险的警钟，与前两次核事故一样，福岛核事故也促进了全球核安全水平的大幅度提高，促使各国在完善国际原子能法律制度中形成了更广泛的共识。

综上，在短短 60 余年间，核能发展的动态曲线伴随着国际政治经济和科学的进展而经历了多次的起落演变，唯一不变的是核能利用的话题热度一直有增无减，其中以毁灭或是生存、发展或是控制、经济或是安全等为关键词的讨论，常会引发较大规模的全民大讨论，被国际社会广泛持续关注。核能利用带来的风险从一定意义上而言属于制度性风险，规则的失范正是风险社会生成的制度性根源。法律作为人类社会的调控机制，为人类社会安全秩序的形成奠定了基础。法律中形成并框定的核能安全规则，是预防、规避和化解核能利用风险的一剂良药。与核能利用领域划分一致的是，核能法律制度也分属军民两种属性，无论在国际关系或是国内关系中都不可避免地充满利益分配的争夺和纠缠，因此核能法律制度的作用若想有效发挥，必须要立足现实背景，以可操作性为立法导向。从实践中看，核能利用相关法律在数量上已不属于少数，核能利用中的种种行为和事件也都大致能找到相应的法律去规制，但很明显制约核能法律制度发挥作用的是，其自身的系统性和综合性还比较滞后，理论体系不甚清晰。可见，开展核能法律制度相关的体系化研究很有必要，需要引起法学界的特别关注。

第二章　国际核能安全法律制度现状及评述

一、核能安全相关国际立法经验

（一）核安全国际公约的产生及内涵

1.《及早通报核事故公约》

国际原子能机构在切尔诺贝利核电站爆炸事故之后，主持修订了《及早通报核事故公约》（*Convention on Early Notification of a Nuclear Accident*），该公约的内容可谓切尔诺贝利事件的结晶之一。1986 年该公约在维也纳召开的国际原子能机构特别大会上获得通过，当年 10 月 24 日开始生效。中国于其通过后两日即签署，一年后依规定交存公约批准书，并同时声明对公约第 11 条第 2 款所规定的两种解决争端程序提出保留。该公约的主旨是进一步加强安全发展和利用核能方面的国际合作，通过在缔约国之间尽早提供有关核事故的情报，以使可能超越国界的辐射后果降低到最低程度。公约适用于缔约国管辖之下的发生或可能发生的放射性物质泄漏，并引起或可能引起对他国的辐射安全造成重要影响的国际跨界泄漏的设施和活动。

2.《核事故或辐射紧急情况援助公约》

《核事故或辐射紧急情况援助公约》（*Convention on Assistance in the Case of a Nuclear Accident or Radiological Emergency*）是国际

原子能机构在切尔诺贝利核电站爆炸事故之后主持修订的有关核事故两项公约中的另外一个。1986 年 9 月 24 日，该公约在国际原子能机构特别大会上与《及早通报核事故公约》一并通过并于一个月后同时生效。同样，中国于第一时间签署该公约并交存公约批准书，同时声明对公约第 13 条第 2 款所规定的两种争端解决程序，以及在由于个人重大过失而造成死亡、受伤、损失或毁坏情况下的第 10 条第 2 款的规定提出保留。该公约旨在进一步加强安全发展和利用核能方面的国际合作，建立一个联动有效的国际援助体制，从而有利于在发生核事故或辐射紧急情况时，促进成员国之间以及国际原子能机构及时响应，第一时间积极提供必要援助，从而实现限缩核事故或辐射损害后果。

3.《核安全公约》

《核安全公约》（ *Convention on Nuclear Safety* ）是国际核安全条约框架中最重要和最基本的条约。1991 年经国际原子能机构大会决议决定修订伊始，由于美、英、法等拥核大国过于坚持自成体系的核能法律法规和管理，大量关键问题一直没法达成共识，因而起草工作困难重重，几度限于困境，进展缓慢。直到 1994 年 8 月，国际原子能机构召集各国政府代表召开了外交会议，《核安全公约》才得以通过。公约正文包含四个章节，具体条文有 35 条。该公约普适于陆基民用核电站，称得上是首个正式规制核电站安全问题的国际法律文件，其立法目的在于：通过国际合作措施的增强，在世界范围内达到和保持一个高水平的核安全，建立和保持对核设施潜在的放射性危害的有效防护，以保护公众、社会和环境免遭这些设施可能的放射性伤害，防止或减轻有放射性后果的事故的产生和影响。但该公约主要是一种激励机制，并没有为确保世界核安全建立一个国际制度。[1] 它的签署并不是为了制裁某个或某些国家，而是由各缔约国通过信息交流和定期

1 亚历山大·基斯.国际环境法［M］.张若思，编译.北京：法律出版社，2000：47.

开会的方式，达到更高安全水准这一共同利益。¹它要求各国实施保证核设施安全的基本原则，而不是详细的安全标准。公约第四条要求各缔约国在其国内法中采取立法、司法、行政和其他措施，以履行公约义务，这些措施应包括国家核安全的有关规定和条例；安全应被置于优先地位；各国应指定一个机构负责执行通过的规定。公约还规定了一系列关于核设施安全的技术规则，或称之为指示，涉及核电站的选址、设计、建设和利用。公约要求定期举行"执行公约审议"会议，由各签字国提供介绍本国为履行公约规定的核安全义务已采取措施的报告，供会议审查，这种审议促使核安全问题的透明度大大改善。在该公约的诞生过程中，中国全程积极关注并切身参与到具体的条文起草和磋商之中，自始至终坚持派专家出席全部立法讨论，可谓在公约成功制定并获得签约通过中扮演了重要角色。虽然中国早在 1996 年 4 月 9 日就提交了国家批准书，成为《核安全公约》的首批签约国之一，但遗憾的是，我国国内的《核安全法》却长期缺位，直到 20 多年后才填补空缺。

4.《乏燃料管理安全和放射性废物管理安全联合公约》

《乏燃料管理安全和放射性废物管理安全联合公约》（*Joint Convention on the Safety of Spent Fuel Management and on the Safety of Radioactive Waste Management*）是特别重要的有关核废料处置方面的全球性公约，1997 年 9 月在国际原子能机构的外交会议上通过，进而成为当事国间有关放射性废物安全管理以及保护个人与环境免受放射性潜在影响的主要国际法律文件，开启了国际核安全活动的新篇章。²公约条文再次重申确保核燃料和放射性废物管理安全的最终责任由当事国承担，明确说明各个国家政府对核燃料和放射性废物的管理安全负首要责任和全部责任，这表明联合公约充分保障了各缔约国在核安

---

1 杨国华，胡雪 . 国际环境保护公约概述［M］. 北京：人民法院出版社，2000：156.
2 Elena Molodstova.Nuclear Energy and Environmental Protection：Responses of International Law ［J］.Pace Environmental Law Review，1994，V11（2）：586.

全上的自主权。该公约还明确指出了放射性废物就地处置的原则，这对预防污染、防止污染扩散和转移具有重要意义。公约规定在核燃料的生产、装卸、处理、贮存和处置的各个环节实行全过程管理。公约对拟议中设施的选址、设计和建造、设施的安全评价、设施的运行、核燃料的处置等做了较详细的要求和规定，表现出实施预防为主的原则。公约还强调要尽力避免那些对后代产生影响的行为，避免后代承受过度的负担。

（二）核安全国际标准的作用及意义

上文提及的各公约组成了国际核能安全制度的根本，可谓基础性法律文件。除此之外，更为关注细节问题和具体部分的则是大量与核能安全相关的安全标准体系。根据国际原子能机构规约第 3 条，其有权制定安全标准并使这些标准适用于和平核活动，至今已积累了相当数量的安全标准文件，在辐射安全、放射性物质运输安全、放射性废物安全和核安全等领域发挥着更为细节的作用，以"安全标准丛书""安全报告丛书"等系列出版物的形式存在并广泛传播。各类标准都力求遵循同一行文格式和模板，即由一组基本原则、一组强制性的要求、大量具体指南组成法律文件。但在《国际法院规约》第 38 条关于国际法形式渊源的列举中，并没有提到诸如行为准则、决议之类的"软法"，因此各成员国遵守安全标准与准则均出于自愿。这种无拘束力的"软法"并非在法律上完全无意义，其可能带有规范化的影响，而产生一定的法律效力。国际原子能机构的安全标准与准则将已有的公约内容细化，更富实践性，同时为未来成为条约打下了实践基础。国际立法的进程，通常是从没有拘束效力的文件，譬如建议、指南、决议、原则声明与行为准则，到类似条约之类的具有拘束效力的文件的连续发展，通过各国国内立法行为的激活，由应然转变为实然，实践拘束力逐步成长强化。

国际原子能机构的安全标准体系可以分为五部分内容，分别是核安全、辐射安全、运输安全、废物安全和一般安全，每一类安全内容又由安全基本法则、安全要求和安全导则三个层次组成，它们坚持在原则等根本性问题上与国际公约严格保持一致，其特征是在内容上将公约的原则性建议和概括性要求进行具体化阐释和细化分解，在可操作性上更胜一筹。其中最具原则性的是安全基本法则，其性质可以被喻为"政策文件"，目前已有三种安全基本法则类出版物，分别是设计核装置的安全性、辐射防护与辐射源的安全及放射性废物的安全管理，此外更为众多的是专题性安全标准和具体设施标准。国际原子能机构采取大量的行动计划有序地推进安全标准推广，包括向成员国提供直接与安全有关的援助、增进有关安全信息的国际交流、促进安全领域的教育和培训、依据援助申请向目标国家提供广泛的安全服务、协调促进安全研究和开发等技术交流活动，并且每年至少组织一次大型的信息交流会。而最具挑战性和最有促进作用的活动，当属国际原子能机构组织进行的大量的综合安全评审服务，包括为运行的核设施提供广泛的核安全服务及对辐射事件和事故的评价，如运行安全评审、重大安全事件评审、安全文化评价。我国大亚湾核电站和秦山核电站都接受过此类评审。[1]

（三）核安全国际权力机构的职能及贡献

全球核安全体制源头可回溯到两次重大核事故发生的年代，三里岛和切尔诺贝利两次核事故的教训将开展核安全领域国际合作的重要性和必然性清晰地呈现在人们面前。保障本国核能安全当属国家机器最基本的职责，但基于核损害常常不受控制的危害范围，使其成为跨越国界的蔓延性灾难，使得各国意识到仅仅依靠一国之力根本无法完成如此重任。经历了漫长的博弈过程，国际社会期望可以就核能安全在各国间有效地实现协同一致，调和的最根本渠道就是广泛达成共识，

---

1 张时龙.国际乏燃料运输的基本经验与我国乏燃料运输研究现状［J］.辐射防护通讯，1994（4）：26-27.

使之固定为法律文件以形成普遍遵守的安全公约、条约或标准，并使其在全球得到认可与适用。以上这项工作正是国际原子能机构作为关键领导者和组织方来承担的，也正是联合国依法赋予其重要的法律职能。显而易见，国际原子能机构承担着核安全国际权力机构的角色，并在促进全球核能安全事业中发挥着不可替代的作用。

1. 国际原子能机构的缘起

1946 年 3 月 17 日，艾奇逊牵头开展工作的五人委员会完成调查工作，最终向美国国务院呈上了一份政策报告，该份内容详实的艾奇逊 - 利连撒尔报告（Acheson-Lilienthal Report）革命性的政治属性，正如同核能在人类科技史上充满革命性一样。五人委员会通过报告传递的关键观点认为，原子时代的特殊性决定了禁核协议的无力性和形式性，甚至仅发挥观测和监督作用的安全体系也收效甚微，所以建议基于促进核武器发展的视角，各国都无权处置生产核武器相关的危险环节，而应由一个独立于各国之外的国际性权力机构将此权力统一收入囊中，即基于各国授权和委托来组建一个对原子能发展具有绝对权威性的国际机构，也就是他们提出的"国际原子能发展署"，将其定位为"超国家的实体，绝对控制整个原子能领域的开采直至制造的全过程，不放过任何一个危险环节，而且要强力主导各种类型的核科技研发，以上责任描述使得这一国际性行政体成为各国拥核用核代表的地位不言而喻、毋庸置疑。综上而言，该国际权力机构既属于拥有核燃料的业主，也开展科学研究，还承担核工厂和核电站的运营工作。并而行之的是，国际观察员担任暗访的任务"。同年 6 月 14 日，美国提出"巴鲁克计划"（The Baruch Plan），这一由国际组织控制核试验的方案，也称"原子能管制计划"，其主要内容是设立原子能发展署，"它将负责控制与管理所有对世界安全有着潜在危险的原子能活动，它的首要任务是获得并保持全世界铀和钍的完整和准确的信息，使它们在机构掌握下"。该机构可对非法拥有或使用原子弹以及非法拥有、离析适用于制造原子弹的原子材料等行为施行应有的处罚；该机构授权代表有权观察各国行为来完成有效的管制。为了保证此机构的独立性，联合国的某些原则和政策对其不发生作用，例如大国一致原则对其无效、常任理事国否决权也无效。巴鲁克计划寄希望于原子能发展署全面确立有效管控后，能够宣布核武器停产并将现存全部销毁，即其强调的"先建立有效的管制，后处置现存核武器"（Control Before Disarment），从某种意义上说，该计划是保证美国的核垄断地位并获取其他国家军事秘密的工作，这才是巴鲁克计划的目的和实质内容。为此，苏联提出了"先处置现存核武器，后建立有效的管制"（Disarment Before Control）的反建议，即"葛罗米柯建议"。这些初期倡导的核能利用国际控制的尝试虽然失败了，但这些尝试为国际原子能机构的建立，以及核能安全的实现提供了有益的理论和实践铺垫。

随后发端于 1953 年的"原子能用于和平"（Atoms for peace）计划，呈现在美国总统艾森豪威尔的联合国大会演说中，该计划引领世界进入新的防止核扩散的阶段。该计划呼吁有核武器的国家与无核武器的国家进行合作，共同分享原子能技术。在讲话中，艾森豪威尔还呼吁制定 1954 年原子能法案，并早日组建国际性原子能主管机构，他希望通过该原子能主管机构实现防止核武器扩散和原子能滥用，转而大力发展民用原子能产业并服务于人类发展需求。1957 年，国际原子能机构正式组建，它基于"原子能用于和平"的口号完成自我定位，与联合国组织之间为相互独立又充分合作的关系，同时也是世界各国开展原子能科学合作的重要平台机构，同时还承担着世界核能安全审计员的身份，这一角色的分量在切尔诺贝利事件后越发加重。该机构成立以来，着力完善核能安全规程、及时通报各等级的事故情况，但凡运行核设施的国家均要派遣核安全观察员与该机构密切协作。

原子能机构拥有三大支柱制度，分别是核保障制度、核安全制度、核安保制度。三大制度相互分工，有不同的内涵和外延，核安全制度关注的是民用核能安全问题；核保障制度则是为了监督和防范军用核能即核武器的扩散化；核安保制度是为了防止核恐怖主义。以上三大支柱机制，恰恰验证并体现了国际原子能机构的存在意义，即限制核能的军事利用，促进核能的安全民用。该机构成立 60 多年来，在摸索中发展，设立的初衷得到了很好体现，已成长为核能和核安全国际领域中协调和组织作用发挥最明显、最集中的部分，引导国际社会核技术发展，运营全球众多核安全项目，成员国大幅超越欧洲原子能机构，影响力更为广泛。如何保证核能不会毁灭人类而止步于造福人类，如何实现真正的核能利用协调有序化、和平安全，进而维持世界核安全制度的长治久安，成为国际原子能机构多年以来孜孜以求的目标。

2. 国际原子能机构的工作机制

《国际原子能机构规约》是该组织开展工作的重要依据，该机构的工作宗旨在文中表述为：致力于加速和扩展原子能对世界和平发展所起到的促进作用；并尽己之力，保证由其本身、或经其要求、或在其监管下提供的援助不会被用于实现任何军用目的。其主要职能则是：协助开展和平利用原子能的科学研究和实际应用；促进科学技术和信息情报的交流互换；鼓励科学家和行业专家的互访及培训；订立并奉行保障监督程序，以切实保证由其自身或通过其所提供的放射性物质和材料、劳务、装备及情报等不会被用于任何军事场合和用途；经当事国的申请，指导并监督该国国内原子能领域的所有行为和活动；加强与联合国相关部门的商酌配合而发布安全标准及其适用范围，以确保生命安全和健康，降低财产损失。由上文所列可以看出，"核安全"是蕴含在国际原子能机构宗旨和主要职能中的重要思想内涵，"核安全制度"是国际原子能机构的核心机制之一，更是其核心目标之一。

国际原子能机构如大多数国际组织一样，也是由权力机构、执行机构、管理机构这三级机构组成的，既有纵向的权力划分，又有横向的分工协作，由此形成一种"三级体制"。这三级机构分别对应的是大会、理事会和秘书处。其中，作为管理机构的秘书处，其职能就是处理行政和日常事务，提供各种服务。国际原子能机构秘书处下面直接设置了"核能和核安全司"，定位为统一管理核安全事务的专门机构，该司充分发挥核能利用领域调解融合的控制优势，致力于将笼统的核安全原则细化，建立起统一的核安全标准并促进安全标准在成员国执行，此外还借助安全评审、观察监督等方式协助成员国全方位改进提高核安全建设。国际原子能机构已然成为被成员国广泛信任和依赖的开放式中介平台，就核安全方面的技术、管理、法律等经验实现了沟通无碍的交流合作。

除了自身直接发挥作用和影响之外，国际原子能机构还与许多非政府组织有着密切往来沟通。在《国际原子能机构规约》的授权之下，国际原子能机构应当"与其工作存在关联的任意组织"建立适宜的合作关系，因此目前国际原子能机构与 19 个非政府组织之间正式建立了磋商洽谈的关系；[1] 此外，还邀请了 7 家组织作为国际原子能机构理事会观察员或直接承担某些具体任务。[2] 而且，国际原子能机构总干事还可以请求某一特殊领域中具有专门技能的非政府组织承担特定的研究或调查任务；国际原子能机构还与活跃在电力和能源经济领域的非政府组织，就交换统计资料和文件以及参加彼此的会议作出了安排；等等。以上所提及的这些组织涵盖了方方面面与核能和核安全密切相关的领域，它们都为国际原子能机构在核能利用国际法律控制中提供了组织机构、协助平台，通过它们有效大幅地扩散国际原子能机构的实际影响力，国际原子能机构在促进世界核能安全民用中起到的核心引领作用得到了有效加强。作为唯一的国际性核领域监督管理机

1　这些具有协商身份的组织是欧洲原子公会、欧洲农业联盟、国际空运协会、国际协调船货处理协会、国际商会、国际放射防护委员会、国际辐射单位和测量委员会、国际自由工会联合会、国际合作社联盟、国际科学联合会理事会、国际文献联合会、国际自用电力工业生产者联合会、国际标准化组织、国际内河船运联合会、国际电能生产者和分配者联合会、日本原子工业公会、世界劳工联合会、世界能源理事会以及联合国协会世界联合会。
2　没有正式协商身份但与发展核能的和平利用有关的非政府组织也被邀请派观察员参加国际原子能机构大会，它们是美国核学会、加拿大核学会、欧洲核学会、欧洲物理学会、国际应用系统分析研究所、国际核学会理事会、国际辐射防护协会、核能协会、铀协会以及世界核运营者协会。

构，国际原子能机构已与160多个国家达成协议，捐助项目近1300个，促进了核技术在农、林、医、工、环境保护等领域中的有益发展，并为确保辐射安全实施了有效措施。

3. 国际原子能机构的职能发挥

在国际实践中，国际组织一直担任着世界法律原则、准则和规则的创制者角色，编撰国际法、修订国际公约一般都是由它们来实施的。[1] 在国际辐射防护委员会（International Commission on Radiological Protection，ICRP）、经济合作与发展组织核能机构（Organization of Economic Community Development/Nuclear Energy Agency，OECD/NEA）以及联合国原子能辐射效应科学委员会（United Nations Scientific Committee on the Effects of Atomic Radiation，UNSCEAR）的协助下，国际原子能机构承担着国际核能法律原则、规则和制度的创造者的角色，在构建国际核安全制度法律框架过程中起到了核心作用，在国际核安全法的制定中起到了关键作用。它虽然缺乏直接制定颁布核安全领域公约的权力，却是不可或缺的重要促进力量，至今共推动缔结了与核安全相关的多边公约共五项，分别为《及早通报核事故公约》《核事故或辐射紧急情况援助公约》《核安全公约》《核损害民事责任维也纳公约》《核损害补充赔偿公约》等，共同构筑了国际核安全制度的重要法律基础。国际原子能机构所制定的安全标准系列，普遍覆盖了各类核业务、涉核行为和涉核事件，无论是最初的核矿产开采还是最终的乏燃料处置，无一遗漏。这些基础性的安全标准通过载入有关的条约中，提供给国际社会使用，成为各国际公约的基础，并被各国国内法所参考。[2] 国际原子能机构以其在核能利用控制领域的协调优势，致力于将笼统的核安全原则逐一具体化；构筑统一普适的核安全标准并尽可能影响和规范成员国的核能发展；通过安全评审督促各成员国

1　梁西. 国际组织法：总论［M］. 5版. 武汉：武汉大学出版社，2001：39.
2　艾德里安·J. 布拉德布鲁克，理查德·L. 奥汀格. 能源法与可持续发展［M］. 曹明德，邵方，王圣礼，译. 北京：法律出版社，2005：52.

主动开展本国核安全建设；各成员国还以国际原子能机构为中介，交流核安全方面的技术、管理和法治等心得体会。以上各项工作都组成了新世纪全球核能安全高水准状态的重要基础，有效地体现了国际原子能机构在促进世界核能民用中起到的中枢作用。

依据《及早通报核事故公约》《核事故或辐射紧急情况援助公约》赋予的重要义务，在处理核事故或放射性紧急情形中，国际原子能机构负有当仁不让的直接责任。《及早通报核事故公约》将其适用范围界定为：在空间物体中使用放射性同位素发电，此范围内国际原子能机构有责任将获得的跨国界释放事故信息进行通报，第一时间帮助各缔约国或成员国，以及其他相关国家和政府间组织知晓，而不论本次核事故或事件是否必然发生、是否可能造成辐射损害，也不以之为义务解除条件。《核事故或辐射紧急情况援助公约》则规定，在发生核事故或辐射紧急情况时，国际原子能机构必须对缔约国或成员国的援助请求作出反应，该义务不可减免。为更好地履行以上职责和义务，国际原子能机构内部建立了紧急情况反应中心这一机构，其具备 24小时的应急反应能力，能够与全球 220 个联络点之间实现毫无障碍的通信交流，并配备了一定数量的训练有素的工作人员，同时中心还承担着全球核事故问题应对机构间委员会秘书处的工作职能，无愧为联合国全面协调核事故应急情况和放射性紧急情况的核心中枢。

为更好地迎接 21 世纪新的挑战，国际原子能机构于 2000 年提出了一项专注于加强国际核能科技交流、维护世界安全与人类社会可持续进步的工作项目，该项目议题的主要内容是进一步发挥 IAEA 在和平使用核能、保障核安全、开展安全核查等方面的督导作用。具体而言，一是在和平使用核能方面，着重加强新型核反应堆以及循环核燃料技术等方面的国与国之间的信息互通和科研合作；促使核能科技在无菌化杀虫、癌症放疗诊治领域的广泛应用；积极开展自觉保护核设施、核安全科技水平、核能环保工程等知识的宣传教育。二是在保障核安全方面，提升核设施安全设备工作效率；加强查处未申报或违禁走私事件的能力建设；完善放射性废料管理标准；积极开展核事故应急培训。三是在开展安全核查等方面，尽力督促成员国贯彻联合国安理会发布的核查决议，并讨论修订核查办法。综上所述，国际原子能机构近期和将来很长一段时间的工作职能重点都已经调整到核安全这一频道上来，并已经作出周全谋划和工作布置，积极应对全球性的核安全隐患，全力促进核安全事业进程。

4. 国际原子能机构的核安全制度

保障核安全是国际原子能机构的三项关键性业务之一，其工作主旨在于保护人类及其生存的自然环境和生态环境免受超量非常规辐射的危害，协助各成员国不断完善核安全标准，有效地避免或者积极地应对放射性紧急事件。具体工作内容则体现在开展对核能设施、放射性物质及其运行、放射性废物等客体的有效安全管理，从而强化国际核安全制度总体合作框架，包括咨询国际标准、规范和指南；订立有约束力的国际公约；进行国际同行审查，以评价国家行为、能力和基础设施；建立应急准备和反应的国际体系。[1]与核安全相关的工作内容和重要性，无可厚非地决定了国际原子能机构是全球核安全体系的枢纽和核心。

尤其是三里岛和切尔诺贝利核事故之后，国际原子能机构在20世纪90年代开展了一系列行之有效的督导和核查工作，引导核安全国际体制化管理趋势开始出现。[2]这种管理趋势重点体现在：各国间的国际承诺开始都具有法律约束性；安全标准在世界范围内趋近广泛统一；安全标准的推广使用得到进一步加强。体现在具体核安全制度上则有：信息和技术交换制度的加强；核安全标准的广泛建立；成员国享有更广泛和到位的核安全服务。此处由国际原子能机构提供给成

1　Joseph P.Tomain. Nuclear Futures［J］.Duke Evironmental Law and Policy Forum，2005（15-3）：222.

2　张力.核安全：回顾与展望［J］.中国安全科学学报，2000（2）：15-20.

员国的安全服务包括信息报告、事故现场勘查、提供事故安全援助等。尽管国际原子能机构能否有效地执行安全标准取决于对象国家是否同意接受援助、是否愿意接受其提供的具体的援助设备和服务，但都不妨碍国际原子能机构已然成为国际社会最重要的核能安全信息和安全原则的资源发布者和分享者。除此以外，国际原子能机构在推进国家间条约签署以及签署国国内条约执行程度等方面都是功不可没的，在加强国家核安全领域作出了令人瞩目的成绩。

（四）国际核安全法律制度的启示

现有核安全管理的国际法律文件，虽然已实现从零到一的突破，无论是数量还是质量都有了长足的进步，但众多与可持续发展相悖的缺憾和不足仍不可小觑，主要有以下几个方面：一是强制性弱。现代通行的原则是尊重各成员国国家主权，赋予它们自行决定和执行具有本国特色的安全标准的权力，因此即便有核安全国际标准，但因为不属于公约或条约而缺乏对应的约束力。[1] 然而，即便属于公约或条约等相对具有约束力的国际法律文件，核安全领域相关的公约和条约自身看来也更偏向于激励和建议的性质，例如在《核安全公约》以及与乏燃料管理安全和放射性废物管理相关的安全联合公约中，序言部分都很清晰地自我界定为"鼓励性公约"，文本中采用的是"incentive convention"这一词汇，这样的定性很大程度上削减了此类公约在国际核安全领域发挥监督执行作用的强制性和决定性。二是操作性较差。国际公约一般都进行原则性的约定，正是出于对缔约国不同国家利益和国家主权观念的认可和尊重，但这种原则性的条文无法对具体事项和实际操作进行描述和规定，也就导致了面向实际应用时规范无力。与上文提到的强制性很类似，公约如果在具体条文中对事项的规定越具体，那么就越容易得到实际的执行，反之可操作性实施的情况则不

1　金瑞林.环境与资源保护法学［M］.北京：北京大学出版社，2000：463.

理想，条约执行的效用也就大打折扣。三是责任不明确。一般情况下，核安全领域最直接的责任承担者正是持有各类运营许可证的个人或单位，即使在《乏燃料管理安全和放射性废物管理安全联合公约》中提到了国家政府无法逃避的补充责任，但这与将国家定位为最终责任人并不是同一个概念，国家从最终责任人的角色中缺位的现状是不恰当的、脱离实际需求的。国家安全责任必须得到明确的界定和强调，才能最大限度地发挥国家政府在审批许可、监督执行、惩罚处置等过程中的谨慎义务，才能对核安全工作的有效开展大有裨益。[1]四是国际合作不够充分。经济实力不足、科技水平落后正是发展中国家显著存在的问题，没有了足够的资金和技术支持，发展中国家无力在核能这一高科技领域有所建树，发达国家出于对国家优势的维护，也不愿意在核能这种高科技领域去辅助发展中国家，无论是资金支持还是技术援助都相当吝啬。即便在《乏燃料管理安全和放射性废物管理安全联合公约》等国际公约和条约中篇篇不落地呼吁开展更密切的国际合作，但仅限于口号状态，并没有明确就资金部署、技术流转、专家协助等方面进行强制性规定，这对国际合作在核安全领域的开展也是没有实质意义的。

针对以上几点缺陷，完善国际原子能机构的核安全制度必然要从以下几个方面考虑。一是加强强制性。外部制衡力量的介入是监督公约执行最有效的渠道，若要真正且充分发挥国际原子能机构对成员国的监督管理职责，成员国首先必须以开放的心态接受国内各阶层的建议和意见，实行实质上的核安全信息公开，让公众切实参与到核设施建设的决策过程之中，打破仅由一国政府单方面进行决策的封闭局面。二是改善操作性。各缔约方应本着全球责任而不能仅是着眼于国家利益，制定一系列国际性安全标准以及发展核能安全利用的相关规定，从而增强条约的可操作性。此外还要加强对各国国内核领域立法的监

1　李寿平．现代国际责任法律制度［M］．武汉：武汉大学出版社，2003：48.

督与援助，加强国家间的相互合作，促进法律和技术之间的衔接。三是充实公约内容。公约各缔约方必须树立对世界核安全问题负责的自觉性，要以积极的态度自行开展完善公约内容、制定核能可持续发展战略、落实国家报告制度，强化国家责任。四是加强国际合作。在核能安全利用的许多领域，单靠一个国家的力量是难以完成的，许多原本属于一个国家内部的事务变得与整个世界息息相关。面向核能和平利用问题时需要宏观地通盘考虑世界全局因素，因为一旦发生核能利用事故则表现出时间上的长期性存在和地域空间上的弥散性影响。今后核电发展更广阔的市场在发展中国家，发达国家应该推动向发展中国家进行技术和资金帮助，发展中国家应大力提升自身安全利用核能的水平。五是深化核安全文化观念。安全文化即英文所称的"Safety Culture"，近十年前这一概念才被引入核能产业。在国际原子能机构召开的"切尔诺贝利核电站事故后评审会"中，向所有核电站和核设施方发出倡议，提出以"核安全文化"（Nuclear Safety Culture）保障核能产业运营安全。核安全应当属于凌驾于一切事务之上的思想性和观念性的内容，它依存于个人和集体各式各样的安全素质和安全态度的集合，根植于核电站运行中安全第一的思想。"核安全文化是核能系统企业中安全物质财富和安全精神财富的总和。核能安全生产的关键是核安全文化，核安全文化的核心是以人为本，即人和群体的安全素质。核安全素质的关键是核安全意识。"[1]

二、他域核能安全立法情况与可借鉴经验

国家内部制定的与核能利用相关领域的法律制度的总称通常为"原子能法"（Atomic Energy Act）或"核能法"（Nuclear Energy Act），一般包括原子能领域的国家基本法和涉及核能利用的特别法、专门法、行政法规和国家标准等法律文件。原子能基本法是由国家政

---

1 华月强 . 加强核企业的安全文化建设［J］. 企业文明，2005（5）：42–45.

府基于管理规范核能开发利用的目的而制定和发布的最根本性的法律，是引领其他相关法律法规以及技术规范文件等的基本准则。纵观世界各国的立法现状，将原子能基本法单独制定发布的有美、德、俄、日、韩、印、澳等，其中，仅制定了《原子能法》这一基本法的国家是美国、俄罗斯和英国；随时代变化而改变模式的有日本和韩国，两国在福岛核事故之后将《原子能法》拆分成《核能利用促进法》与《核安全法》；也有的国家没有原子能基本法这种形式的法律文书，如法国、英国、加拿大、中国，[1] 其中法国采取的是单独核安全法的立法模式，以下分国别进行阐述。

（一）美国核能安全法律

1.《1954 年原子能法》（*Atomic Energy Act of 1954*）

从一开始，美国联邦政府就注重对核电的开发推广以及核监管发挥关键引导作用，一直通过法律等方式掌控着核能发展进程。《1946 年原子能法》是美国，也是世界上第一部原子能法，据此美国建立了两个监管机构——原子能署和国会原子能联合管理委员会。前者需在促进核能利用的同时负责保证核能技术的安全，这两种职能之间相互矛盾，导致后来原子能署一分为二，其中核能监管署（Nuclear Regulatory Commission，NRC）是负责安全和许可的独立机构；能源研究开发署（Energy Research and Development Adminis-tration）则负责核能的开发和促进其利用，依据《1974 年能源重组法》被并入能源部。[2] 但上述的重组并没有根除核能监管署的固有问题，核能监管署同时负责核电站的许可和安全监管，如果核能监管署过于强调安全，就会打击对核电站投资的积极性。迫于科学家、商界领袖和外交官的压力，艾森豪威尔当局修订国家原子能政策，形成了《1954 年原子能法》，

1　徐原，陈刚 . 世界原子能法律解析与编译［M］. 北京：法律出版社，2011：78.
2　《1974 年能源重组法》（Energy Reorganization Act of 1974），Pub.L.93－438，88 Stat.1233，enacted October 11，1974，codified at 42 U.S.C.A. § 5801.

鼓励私有的原子能商业化开发，并终止了政府仅将原子能技术应用于军事目的的垄断，私人可以通过原子能署的许可而拥有反应堆。该新法允许私人参与原子能开发的前提条件是："在国防和国家安全，以及公众健康和安全允许的范围内鼓励广泛地参与核能的和平开发和利用。"[1] 为鼓励和支持核电发展，2005 年又颁布了《2005 年能源政策法案》（*Energy Policy Act of 2005*），提出了一系列核电激励措施，主要通过生产税收抵免、后备支持、贷款担保及核事故责任保护法案延期等方式，促进新建核电反应堆。

2.《能源部组织法》（*The Department of Energy Organization Act*）

该法出于对政府重点能源计划实施统一管理的目的而颁发，但基于不同的历史机缘，美国的部分能源监管部门并没有归属于能源部统一管辖，其中核能监管署就是如此。美国核能监管署的 5 名委员直接经总统任命后再由国会确认，而不在能源部的势力范围内。该署的具体职能有：负责履行与管理核反应堆、核设施、核材料等安全事务相关的各类立法任务；负责向核能行政许可的决策部门发布相关的行政命令；负责裁决其有权处理的相关法律事宜。核能监管署设主任一名，负责执行本署政策和决定，以健康和安全第一为原则，通过分布在全美四个区域的办公室开展颁发核电站的建设和运行许可等工作。如前文所述，核能监管署是从前原子能署分离出来的机构，由于原子能署同时负责原子能的管理和推广，其自身存在固有的利益冲突，为了解决此问题，原子能署的职能被分别分配到核能监管署和能源研究开发署，由后者继续推进原子能应用的研发和扩展。之所以从能源部中将核能监管署的职能分割出来，正是为了突出核电站安全的关键性，防止监管部门由于职责过宽而精力有限，导致对核电站监管的疏漏和懈怠。

1　阎政 . 美国核法律与国家能源政策［M］. 北京：北京大学出版社，2006：171.

3.《普莱斯－安德森核工业补偿法》（*Price-Anderson Nuclear Industries Indemnity Act*）

该法规通常简称为《普莱斯－安德森法》（*Price-Anderson Act*）。假设参照传统的民事归责原则，审视核能产业链条的各个主体，无论是投资者、技术提供者、实际建设者、设备制造者，还是服务提供者、具体运营者，他们都没有承担核能事故可能带来的巨大赔偿责任的能力，也没有承担核能发展中潜在的不确定危险的能力。即便是实力再雄厚的保险公司对此类超高风险类的保险也是无能为力的，如此状况导致民用核电领域对于广大唯利是图的企业而言丧失了吸引力。于是，针对核能利用的特殊核损害赔偿制度出现了。《普莱斯－安德森法》是世界上第一部核损害责任国内法，主要提出了发生核事故时公用设施公司承担的赔偿责任的上限，法律实践中通过1978年的 杜克电力公司诉卡罗来纳州环境研究集团公司案（Duke Powder Co. v. Carolina Environment Study Group, Inc.1978），正式维护了该法案的合法性，逐步在美国建立起核损害责任制度。起初，出现核事故的财务赔偿总额上限为5.6亿美元，其中6000万美元来自公用设施公司1957—1967年的各种保险，其余由政府承担。该法案每10年修订一次，此外还按照消费者价格指数每5年对该保险费进行上调，要求每个核电站的运营商必须尽可能多地购买各自的保险。核能监管署就出现核事故时的公众责任，被授权与每个被许可方签订赔偿合同，以解决每个被许可方各自的保险与赔偿上限的差异问题。基于本法案，美国的核损害责任制度逐步完善，并形成了具有特色的核损害责任商业保险机制，此外超出限额的，政府再给予核损害的超额补偿，国会对极端损害事故赔偿金额另行决定。随后，该法经多次修订和延长，自2005年起再次延长20年至2025年。

4.《美国国家环境政策法》（*National Environmental Policy Act*）

美国在多年同环境污染作斗争的过程中，逐渐认识到环境问题牵涉社会的方方面面，必须由最高层次的国家政策立法进行整体解决，才能把握主动权。《美国国家环境政策法》（1969年）应运而生，被称为美国环境保护史上具有划时代意义的重要文献。而该法案对核能领域也进行统管，则是源于上诉法院对卡尔弗特·克利夫协调委员会公司诉美国原子能署案［Calvert Cliff's Coordinating Committee, Inc. v. United States AEC（D.C. Cir. 1971）］的判决，文中指明：《美国国家环境政策法》适用于原子能署，自此开始原子能署制定了自己的环境规定，同时其活动仍受制于《美国国家环境政策法》。

5.《1982年核废料政策法》（*Nuclear Waste Policy Act of 1982*）和《1992年能源政策法》（*Energy Policy Act of 1992*）

这两个法案主要关注的是在高放射性废料和乏燃料处置这两方面的联邦政府的责任和政策拟定、执行等内容。《1982年核废料政策法》是第一个针对核废料处理的全面计划，要求能源部对拟掩埋的核废料采用环保和安全的处理办法，并要求能源部部长提出供选择的核废料处理场地。虽然联邦政府负责核废料的永久处置，但处置的费用拟由核废料和乏燃料棒的生产者和所有者承担。考虑到无论选定任何地点作为储存地都会存在争议，该法采用了鼓励州和公众广泛参与的做法，因此，要求能源部部长、总统、国会、各州、印第安部落和公众要参与地点的选择过程。《1992年能源政策法》则就改进许可过程、支持对新的反应堆技术进行研究和解决核废料的长期储存等将影响核电可持续发展的事项进行了考虑和规制。

以上的立法情况分析，可以基本判定美国现有比较系统而完善的核安全法规以及标准体系。从宏观构筑上而言，《原子能法》处于顶层，属于原子能基本法的角色；往下一阶层是《美国联邦法规汇编》第10篇能源部分系列内容（10CFR），即美国核管理委员会导则（Regulatory Guides of U.S. Nuclear Regulatory Commission）；再往下一阶层是上述美国核管理委员会导则的实施细则，反应堆、试验堆、核燃料、环境与场址、核材料及核设施保护、运行、运输、职业健康、反垄断和财务复审等十个方面；最后一阶层是核能领域相关行业学会制定的核能工业技术标准，重点涉及美国的核学会（ANS）、国家标准学会（ANSI）、机械工程师学会（ASME）、材料和试验学会（ASTM）、电气与工程师学会（IEEE）等。

（二）日本核能安全法律

1. 日本核能相关法律

日本资源严重匮乏，核电在国民经济中扮演着极其重要的角色，与核能相关的法规也就得到了高度的重视，发展得早且较为全面，并参照美国模式逐步形成了效力不同的四级结构。第一层是基本法，1955 年的《原子力基本法》（也译为《原子能基本法》）是日本核能领域位居核心地位的法律文件，扮演着日本原子能基本法的重要角色，法条第一条确定法之目的为："经由推进原子能之研究开发及利用，以确保将来的能源资源，以求学术进步与产业振兴，以此对人类社会之福祉与国民生活向上有贡献为目的。"并将原子能研究开发利用的基本方针确定为：以和平为目的，以确保安全为宗旨，在民主运营下自主行之。第二层是单行法，以《原子力基本法》为基础，制定了 1957 年的《反应堆等规制法》和《辐射障害防止法》，成为核能安全控制的基本依据。第三层是相关法律，如 1955 年的《原子力委员会及原子力安全委员会设置法》，成为核能领域管理和组织法的基础；1957 年的《关于核原料物质、核燃料物质及核反应堆规制的法律》（即《核材料、核燃料及核反应堆监管法》），也称《原子炉等规制法》，规定了从事核能相关活动的许可证管理制度；1961 年的《原子力损害赔偿法》和《原子力损害赔偿契约法》，以及后来的《原子能灾害对策特别措施法》和《特定放射性废弃物最终处置法》等。回顾发展的历史可以较为清晰地发现，日本立足于《原子力基本法》的原则性引领，逐步完善地建立起规制核能利用活动的法律框架，贴合分支领域的特定需求逐一颁布了配套的子法律，其核能法律体系已达到相当完善之程度。第四层则是具有行政规章性质的细则和原子能安全委员会制定的指南。

以上法律通过基本法与单行法相结合的模式，对原子能利用过程，尤其是核电安全进行了一系列较为全面的制度安排，要求将获得产业大臣的许可作为电力公司新建核电站的前提；安排经济产业省原子能安全保安院以及原子能安全委员会依职权参照安全设计指南和抗震设计指南，审查核电站的设计是否符合安全标准；要求确保核电站完工后向四周环境释放的放射性物质低于法定阈值；要求电力公司在核事件或核事故发生的第一时间向国家和地方自治体发出信息通报；发生紧急状态时要在内阁府设置以首相为本部长的原子能灾害对策本部。

即便如此完善的核能法律体系，也不乏一些值得省思、亟待改进的部分。首先，从其法律体系架构分析，日本本土学者西胁由弘就曾提出 9 个方面的质疑：核电站设置许可的"许可要素不分明"；设置许可的标准不明确；在工程计划认可方面未包含品质保证；机能和性能规范过于简单；设置许可审查与工程认可计划审查的关系不清；基本设计要求和运转管理要求混淆；管制缺乏约束力；安全检查种类过多且重复；对燃料体加工的检查形同虚设。[1]其次，制度安排仅限于简单应对，未发挥超前管制作用，效果明显滞后。如《反应堆等规制法》中增设的对核燃料加工厂开展定期巡查的制度，首次提出要将所有核电企业和从业人员对于安全规定的遵守情况列为检查内容，这一制度安排得益于日本核燃料加工厂发生的临界核事故的经验教训；再如《电气事业法》和《反应堆等规制法》中修订引入的定期检查制度、设备健全性评价制度，得益于 2002 年日本核电站自主检查行动。最后，安全管制的方法和制度工具较为落后。国际行业同行内一直

1　范纯.简析日本核电安全的法律控制体系［J］.日本学刊，2011（5）：47-61.

推崇有效果、有效率的管制和持续改善的管制（Effective and Efficient Regulation, Continuous Improvement），尤其强调核能概率安全分析（PSA）[1]是一种有效的管控手法，但日本原子能安全委员会及安全保安院一直都拒绝采用。

正因为日本核法律在核安全部分的疏漏，造成了难以磨灭的历史痕迹，在不到十年的时间连续出现了四次较大的核事故，分别是1991年发生在美滨核电站2号机组的水管断裂事故、1995年发生于高速增殖反应堆"文殊"的钠泄漏事故、1997年发生于核废料再处理工厂的火灾事故、1999年发生于日本核燃料加工厂（JCO）的临界事故。这种不安全的状态并没有引起人们足够的注意，更没有采取相应的应对措施，从而导致了后期更为严重的事件发生。2002年8月，全球最大的私营电力公司——东京电力公司造假丑闻曝光，其受利益驱使，涉嫌长期隐瞒核电站安全问题，连续9年伪造安全检查记录，包括后来发生事故的福岛核电站在内的三个核电站篡改和伪造安全检查记录29份，隐瞒机器零部件开裂情况，涉事员工近100名。严重的核安全违法违规行为连同福岛核事故，敦促日本当局痛下改革决心，重组核安全监管机构，出台了《原子能规制委员会设置法》，全盘清理国内的核能安全监管体系和运行机制。

2. 日本的核能安全监管

日本核能安全监管的职能分散于多个政府机构之中，分别为原子能委员会（AEC）、原子能安全委员会（NSC）、经济产业省原子能安全保安院（NISA）、经济产业省资源能源厅、文部科学省、独立行政法人原子能安全基础机构（JNES）等。[2]如此分散的监管组织状态，导致了应对紧急事态时的研判迟缓，而且出现在核电建设时争权夺利、在事故发生时互相推诿的问题，运营和监管都面临危机。

---

1 概率安全分析是采用系统评价技术和概率风险分析方法，对各种可能发生的事故进行全面分析，是采用系统评价技术和概率分析方法，对各种可能发生的事故进行全面分析，指出堆芯损坏概率和放射性物质释放的后果，最终发现设计缺陷和可能的失效模式。
2 范纯. 简析日本核电安全的法律控制体系［J］. 日本学刊，2011（5）：47—61.

日本的原子能安全委员会原本与下设于科学技术厅的核能安全局之间关系密切，这种紧密的工作联系有助于原子能安全委员会及时掌握一手资料，但此后在日本行政大改革后原子能安全委员会被转入内阁府管理，调查能力大打折扣。可见核能安全机构的组织关系安排对核能监管的能力和效果影响很大，科学合理的行政归属安排直接决定了监管职能的有效发挥。

日本在 1979 年修订《反应堆等规制法》时确立了双重监督体制，但由于开展的两次审查的对象相同、判定标准相同，导致双重审查演变成重复审查，其必要性逐步丧失。无论是《核安全公约》的要求，或是国际趋势，都推崇核能管制和推进核能利用的有效分离，但日本核能监管体制越发表现出独立性不足的问题，经济产业省原子能安全保安院的存在尤其说明了这个问题，原子能安全委员会和原子能安全保安院的地位和作用亟待重新审视。日本核能管制机构对于核能企业而言并没有真正起到监管的作用，二者之间监管与被监管的关系也仅仅停留在形式上，政府扮演的保护角色远远超过监督角色。日本原子能灾害对策本部事故报告中就曾指出，要将原子能安全保安院从经济产业省中独立出来，日本国内有学者建议将原子能安全委员会和原子能安全保安院二者合并，成立原子能安全厅。

（三）加拿大核能安全法律

加拿大铀矿资源丰富，属于较早发展核产业的国家之一，并且在核能出口方面一直保持领先地位，其国内核电运行也保持着"零事故"的安全状态，这些皆得益于加拿大最早探索核能安全立法的方针政策。1946 年的《原子能控制法》是加拿大最早的核安全管理方面的法律，强调核能利用与国家利益息息相关，决定了核产业要为联邦立法所控，该法颁布运行的 50 年中，对于核安全规制发挥了重要的历史作用。[1]1997 年，随着核技术的进步以及核安全管理理念的演变，健康、安全、防卫和环境保护等概念得到了进一步的重视，加拿大议会通过了《核安全与控制法》（ *Nuclear Safety and Control Act* ），将前法取而代之。最终于 2000 年生效的《核安全与控制法》由 127 个条款组成，在序言、说明、立法目的、适用范围、处罚条款之外，关于独立设置的加拿大核安全监管机构——加拿大核安全委员会（Canadian Nuclear Safety Commission，CNSC）的规制条款占了大半的篇幅，阐述了该委员会的组建、职责、成员、主席、财务制度、会议制度、人事制度、民事责任、事务办公室、决策机制、许可制度、存档和报告、分析员和监督员职责、官员任免等方面，相当详细。以该法案为依据，先后还制定了 15 个行政规章，专门针对核安全、核安全委员会、核安保、核进出口控制、核物质的包装和运输等具体问题一一进行规范。除此之外，加拿大核能安全相关的法律规定还散见于《核不扩散法》（1978 年）、《核责任法》（1985 年）、《辐射发射装置》（1985 年）、《加拿大环境保护法》（1999 年）、《核废物贮存设施法》（1999 年）、《核燃料废物法》（2002 年）等。

经过多年的实践探索，加拿大基本已形成了较为灵活有效的核安全法律体系，自上而下，此法律体系依次由议会制定发布的法律类文件、具有法律强制性的管理类文件、供实际参考使用的指导类文件组成。《核安全与控制法》是法律类文件最重要的代表；管理类文件则由总督批准发布的条例、政府部门批准的许可证、证书等组成，如《核安全与控制综合条例》《辐射防护条例》《核物质和辐射装置监管条例》《核安全委员会议事规则》等；指导类文件则是由不具有强制性的管理导则和管理通知组成。这套体系结构清晰、逻辑顺畅、分类合理、操作方便，呈现出与环保紧密联系、特别关注核安全立法等特色，有力地保障了加拿大核能利用的长足发展。

---

1 张弛，宋大虎，刘黎明，等.加拿大核立法研究［J］.核安全，2013（3）：57-61.

（四）俄罗斯核能安全法律

苏联是最早建成核电站的国家，以 1954 年的奥布宁斯克核电站为人类和平利用核能开始的标志，此后便进入核电高速发展阶段。俄罗斯大部分核电站建于苏联时期，部分电站设备老化，抗灾害能力弱，极易产生技术故障，核事故风险逐年上升，亟待相关法律的有效规制。1992 年，俄政府创立了原子能部（MINATOM），同时设立了核能与辐射监督委员会（GAN），负责同时监督军民两类核设施的安全性、开展核设施查验、发放各类许可证、制定本领域法律法规、管理核材料运输和处理等事务，全面统管核工业安全工作。[1] 直到 1995 年，俄罗斯才通过涉核的重要法律——《俄罗斯联邦原子能利用法》，之后又经过多次修订，最终形成了目前 16 个部分、70 项条文的文本。该文本的特点是在陆基核设施之外，特别提及了船舶、航空航天飞行器之上如果配置了核装置和放射源的，其制造和使用也受本法律规制；同时承认并保护民间组织以及个人参与核能利用产业的权利。此外，文本中还设有专门阐述核能产业进出口事务、关联性国际公约的相关章节，俄罗斯致力于推进民用核技术发展，以及推动核能技术和产品对外出口的战略意图清晰可见。该法用以规定确保安全的原则，具有基本法的性质，其中涉及核能安全的有：第 5 章，原子能利用的国家安全规制；第 6 章，核电站、放射线源及保管设施的选址；第 10 章，核放射性物质及放射性废弃物的管理；第 11 章，核设施、放射线源、核物质及核废弃物保管设施的物理保护；第 12 章，因放射线引发的法人、自然人的市民健康损失与受害的责任。

俄罗斯核领域的法律法规体系从宏观框架上看，也呈现金字塔结构，《俄罗斯联邦原子能利用法》（1995 年）、《联邦公民放射线安

1　刘芳.核电领域国际法和国内法问题研究［D］.北京：华北电力大学，2010：41.

全法》（1998 年）等位于顶层，属于俄联邦法律和国际条约；接下来是俄联邦相关法规和总统令；然后是俄联邦标准和技术准则；再往下是国家相关部门规章等。从微观内容上看，也可以划分为三类：一是核电站安全规制类法律，由《俄罗斯联邦原子能利用法》提供基本法律根据，具体则由《关于核电站安全的一般规则》予以详述，包括核电安全方针及基本原则、确保技术安全的框架及组织性措施等一般性规则，更详细的安全措施则另行法定，例如《核电站原子炉设备的核安全规则》等；二是核事故灾害防范类法律，具体包括《联邦自然及人工紧急时公众及国土防护法》《联邦公民放射线安全法》《原子能设备的安全确保的一般指针》《关于放射线危险时的紧急事态宣言、早期信息传递和对原子能设备的迅速支援组织的秩序规则》等；三是乏燃料规制类法律，主要由《环境保护法第 50 条[1] 的追记法》《原子能法的追记法》《特别环境保全计划法》《乏燃料集合体进口问题委员会总统令》这四部法令组成，实现了国外乏燃料进入俄罗斯禁令的解禁，得以开展乏燃料再处理的国际业务。

通过以上法律体系构建可见，俄罗斯在核能安全的法律应对方面，秉持预防理念，有效形成了核能风险防范的安全规则，设计了预防性制度，形成了由基本法、一般法、实施细则、政策纲领、行动指针等法律法规组成的纵深防护法律体系。完善的核能安全法律体系有效地降低了核能利用风险，尤其是核电站运转中的异常事件数量大幅下降，从 1992 年的 197 件，减少为 2009 年的 29 件；原子炉自动停止的频度也明显降低，从 1992 年的 1.8 次，降低为 2008 年的 0.26 次。[2] 核电技术快速发展，在核能安全相关法律制度的护航下，其安全性得到了一定的保障。

1　俄罗斯《环境保护法》第 50 条规定，禁止从海外进口在俄国内以储藏为目的的放射性物质，但是经过一定的审批程序，可承认乏燃料的进口。
2　范纯 . 风险社会视角下的俄罗斯核电安全［J］. 俄罗斯中亚东欧研究，2012（6）：14–22，97.

（五）德国核能安全法律

基于核能高风险的特征，德国法律人在实践中意识到，难以通过传统的行政法调控模式对核能进行有效的规制，因此在 20 世纪 70 年代末就从学理上和实践上，尝试舍弃传统警察法中的危险防止型行政法理论，转而探索并构建风险预防型的行政法模型，[1] 并开始认同一定程度的法律不确定性，大量采用"不确定法律概念"，比如高度抽象的"必要的预防措施""科学技术水平"等法律概念，并认为经过一段时间的行政实践、立法实践、司法判决，可以回归确定的范围之内。

首先来看德国核能安全立法进程中一个经典的 Kalkar 判决，提出了德国核能安全法律中的最佳危险防止和风险预防原则，在德国核能司法史上具有基础性地位。该判决 1978 年发生于一位农场主和相邻的核电厂之间，农场主作为原告针对核电站经营许可提起诉讼，最终由联邦宪法法院判定该核电站的建立违宪并应当停止运营，判决认为：在少数情况下，科学技术知识及发展态势是自成一体的，由于繁杂且众多的技术难题和过程，立法机关没有能力和精力对核设施许可全程加以无一遗漏的规制。基于"人类认知的局限性是一定存在的"这一判定，人们在进行风险评价时必然逃避不了某种程度的不确定性。此时，行政机关被法律授权充分的自我判定的空间是合理的，并非违反宪法的明确性要求。虽然，现有的核能法中并没有对核反应堆进行明确的规定，但依照法律的保留性原则与明确性原则，核电站理当停止运行，且不可否认的是核能这一新能源具有太多的未知性。[2] 此判决体现了德国在核能安全和环境保护中的四个立法原则：法律空白时的安全性原则、法律不明晰的约束性原则、人身安全化的保护性原则、风险不确定的制约性原则，强调在立法

1　伏创宇.核能安全立法的调控模式研究：基于德国经验的启示［J］.科技管理研究，2013（17）：245-250.
2　陈玮.德国核能安全和环境保护调控模式借鉴［J］.人民论坛，2015（2）：251-253.

落实与技术发展之时，法律后果和实际风险都无法被具体预测和掌控之时，要以保护人身安全为优先。

德国《原子能法》（*Nuclear Energy Act*）最早于 1959 年制定，后经多次修改，仅 2001 年就进行了四次修改，最新的一次修订为 2002 年版，也可称之为《关于和平利用核能和防止核损害法》。其法律渊源包括了德国宪法、德国联邦法和《欧洲原子能法》等基本法，德国宪法第 2 条第 2 款中明确"人人享有生命和身体不受侵犯的权利"，成为全面规范原子能开发活动的宪法依据。德国《原子能法》由一般性条款、监督条款、管辖机构、法律责任、罚金和终结规定等六个部分组成。历经数次修订完善后其内容也不断得到完善，具体文本分为六章，主要内容涉及了核设施（特别强调核电站）、核燃料、核废料等需要通过法律法规进行规制的核能领域的所有重要问题，此外还涉及了与公众安全休戚相关的医疗、食品、环境等领域。该法明确支持为和平的目的，研究、开发与利用核能，还规定了对核活动的许可和监管内容，此外特别明确了与其他现行法律、国际公约的关系，表现出很强的操作性。作为原子能基本法的有益补充，德国政府还颁布了一些必要的联邦条例来规范核能安全工作，如 1976 年的《放射线防护规则》、1977 年的《原子能法补偿准备规则》、1982 年的《原子能法手续规则》、1994 年的《防止核辐射条例》、1995 年的《核能程序法条例》以及 2005 年的《核反射性保护条例》等。

德国的核能及核安全政策经过了一个变动的历程，自 1960 年国内第一座核能发电装置投入使用以后至 20 世纪末，核电能力逐步提升，核能成为电力工业中占比仅次于煤炭的第二大能源，同时其核电技术水平逐步跃居世界前列。然而，由于无法忽视的潜在核安全事故风险，附加核废料最终处置的技术难关仍没有解决方案，德国联邦政府作出艰难抉择，于 2000 年 6 月签订了《逐步放弃核能的协议》

（*Agreement on A Grandual and Medium-term Withdrawal from Nuclear Energy*）。2002 年 4 月，德国政府通过并发布了《关于有序地终止为商业目的而利用核能发电的联邦法》（*Fedral Law concerning the Orderly Termination of the Use of Nuclear Energy for the Purpose of Commercial Generation of Electricity*），该法的出台颠覆性地扭转了德国核能的发展走向，明确表明了德国政府决意完全放弃核电的决心，哪怕德国核电已初具规模并蒸蒸日上，德国核电分阶段终结计划已开始运转。根据上述两个法案，施塔德和奥布赖黑姆已经于 2003 年和 2005 年先后被永久性关闭，德国其他的核电站最迟也将于 2025 年永久关闭。然而近年来值得注意的是，德国国内再次出现了关于核能利用的争议之声，有观点认为只有继续依靠核能应用，才有可能完成《京都议定书》规定的二氧化碳减排任务，所以德国仍然有必要继续利用核能，可见核能在德国仍被关注，甚至仍旧被需要。

（六）法国核能安全法律

核电从无到有的这半个多世纪以来，法国对核电的依存度一直位居全球榜首。但令人费解的是，法国的核能法律体系却与其核能的能源重要地位不相称，并没有像美国和日本那样颁布单行的原子能基本法，其采用的方式是将所有的"核规矩"化整为零，分散到环境保护法、公众卫生法和劳动保护法等其他法律之中，颁布法令或者修改法典条款，如《环境法典》《水法典》《刑法典》《公共卫生法典》《劳工法典》《国防法典》等[1]。1961 年 8 月开始执行的《关于大气污染防护的 61-842 号法律》，大约可以看作法国核能相关法律的起步。直到 1963 年 12 月发布的《关于核设施的 63-1228 号法令》，才可算得上是法国第一部核能领域的专门法，该法律重点规定了与基础核设

1　王海丹，伍浩松，王政 . 国外主要有核国家核安全监管和法规体系概况及启示 [J] . 中国核工业，2016（10）：28-31.

施相关的法律架构。近十几年，法国与核能安全相配套的相关法律可谓走在了前面，于 2006 年制定了《核信息透明和核安全法》，对核安全监管和核安全信息公开这两个重点内容提出了更高的要求，并专门增设了极具独立属性的核安全局，主管国内的核能事务，并掌握确定法律框架的权力。由于法国核能在能源体系中的绝对优势地位，以及核能相关法律发展历程的特殊性，核能利用管理相关的法律法规已然深深地渗透进整个国内法律体系，虽然没有形成系统化的单行法规编撰，但依然呈现出自上而下的清晰的法律架构，由《核信息透明和核安全法》《核民事责任法》《放射性材料和废物可持续管理规划法》等作为法律层面的代表，依次在统领法令、监管决策、技术决策、技术导则方面发挥对核能行业的规制作用。

（七）欧盟核能安全法律

核能在欧盟地区有着重要的能源地位，2017 年 14 个成员国中拥有 130 个正在运行的核电站，核电占总发电量的 30%。《1957 年欧洲原子能共同体条约》（ *1957 Euratom Treaty* ）是欧盟成员国和平利用核能的框架性法律基础，至今在为欧盟资助核能研究、核设施建设、安全管制、辐射防护等方面仍发挥着重要的规制作用。此外，欧盟围绕该条约还在核安全、核原料安全管制等领域制定了相应的下位立法和政策。依据该条约组建的欧洲原子能委员会（Energy Community）作为独立的欧盟法人实体，承担着维护核能安全的重要职能，重点关注核设施的运行安全，此外还负责辐射防护和放射性废物管理。欧盟致力于制定适合核能发展的先进的统一法律框架，以满足安全、保障、不扩散为最高原则性标准，同时在其成员国乃至国际社会全力倡导推广核安全文化。

一直以来，欧盟在能源利用、科学研究和医疗等所有类别的民用

核能行为中推行最高安全标准，2011 年福岛核爆炸事故之后更是针对
欧盟成员国内的所有核设施抵御自然灾害的能力采取了一系列的压力
测试，开展了细致的核安全评估，并快速推进核安全法律体系建设和
政策研究进程，工作着力点放在核安全标准提升以及监管核查力度强
化等方面。自此，核设施安全、放射性废物和核废料安全、辐射防护
这三个重点内容构成了欧盟核能安全基本法律的核心部分，并通过理
事会指令的形式呈现出来。

　　首先，2009 年欧洲原子能委员会理事会发布了"为核设施的
核安全建立共同体框架"的指令（COUNCIL DIRECTIVE 2009/71/
EURATOM ），后经 2014 年的修订（COUNCIL DIRECTIVE 2014/87/
EURATOM ），以维持和促进核安全及其监管的持续改进为目的，要
求各成员国必须为保护工人和公众免遭核设施的放射性危害而采取适
宜的国家政策，推行高层次的核能安全标准，进而成为欧盟"安全和
可持续利用核能的最先进法律框架的第一根支柱"[1]。

　　其次，在放射性废物和核废料安全方面，欧盟成员国无论是否
发展核电，都存在如何安全地、可持续地实现放射性废物管理的问题，
从而形成了高度的政治认同，为转化成国家政策并得到有效执行奠
定了政治基础。欧洲原子能委员会理事会 2011 年发布指令，要求面
向核废料和放射性废物建立一个可持续的共同体框架开展负责任的、
安全的管理工作（COUNCIL DIRECTIVE 2011/70/EURATOM ），即"放
射性废物和核废料安全框架指令"，使自愿性的国际原子能机构安
全标准对欧盟成员国产生法律拘束力，旨在引入核废料和放射性废
物管理的最高安全标准，最大限度地避免对后代造成不必要的负担。
该指令中尤其强调了进行信息公开和公众参与的必要性，将其列为
成员国的重要国际义务。放射性废物和核废料安全框架指令如果得

1　程荃.欧盟核安全立法的新发展及其对中国的启示 [J].时代法学，2012（3）：100-108.

到充分的落实，将促使欧盟成为放射性废料安全管理具有示范性的先进地区。

再次，在辐射安全防护方面，由《欧洲原子能共同体条约》赋予了最基本的权利，即有权"建立保护从业者和民众健康的统一安全标准，并确保其得到有效实施"。之后，欧洲原子能委员会制定具体立法措施，为以核工业从业者、普通民众、医疗辐射应用所涉及的职员及患者等为代表的欧洲公民提供了较高标准的保护。2011年，欧盟提出提案希望能够再一次降低基本安全标准，并于第二年获得通过，建立了新的基本安全标准指令，将辐射防护的新概念、原则、标准纳入其中，力图提供现有科学技术水平上最高水平的核安全保护，于2014年在各成员国转化为国内法。可见欧盟层面的核能安全法律为各成员国开展国内立法、完善组织架构、订立国家计划提供了有益的参考，也为国内核能安全机构提升独立性提供了更高层次的法律依据。

目前，欧盟核能安全立法也面临着一些亟需跟进的部分，例如：欧盟境内跨国跨境的核安全影响问题，核能科技发展所带来的新的核安全问题，如何加强国际标准在欧盟内的法律拘束力，如何更好地实现已有立法间的相互协调，等等。但总的来说，欧盟在发展中摸索出了明确目标，法律由松散分布转为整合统一，脉络逐步清晰，目前在核安全方面已形成了较为完善的法律框架，不仅对核安全制度进行整体规划，还特别重视与核安全国际标准、程序的有效对接，实现了新旧指令和条例间的平稳过渡，在核设施安全、辐射防护、放射性废物管理等领域积累了大量有益的经验，将为我国核能安全法律制度建设带来诸多启发和帮助。

从以上对比中可见，全球利用核能、发展核电的各个国家，基于不同的历史情形和发展趋向，其核能相关法律体系的发展也经历了不同的路径，从而多多少少携带着自身独有的特点。单就核安全法的相关性而言，大致分为两类：一类是以原子能基本法统领发挥作用，并没有另行制定核安全法律法规；一类是特别强调核安全的重要性，将原子能法中涉及核安全的内容分离出来，形成独立的核安全法或核安全相关法律法规，要求从根本上保障核安全。

第三章　我国核能安全法律制度现状及诉求

一、我国核能安全法律制度现状

（一）国内核能安全立法已具规模

在我国现有的民用核能安全法律体系中，国务院及有关部门先后制定了行政类法律法规、部门规章以及其余规范性文件共计100多个。其中，在2017年《中华人民共和国核安全法》颁布之前，2003年开始施行的《中华人民共和国放射性污染防治法》是唯一具有法律性质的，10余年间一直扮演着核能领域基本法的角色；除此之外，国务院制定的行政法规共有9个，分别是《中华人民共和国民用核设施安全监督管理条例》（1986年）、《中华人民共和国核材料管制条例》（1987年）、《核电厂核事故应急管理条例》（2011年修改）、《放射性同位素与射线装置安全和防护条例》（2019年修订）、《中华人民共和国核出口管制条例》（2006年）、《民用核安全设备监督管理条例》（2019年修订）、《中华人民共和国核两用品及相关技术出口管制条例》（2007年修订）、《放射性物品运输安全管理条例》（2009年）、《放射性废物安全管理条例》（2011年）；部门规章共计29个，包括国家核安全局制定的《核电厂安全许可证件的申请和颁发》（1993年修改，现已失效）和《核设施的安全监督》（1995年）、国家环境保护总局发布的《研究堆安全许可证件的申请和颁发规定》（2006 年），以及一系列与核电厂质量保证安全、厂址选择安全、设计安全、运行安全，民用核燃料循环设施安全，辐射防护，核产品转运及过境运输审批管理，核能从业人员的资格要求和健康防护，信息公开等方面相关的制度规定。作为以上法律文本的有益补充，在具体操作层面，生态环境部核安全局、发改委能源局、工信部国家原子能机构、国防科技工业局这些核能主管部门还先后颁布了 89 个导则，但其中有 2/3 的数量都是 2000 年之前制定的。此外在核能工业发展区域尤其是核电站正在运营或在建的省份或地区，也都颁布了相关的地方性法律文件，如针对秦山核电站而制定发布的《浙江省核电厂辐射环境保护条例》（2002 年）；用来规范大亚湾和岭澳核电站而制定发布的《广东省民用核设施核事故预防和应急管理条例》、《大亚湾核电厂周围限制区安全保障与环境管理条例》（2018 年修正）、《江门市核应急预案》（2007 年）等系列材料；配套田湾核电站管理而制定并发布的《江苏省辐射污染防治条例》（2018 年）等。综上所述，我国核能领域的立法无论是从数量上还是从体系上都已有了一定的基础，但最为关键的问题是，能够统领这些法律法规和部门规章制度的顶层法律、核能领域的基本法——《中华人民共和国原子能法》从 1984 年开始起草，至今仍未颁布。所幸自 2011 年开始，它已经被纳入国务院立法工作计划的范畴，划分为需要"抓紧研究起草"的第三类别，指定在工业和信息化部、国防科技工业局双重领导下，由中国核能行业协会具体负责进行其的法律文本及编制说明的起草撰写工作。

另外，相关部门还根据需要制定了一批与核能发展相关的行政政策，在一定程度上发挥了调整和规范的效能，例如经国家核安全局、国家发展改革委、财政部、国家能源局、国防科技工业局等多部委机关联合发布的《核安全与放射性污染防治"十二五"规划及 2020 年远景目标》（2012 年）；国务院发布修订的《国家核应急预案》（2013

年）；国家核安全局、能源局、国防科工局联合发布的《核安全文化政策声明》等，以上各层面现存的法律法规和正在开展的立法和行政工作，都将成为核安全法律的重要组成部分和渊源。

（二）国际核能安全立法经验丰富

核领域公约的制定是一项必须由全体成员国协商一致、通力合作才能完成的任务。在国际原子能机构制定或修订《及早通报核事故公约》《核事故或辐射紧急情况援助公约》《核安全公约》等核能安全相关公约的过程中，我国政府一直非常重视，以积极、开放的姿态投身于多边核外交舞台，每次均派出国内主管机构工作人员代表和领域内专家全程参与。中国与会代表及专家提出了许多切合实际情况的建设性意见和建议，其中一部分受到了与会各方的重视并被采纳，对国际核安全法律规范的制定或修订都发挥了具有建设性的影响力，有效塑造出了一个负责任大国的国际形象。因此，我国相关的部门和专家对国际核能安全立法很了解，针对国内核能安全法律制度而言具有很好的知识背景和立法经验。打铁还需自身硬，中国想要继续维护在国际核能安全立法活动中的话语权，首先要完善自身的核能安全立法行为，积累经验，才可能在国际原子能机构获得更多的参与权、发言权和代表权，甚至发展为主导权。

（三）核能安全技术整体优势明显

制度具有引领性，科学的制度是对过去经验的总结，优秀的制度是对历史规律的把握，要延续并扩充我国在核能技术方面的优势，必将要依靠相应制度的进一步完善，这些制度包括管理制度、法律制度等，缺一不可。

中国在核能技术的国际传播交流领域产生了关键性的影响。作为国际原子能机构的成员国和指定理事国，我国一直利用自身优势做出积极贡献。我国制定了与国际原子能机构合作"有取有予"的政策，依靠成熟的核能技术和优秀的专家团队，在铀矿地质、铀矿冶、核电核安全、研究堆、同位素制备和应用、核农学、核医学、工业应用等方面，深度参与国际原子能机构的技术援助项目，通过派驻专家服务、提供专业设备、接待科技来访和人员培训等方式，向其他发展中国家提供力所能及的帮助。鉴于居于亚太地区的地理属性，中国尤其积极投入"亚太地区核能科技合作协定"，担当核农学领域合作的牵头国，致力于核应用技术的传播和培训事业。

中国在核数据和核信息领域具有国际领先的优势。我国积极配合国际原子能机构主办的两大世界核科技信息交流中心的工作，毫无保留地向国际核情报系统提交了众多核能科技文献和资料，包括期刊文章、科研报告、会议论文、年度报告、专题报告、科技书籍等多种形式载体，其中每年传输的电子文档就多达 3000 篇，向 100 多个成员国提供查阅服务；同时还向核能数据部提交了数量大、质量高的核科技信息，受到国际同行的一致好评。我国拥有并负责维护的CENNDL–2 核数据库是目前国际社会中最重要的五个评价核数据库之一，其提供的数据被允许在世界范围内发行和通用，获得了国际核能科技界的极大承认和倚重，其中一些数据已为国际社会普遍采用；我国研发的核能理论模型计算程序，入选欧洲数据库的占入选同类程序的 19%，仅位列美国之后。

立法历程对于大多数国家而言都是繁杂且长久的过程，这涉及众多职能部门间的协调配合，涉及如何在国家宪法框架下整合统一需求和价值观。即便是最基本的立法行为，从最开始的初步动议直到最后阶段的颁布发行，至少需要经历数月甚至数年之久。在以上比较完备的理论和实践条件之外，我国开展核能安全立法活动必将获得国际原子能机构的立法援助。国际法最终要靠各国执行，本着这样的理念，国际原子能机构一直通过帮助各国进行国内核能立法，从而间接帮助推进国际核能法的执行，同时也为国际核能法的发展提供实践材料。

一直以来，国际原子能机构都主动协助成员国开展本国内的核能领域立法活动。正因为国际原子能机构认识到，一方面仅靠一国国内法学家立法，不仅不能有效地规避核能技术的独特风险性，还会不当地给核技术附加沉重负担。从另一方面看，假设核能立法工作单方面由科学家和技术专家控制决策，而脱离法律的引导和输入，则根本丧失了将特定领域内所有事件和行为综合纳入复杂法律体系管控的可能性，也就决定了由此产生的制度和所谓的"技术性法律文件"根本无法步入有效实施的门槛。因此，在国际原子能机构向各成员国提供的法律制定、法律实施或者法律监督等立法援助活动中，会特别安排其核安全和技术合作司等内部部门的技术专家参与，但是基本由来自法律事务办公室的法律专家发挥主导作用。

二、我国核能安全法律制度危机

（一）核能安全法律体系不够完善

第一，核能和核能安全领域都尚未构建完整的法律体系。核能法律体系作为上位法律体系，既是核安全法律体系完善的基础，也是前提。通过前文阐述可见，虽然包括核能安全在内的核能相关法律在数量上有一定的积累，但是客观地说，我国目前既无核能领域的基本法，也无核损害赔偿责任法等单行的专门法，可以说在核能主要法律制定方面基本是空白。[1] 目前担任核能领域基本法角色的《放射性污染防治法》，严格意义上而言仅仅具有环境法的属性，没有涉及核能基本法的核心内容，其立法重点在于防治污染，而对核能发展、核安全、核研发和利用、核损害责任等内容几乎没有提及，也就是说该法仅提及了核能法的基本内容之一小部分，即只关注了核辐射污染防治方面。

1　马忠法，彭亚媛．中国核能利用立法问题及其完善［J］．复旦学报（社会科学版），2016，58（1）：149–160.

并且自 2003 年通过至今已有 20 年，已不能适应经济快速发展带来的众多污染问题，及时修订刻不容缓。此外，剩下的就是行政法规或部门规章，此类效力级别较低的法律并不能担当核安全法律规制的重任。也就是说，我国仍未形成一个由核能法（原子能法）作为该法律体系的主体，由本领域专门的单行法规互相协调补充，再加上一系列相关的行政法规和部门规章进行细化支撑的、较为科学完备的核能法律体系。同样对于核能安全法律体系而言，虽然 2017 年颁布的《核安全法》结束了"群龙无首"的状态，完成了填补空白的重要使命。但是，核能安全领域的重要特点就是技术性强、程序繁冗复杂，行业发展的各个环节保障对流程规范和人员资质要求严格。此外，其所调节的法律关系的主体也区别于一般性主体，核能领域的很多行为和带来的后果都不是自然人或法人能以一己之力完全执行或承担的。如此庞大繁复的系统工程，必须要通过体系化的法律制度来尽可能地规制，才能实现规避风险、保障安全的目的。

第二，具体法律规范的权威性和稳定性不足。通过前文列举可知，在 2017 年《核安全法》颁布之前，核能和核能安全领域仅有数量上较为可观的行政法规和部门规章，但是透过数量看本质：首先，这些法律规范以国务院的条例、部门规章、办法、通知等为主，对核能发展方向、原则、监管部门等核能法的基本问题都没有回应，属于层级较低的核能相关法律，缺少效力等级较高的一般性法律文本，从而无法保证法律规范的效力权威性和作用发挥的长效性，最终必然会制约核能事业管理体制的明确性以及核安全监管的有效性。[1] 特别是有些文件的诞生仅仅是为了应对某一迫切需要加强管理的问题，又或者是为了临时解决棘手问题，自带短期性和应急性的特性，因此也就缺乏稳定性和持久性的效力，这与核能事业需要系统规划、长久规范的长期性特征相违背。其次，正因为本领域基本法和关键单行法的缺位，

1　黄倩. 中国核事业立法拖延 27 年归因主管部门频繁变动 [N]. 检察日报，2011-04-07.

行政机关则有机会有意或无意地滥用"有关法律规定"的模糊授权，一些质量低、应急性的行政性规范规章悄然而生。更为复杂的是，不同部门根据各自职责制定的具体规范，相互间存在冲突、不成体系，协调困难在所难免，通过国家能源局、国家原子能机构、国防科工局和国家核安全局官网上公布的相关法律规范可以发现，相互之间重复列举、范围重叠的现象不在少数。再次，这些法律规范主要集中于核电安全管制，而对核能利用安全规划、核能利用安全许可、核能管制和专营、核损害赔偿等核能安全领域其他重要问题都鲜有涉及。[1]

第三，部分法律规范陈旧滞后，全面性和时效性不足。《民用核设施安全监督管理条例》（1986 年）、《核材料管制条例》（1987 年）这一系列重要的核能安全行政法规的立法活动都发生在 1990 年之前，条文内容具有较严重的滞后性，一方面，在 2011 年福岛核事故之后，上述条文内容已然无法适应国际核安全理念、管理和技术等，亟需调整、修改、更新；另一方面，未能根据国家机构改革后职能划分的变动进行相应调整，具体条款所指机构可能已撤销，或者实际职能已变更，产生了法律规范和责任部门脱钩的问题。以 1987 年发布的《核材料管制条例》为例，距离现在已有 30 余年，这与宪法、民法这一类具有长期稳定性的基本法不同，其伴随的是核能领域飞速发展的 30 余年，明显落后于技术发展，更是落后于实际的立法需求和立法实际。其第二章第七条规定由核工业部负责全国核材料的管理工作，而该机构至今早已不复存在，此项职能的继承机构也就没有明确指向了。

更为重要的是，在 2017 年《核安全法》颁布之前，核安全法律制度中相当关键的一些重要制度规范长期缺位，存在严重的立法空白区域，如核安全信息公开制度、核安全公众参与制度、核损害赔偿制度等，都没有《中华人民共和国立法法》规定范畴内的正规的法律法

1　黄锡生，落志筠.中国核能利用立法现状及前瞻［J］.绿叶，2011（4）：82－89.

规来加以规范。2017 年的《核安全法》初步弥补了遗憾，至少在法律层面明确了与核安全相关的信息公开和公众参与，用 7 个条文进行了原则性的要求和规范。但对核损害赔偿制度，仅在《核安全法》第九十条初步涉及，具体如下："因核事故造成他人人身伤亡、财产损失或者环境损害的，核设施营运单位应当按照国家核损害责任制度承担赔偿责任，但能够证明损害是因战争、武装冲突、暴乱等情形造成的除外。为核设施营运单位提供设备、工程以及服务等的单位不承担核损害赔偿责任。核设施营运单位与其有约定的，在承担赔偿责任后，可以按照约定追偿。核设施营运单位应当通过投保责任保险、参加互助机制等方式，作出适当的财务保证安排，确保能够及时、有效履行核损害赔偿责任。"此条文主要体现为原则性和概要性，提出了与"国家核损害责任制度"相衔接的要求，离实际落地还有很长的距离。

此外，核电站以外的核能利用领域的安全问题，现有法律也鲜有涉及，医疗、采矿、地质勘探、食品、农业等众多领域的核能利用安全工作也亟待通过立法补充和加强。

总而言之，目前我国核能安全立法体系较为杂乱且枝节横生，严格意义上讲并不具有完整法律体系的特征，整个体系中充斥着位阶较低的部门规章并以其为主要组成部分，且大多已是落后于时代需求的陈旧法规，并不能很好地适应核能开发与利用的各种新要求。

（二）核能安全监管机构过于分散

首先，就能源监管机构而言，我国也曾设立过能源委员会和能源部，但由于受制于政企不分和条块分割，并没有很好地开展工作、发挥作用。历经多年的行政体制改革，政企的管控已经基本全面放开，越来越多的传统意义上的行业化企业已成功地转变为综合性能源公司。但在计划经济迅速解体后，市场经济的发展速度导致其并没有做好衔接准备，我国能源各行业之间沟通协调机制缺位的问题越发严重，陆续出现"煤电之争"等实例。此外，随着我国能源成为全球化能源问题的重要组成部分，国际原子能机构以及其他各国政府也碍于我国缺乏能源和核能主管机构，而屡次发生沟通不畅的问题。

　　其次，就核能监管机构而言，我国现在并行的已有数个政府部门承担核能利用管理和监督的职能。一是国家原子能机构，其主要职能包括：负责研究并拟定我国和平利用原子能事业的政策法规、发展规划、计划和行业标准；负责我国和平利用核能重大科研项目的组织论证、立项审批，负责监督、协调重大核能科研项目的执行；负责实施核材料管制以及核设施实物保护，实施核进出口审查管理；负责核能领域政府间及国际组织间的交流与合作，代表中国政府参加国际原子能机构及其活动，参加核领域国际公约、条约、协定等法律文件的谈判，组织开展相关履约活动；牵头组织国家核事故协调委员会，负责研究国家核事故应急计划并组织实施。二是国家发展和改革委员会下设的中国国家能源局，具有管理核能发电活动的政府职能，负责拟定核电发展规划、准入条件、技术标准并组织具体实施，针对核电布局和重大项目出具审核意见，组织协调和监督指导核电专业科研活动，负责领导核电厂的事故应急管理工作。三是国家生态环境部所属的国家核安全局（下设辐射源安全监管司），具体负责核燃料循环设施、放射性废物处理、贮存和处置设施、核设施退役项目、核技术利用项目、放射性物质运输的核安全、辐射安全和环境保护的行政许可和监督检查。负责电磁辐射装置和设施、铀（钍）矿、放射性污染治理的环境保护的行政许可和监督检查。负责伴生放射性矿辐射环境保护的行政许可和监督检查。负责组织相关核设施、辐射源和放射性物品运输事件与事故的调查处理。承担相关国际公约国内履约工作。

　　以上实际状况，清晰地暴露出核能的制度性危机。核能或者核能安全主管部门的法律地位，不但难以通过基本法来确定，而且随着国家的体制机制改革，一直处于频繁的变动之中，这种情况自身就决定了相关立法工作的非必要性和不迫切性，立法活动缺乏持续性。

2008 年国家大部制改革完成之后，核工业部正式被解散；国防科工委降级成为国防科工局，纳入工业和信息化部主管；重组国家能源局，纳入国家发改委管理。这些机构变动直接导致核能主管部门变得"扑朔迷离"，是发展改革委还是工业和信息化部主管？此外，生态环境部下设的国家核安全局，负责核能监管，再加上至少还有科技部、卫生部、公安部、安全生产监督管理总局等七八个部门涉及核能事务管理。现有的法律制度中根本无法分辨主从地位，或是主管权力的分配。由于缺乏核能安全的统一管理部门，由多个政府部门共同履行相似职能，不可避免地会出现权限不明、职责不清的问题。

最后，就核能安全监管机构而言，有名无实。国家核安全局官网显示，生态环境部对外保留国家核安全局牌子。国家核安全局作为国务院核与辐射安全监督管理部门，负责核与辐射安全的监督管理。核设施安全监管司、核电安全监管司、辐射源安全监管司既是生态环境部的内设机构，也是国家核安全局的内设机构。但是由于现在的机构设置模式，国家核安全局的运行处于生态环境部的大框架之下，其主要职能的发挥容易被限制在环境保护项下。但是核能安全是更大范围的议题，不仅仅限于环境保护，故其独立性和权威性远远不能囊括核能安全发展所涉及的方方面面。特别在涉及核能领域巨额资金投入和重大风险决策时，我国本身的法律体系就不健全，众多主管部门的现状决定了不可调和的矛盾冲突，阻碍了决策科学化的进程，为核事故的发生留下了极大隐患。以核电站建设监管为例，无论是建设前期的设计规划还是后期的运营监管，技术研发层面毫无争议地必然要涉及科技部的行政管辖，而选址审批和环境评价事宜又涉及国家发改委、生态环境部和地方政府，放射性的相关许可又由卫生部和公安部审批。事实表明，在前述统一法律规定缺位、主管部门不唯一的严重影响下，核能安全工作的实践一直为多头监管、职能交叉的问题所困惑，一旦发生核事故，将毫无争议地出现责任主体不明确、多方相互推诿扯皮，应急工作开展不及时、不到位的严重情况，这将是比核能本身的技术风险更为可怕的不安全因素。

在如此这般的核能安全监督管理体制之下，不但无法有效地出台协调一致的政策和措施，即使顺利出台了宏观的核能安全政策和制度，也根本没有专门的机构加以贯彻实施，更不要提及长期政策目标的实现效果了，在特别严重的情况下，众多部门的利益冲突，会导致政策的执行中相互掣肘，裹足不前。

三、梳理我国核能安全法律制度的必要性

（一）核能利用可持续发展的现实需要

"可持续发展"（Sustainable Development）这一概念在国际社会中出现，开始于 1987 年，首见于挪威首相布伦特夫人所发表的《我们共同的未来》一文之中，她提出的观点认为所谓可持续发展，就是"既满足当代人的需要，又不对后代人满足其需要的能力构成危害的发展"。此观点和概念一经提出就在全球社会产生了广泛影响，很大程度上广泛地改变了人们的社会生活和思想观念，三十多年来其影响仍未衰竭，即便是现今也在众多场合被屡次提及。核能利用领域的可持续发展观念也成为其重要原则，更进一步而言，核能安全制度更是保证核能利用可持续发展的重要保障。现有的核安全相关国际公约中早已明确了可持续发展的重要地位，例如《乏燃料和放射性废物安全管理联合公约》将可持续发展理念引入其中，希望借助国际法律制度的规范，能够确保世界核能产业实现安全可持续发展。该公约将立法目标订立为：在满足当代人需求和愿望但又无损于后代满足其需求和愿望能力的前提之下，保证在乏燃料和放射性废物管理的任意阶段，都有防止潜在危险的有效预防措施，以便在现在和未来保护个体、社会和自然环境免受辐射危害。公约的具体条款中还逐一规定了管理乏

燃料、放射性废物工作中的一般原则性的安全要求：各缔约方都必须采取恰当的措施和手段，尽力避免那些可能为后代带来可合理预计到的影响大于对当代人影响的活动和行为；避免使人类后代承受过度的负担和压力。

中国的经济发展已进入快车道，随之而来的是陡增的能源消耗、环境污染的压力。走可持续发展的道路，保持能源开发与资源、环境的协调，已成为世界大多数国家的共识。我国政府早已将能源可持续发展作为国家可持续发展战略的必要组成，并在 2007 年通过的《中国应对气候变化国家方案》中正式将核能列入国家能源战略的重要部分，表示要积极发展核电，加速提升核电在一次能源供应总量中所占比重，尤其要加速开展经济发达但电力负荷集中的沿海地区的核电建设，全面提高核电产业的整体实力。由此可见，核能作为清洁高效的能源已经在并将继续在中国的能源比例中占据关键地位，保障核能的和平利用，保障核能利用的可持续化都离不开"安全"这个关键词，因此建立核能安全制度是必由之路。

（二）贯彻国际核能安全立法的重要责任

核能安全一直以来都被视为和平利用核能众多事项中至高的首位要求，其重要地位不言而喻。国际社会中核能安全管理工作的开展，国际原子能机构主要是依靠采取实践性和变革性系列方案，将之与全球防止核扩散、核安全、核安保三大重点工作目标相配备，提升成员国在变幻莫测的市场环境下核设施的运行实效，同时包含核设施退役等在内的寿期管理、人力资源绩效、质量保障和技术基础结构完善的各项能力提高。国际原子能机构大力鼓励成员国秉承可持续发展的目标，系统化地修炼提升核能技术，推进电力生产以及非电力供应，增益公众对核电的理解。中国作为国际原子能机构的首批成员国之一，已第一时间签署了《及早通报核事故公约》《核事故或辐射紧急情况援助公约》《核安全公约》《核损害民事责任维也纳公约》《核损害补充赔偿公约》等公约并交存批准书，因此中国作为成员国和公约签约国，有责任、有义务确保国际核能相关立法在国内法中得以体现和落实。

1. 国内核能法是贯彻落实国际核能法律法规的重要方式

国际社会对核能的需求日益增加，促进了国际核能合作关系的发展，核能利用中出现的各种问题也需要国际社会共同努力来解决，以上这些需求催生了新的国际法律部门，即国际核能法的产生和发展。依照通常理解，国际法的渊源主要来自国际公约、国际条约、国际习惯、一般性法律原则、司法判例、国际法学家的学说著作，国际组织通过的宣言、决定、决议和行动指南等，和其他法律部门一样，国际核能法也有自己特定的法律渊源，主要由国内涉核法律规范和国际法律规范两部分组成。国际核能法领域的习惯对国际核能法具有重要意义，其特点主要包括：国家和核能公司之间实践所产生的惯例；国际核能公司之间的经营活动逐渐发展起来的惯例；核能组织在实践中产生的惯例等，这些惯例经由法律确认成为核能领域的国际习惯。

国际原子能机构出版的《核法律手册》中对核能法律的定义为："旨在协调法人或自然人关于裂变材料、电离辐射或者其他放射性活动的特殊法律规范的总体。"这一定义主要是从国内法角度进行了阐释。更确切地从国际核能法角度出发，是指在核能领域调整各类法律关系的过程中产生的，国家、国际组织、跨国核能公司各主体之间，涉及核材料或放射性物质的矿藏勘探、开发利用、建设生产、存储运输、进出口贸易等方面的国际政治经济关系的原则、规则及制度的总和。国际核能法与国内核能法相互渗透、相互补充，国内核能法的原则和规定可以成为国际核能法的依据，如涉外的国内核能法律规范就是国际核能法的辅助渊源。对于一项国际核能公约的签订，国内核能法要么把它变成自己体系的一部分，要么使其优先于国内法予以实施，这一适用问题使二者建立了一定的联系。如此看来，国际核能法的贯彻首先要依赖各国核能法的实施，而核能安全制度则是体现国际立法本意的重要内涵。

2. 核能安全利用是国际核能法的基本原则之一

国际核能法的原则是指被各国公认的，具有普遍意义的，适用于国际核能法各个领域的，构成国际核能法基础的法律原则。因此，国际核能法基本原则在国际核能法中占有很重要的地位。一般看来，国际核能法的基本原则包括：核能主权原则、核能和平利用原则、核能安全使用原则、核能安全责任与补偿原则、国际合作原则，具体内涵将在本书第四章阐述。

3. 保障核安全是核能利用国家的重要国际义务

《核安全公约》规定："每一缔约方应在其本国法律的框架内采取为履行本公约规定义务所必需的立法、监管和行政措施及其他步骤"；"每个缔约方都应建立并维持一个管理体制和机制等在内的各种保障措施。"同时文件中还提出，为了进一步保障核安全文化的繁荣和发展，希望各成员国能清晰地意识到：保障安全利用核能、开展有效的监督管理、顺应自然环境，对于国际社会而言有着相当重要的意义；基于核事故跨界影响的极大可能性，非常有必要从全球范围的角度强调核安全水平的提高。正是基于对以上观点和问题的认可和思考，各成员国在大力发展核能之同时，有责任、有义务加强监督管理，高度重视公众和社会利益，把个体生命安全和公共财产安全置于首要位置，关怀核能从业人员，切实开展妥当的职业防护。除此之外，也有义务高度警觉、防范并消除本国核工业发展对他国可能带来的危害。可见核安全被国际社会提到了极其重要的地位，成为强制要求各成员国积极遵守履行的国际义务。2014年3月24日，国家主席习近平在海牙核安全峰会上代表我国对核安全的态度坚定发声，鲜明表达了中国对核安全的高度重视和大国责任。国家主席习近平在发言中指出：没有规矩、不成方圆，各国要切实履行核安全国际法律文书规定的义务……巩固和发展现有核安全法律框架，为国际核安全努力提供制度保障和普遍遵循的指导原则。[1]

（三）实现国家能源安全战略的有效途径

能源产业是关系到国家经济命脉的产业，能源是我国实现和平崛起战略的重要基础保障和必需要素，因此能源安全不仅是中国眼前的实际问题，更是关乎中国未来的战略性问题，而现实通过种种现象告诉我们，社会快速发展造成的环境问题已经对我国能源安全构成了极大的威胁，我们未来的发展面临着巨大的能源安全挑战。一国的能源安全是否能够得到保障，直接关乎国民经济发展和国家安全，因此确保能源安全更是各国维护国家安全这一政治外交政策的重要目标之一。2005 年 12 月，美国约翰斯·霍普金斯大学高级国际问题研究院孔博对中国的能源安全状态进行了有益的研究，发表了《中国能源不安全及其战略剖析》（*An Anatomy of China's Energy Insecurity and Its Strategies*）的报告，文中把中国能源安全问题归结为周期性不安全、结构性不安全和体制性不安全三个方面。

综合看来，中国能源安全主要面临三大挑战：

一是结构性问题。能源结构不合理，人均占有量低，能源资源分布不均，石油对外依存度过大，能源利用率低。我国是世界上使用煤炭比例最高的国家，甚至一直是唯一将煤作为第一比重能源的国家，我国对煤的消费量占世界总量的 27%。[2] 如此单一的能源消费结构相当脆弱，从而带来的能源供需矛盾日益突出，据估计，我国到 2030 年时能源供需缺口量将达到 2.5 亿吨标准煤，到 2050 年时将暴涨至 4.6 亿吨标准煤。[3] 从我国现存的能源结构比例来看，仅次于煤的是石油，但由于我国一直以来没有建立健全的石油储备机制，石油供给一直高

1　习近平.在荷兰海牙核安全峰会上的讲话［N］.人民日报，2014−03−25（02）.
2　倪健民.国家能源安全报告［M］.北京：人民出版社，2005：27.
3　马维野，王志强，黄昌利.我国能源安全的若干问题及对策思考［J］.国际技术经济研究，2001（4）：7−11+16.

度依存进口，导致我国能源安全的核心已经凸显为石油安全，"马六甲困局"[1]（Malacca Dilemma）成为哽塞我国能源安全的那根鱼刺。根据国际能源机构的预测，中国如想在未来 25 年内实现煤炭消费量的持平，必须要致力于对抗空气污染和燃料结构多样化的努力。

二是管理型制度困境。主要表现为权限不明、职责不清、行业垄断。中国能源管理机构设置时常处于不稳定状态，20 世纪 80 年代末开始，其间的分分合合就一直不断，至今仍没有形成统一高效的能源安全管理体制，权责相当的政府管理部门依旧缺位，与能源相关的开发利用、日常管理、监督检查、科学研究等职能，探寻历史发展轨迹，可依稀在国家发展改革委、自然资源部、水利部、住建部、农业农村部、科技部、国家国防科工局、生态环境部和电监会等众多部门职能中发现痕迹，除此以外，相关能源政策制定的权限也有时被国有能源公司、相关的地方机构所分担享有。能源领域政府职能缺位、越位、失位的问题较为严重，职能管理分散，管理效能不统一，宏观调控乏力。这种现状，导致无法颁布融合一致的政策和措施，即便侥幸出台，也缺乏专门的贯彻执行机构来确保政策前后的一贯执行和长久目标的实现。除此之外，能源行业的垄断经营、区域市场的条块分割等问题一直为人们所诟病。此类严重违反自由市场经济规律的畸形状态，成为我国能源行业改革发展的最大障碍。

三是国有能源公司自身困境。随着石油进口量的增加、石油对外依存度的提高，特别是近年来一些石油行业重大事件的发生，例如 2004 年发生的中航油集团巨额亏损案、2005—2006 年发生的国有石油公司超过 150 亿元的财政补贴事件，以及 2008 年上半年发生的国际油价暴涨等事件，都使得我国国有能源公司的治理与改革一触即发，尤为引人关注。

面对以上挑战，需要从以下两个方面入手，而核能安全制度都将

---

[1] 目前中国原油进口的 60% 以上来自局势动荡的中东和北非，中国进口石油主要采取海上集中运输，原油运输约五分之四通过马六甲海峡，从而形成了制约中国能源安全的"马六甲困局"。

在其中发挥重要作用。一是从供需平衡入手，综合发挥国内和国外能源市场的优势，多方利用资源处理结构性危机。在保障核能利用安全的基础上，大力发展核电行业，扩大核电供应，核电强大的经济效益和效率优势将极大地缓解能源结构单一问题，解决供需矛盾，逐步缓解并最终解决能源开发危害自然环境的问题，减轻井喷式能源消费给环保工作带来的极大压力，致力于人类与自然间的和谐共存。二是从完善制度入手，改革能源管理体制，应对制度性危机。从完善核能安全制度入手，针对我国核能安全和能源安全共有的制度问题，从完善核能安全制度的过程中探索出一条能够适应于能源安全制度建设的渠道和路径，如组建协调能力强、管理职能相对集中的综合性国家能源主管机构，发挥统管效能；加强法律制度建设，起草颁布基本法和单行法，并修补增订配套法律法规等，采取综合的、全方位的战略，全面改革现有体制，整合多方力量，建立协同融合的中国能源安全保障机制。

（四）实现中国能源法治的重要组成部分

现有数据与未来预测都表明，核能现在是，将来也是我国能源的重要组成部分，重视其开发利用，最直接的优点就是有助于缓解我国能源供给瓶颈问题，构建"两型社会"，保持我国经济持续发展态势。此外，在核能开发利用过程中，继续高度重视放射性污染防治工作，将其纳入环保规划一并考虑，促使环保部门和能源部门合理分工、协同发力，有效地实现核能开发利用部门和核能监管部门的规范设立，完善我国行政机构的建设。我国《核电中长期发展规划（2005—2020年）》中确定了"积极推进核电建设"的重要能源战略，高度评价了核能发展的重要意义，肯定核能的安全利用对解决能源瓶颈问题、降低二氧化碳等废气排放、缓解能源运输压力、增强电网安全等方面的重要作用，认可核能发展将是满足我国经济社会发展中持续增加的能源供应需求，从而确保能源、经济、生态环境三者协同发展，大力提升国家综合实力和水平的一剂良药，核能已被视为我国构建循环、可持续的国民经济体系和资源节约型、环境友好型社会的有益助手。

在论及能源法治之前，本书想先说明能源监管的重要意义，因为能源法治是进行能源监管的一条重要且必要的有效途径。能源的特殊性决定了能源市场完全自由化地开展充分竞争，只能是极其难以存在的理想环境。历史实践中，完全依赖市场自发形成充分自由竞争的实例也几乎是不存在的，美国能源行业发展和监管经历了悠久的历史，现今已具备了高度的商业化性质，但也仅是充分地证明了以上的论点没有突破，反而以实例证明在行业发展早期，放任进行完全自由化的市场竞争只会导致投资混乱和资源浪费的恶果，美国得克萨斯州斯平德勒托普（Spindletop）就是一个突出的例子，该地在发现石油资源迅速崛起后又快速衰退，昙花一现的历史表明了能源行业自由化市场的特性及后果。事实说明，能源市场只有在其发育足够良好的时候，才最有可能接近充分自由竞争市场的情形。就我国而言，仍处于能源市场的初级阶段，再附加上能源作为自然资源所具有的稀缺特性和其不可避免的运输瓶颈因素，极易导致市场垄断，由此能源监管成为必要。能源监管的首要手段是价格管制，但一旦价格监管使得市场恢复正常，就有必要解除价格管制。此外，能源监管的另一个手段是税收，在某些情况下，能源价格上升不是由于市场供需关系或者成本的变化，而是由一些非市场因素引起的，这时候就需要通过征收暴利税来减少供应商的暴利。然而，能源监管最主要应该是通过法律形式进行，因为能源监管的其他形式，无论是价格监管还是税收或是其他措施，一般都是通过法律的方式进行的。

市场经济的健康运转必须要依靠法律来发挥保障、约束和规范利益主体行为的制度作用，正所谓"危机生法，法解危机"。但就中国能源领域整体来看，法治建设比较滞后，迄今中国尚没有出台一部综合性的或基本性的能源法。自 2007 年 12 月，《中华人民共和国能源法》起草组通过新闻媒体和互联网等渠道公布了《中华人民共和国能源法（征求意见稿）》（以下简称《能源法》），随后历经 10 余年，至今仍未修成正果。起草之初，因为有大大小小 15 个单位部门联合参与了《能源法》的制定过程，其间存在各部门和企业间的利益平衡，此外还伴随着与现有法律的博弈，先于其已经出台多时的《中华人民共和国电力法》《中华人民共和国煤炭法》《中华人民共和国可再生能源法》等下位法律，由于诞生于不同的时代和背景之中，无法很顺畅地配合《能源法》的实施，所谓可以形成能源法律体系"合力"的理想状态也就变成了奢望，这种无法忽视的制度性缺憾会导致《能源法》在施行时阻力重重，无法有效地发挥宏观性和整体性的效能。多年周折至今，有关部门又作出积极承诺并开始行动，《能源法》的出台似乎又指日可待了。只有加快推进能源立法工作，才能保证能源领域的重大改革于法有据，而核能安全法律制度的构建正是其中的重要一环。

根据国家发展改革委发布的《核电中长期发展规划（2005—2020年）》，到 2020 年，我国要在保障核安全、加强核设施管理、提高核应急水平、促进放射性废物管理以及工程设计、制造、建设、运营等方面，建立起完善的贴合中国实际需求并响应国际法律文件要求的核电法规和标准体系。目标很美好，现实很严峻，自 1984 年首次提及核能基本法制定事宜至今已有 39 年，核能基本法仍未曾谋面；自 2007 年开始规划获批至 2017 年正式颁布的《核安全法》仍留有很大的完善空间。中国能源法治的道路仍漫长，希望借推动核能安全法律制度完善之举，对能源法治有所助力。

第四章　我国核能安全法律制度立法原则及模式

　　法律作为国家制定的一种社会规范，在社会运行中发挥着指引、评价、预测、教育和强制等规范作用。沈宗灵先生在分析法与科学技术的关系时认为：法对科技发展所带来的消极后果有抵制和防范的作用，为了遏制原子能利用过程中可能产生的消极后果，对原子能所带来的一系列社会问题加以全面调整，需要建立原子能许可制度、核材料安全监督管理制度、放射防护监督管理制度以及核损害赔偿制度等一系列法律制度。[1] 为了在后福岛时代，我国核能工业能够在保障安全的前提下顺利重启，继续推进核能和平利用的可持续发展，建立健全的核能法律制度体系是其不可或缺的关键所在。面对方方面面意义重大的核能利用问题，核能安全法律制度究竟如何作为才能有效用地解决问题，又不至于沦为诸多问题的简单罗列、混杂？如何才能充分体现法律制度内容的完整性和逻辑一致性，从而真正成为形式上逻辑连贯、内容上协调统一的整体？重点在于明晰核能安全法律制度的基本价值追求，并找准核心理念和基本目标，以此作为构建整个核能安全法律体系的切入点，并据之进一步完善主要原则和具体制度。接下来几个章节，将从价值追求、核心理念、基本原则和重要制度等方面逐一分析，尝试构建我国的核能安全法律制度。

1　沈宗灵 . 法理学 [M]. 北京：高等教育出版社，1994：268.

一、核能安全法律制度的价值追求

庞德曾这样评价：法律史上各个经典时期中，无论是古代社会或是近代世界，对价值准则的论证、批判或合乎逻辑的适用，都曾经是法学家们的主要活动。[1]价值追求具有重要的决定和引导作用。下文将分别从一般法律、部门法律和核能安全法律自身进行讨论。

（一）一般法律层面

法律价值的探讨是一个古老的论题，不同国家在不同历史阶段就价值选择问题均显露出了不同的诉求，例如我们常说的正义、自由、公平、秩序、利益、安全、效用、公共福利等，都是法的价值，它们表明了法的存在目的或使命，或者是法所促进并维护的目的和目标。其中以"秩序、公平、自由"为主要取向。关于秩序，有学者提出："与法律相伴随的基本价值，便是社会秩序。消除社会混乱是社会生活的必要条件。"[2]也有学者着重说明："法律是一种行使国家强制力的威胁，从而设想法律是一种强制力的秩序。"[3]关于公平，则提出"公平是法律所应当始终奉行的一种价值观"。[4]且认为没有公平，个人的自由和权利就会落空，而被特权所取代，法律的秩序也就不可能得到维护。[5]关于自由，从法律角度来看，则是把人类合乎社会客观规律的行为与社会关系，用法律的形式予以确认和保护，使之成为一项不受他人侵犯的基本权利。正如洛克所指出的那样：法律的目的不是废除或限制自由，而是保护和扩大自由。[6]自由与秩序相互作用，没有自由，秩序就失去了意义；反之，没有秩序，自由也就失去了保障。

1　罗斯科・庞德.通过法律的社会控制［M］.沈宗灵，译.北京：商务印书馆，1984：55.
2　彼德・斯坦，约翰・香德.西方社会的法律价值［M］.王献平，译.北京：中国法制出版社，2004：45.
3　E・博登海默.法理学：法哲学及其方法［M］.邓正来，姬敬武，译.北京：华夏出版社，1987：207.
4　彼德・斯坦，约翰・香德.西方社会的法律价值［M］.王献平，译.北京：中国法制出版社，2004：74.
5　吕世伦.趋利避害，加强现代西方法律思想文化的研究［J］.法学家，1999（Z1）：183.
6　洛克.政府论（下篇）［M］.叶启芳，瞿菊农，译.北京：商务印书馆，1964：36.

《核安全公约》第1章第1条即声明其立法目的如下："通过加强本国措施与国际合作，包括适当情况下与安全有关的技术合作，以在世界范围内实现和维持高水平的核安全；在核设施内建立和维持防止潜在辐射危害的有效防御措施，以保护个人、社会和环境免受来自此类设施的电离辐射的有害影响；防止带有放射性后果的事故发生和一旦发生事故时减轻此种后果。"从中可以看出，订立该公约的价值追求首先是在全世界范围内维持"一个高水平的核安全秩序"，从而既保障实施核活动的自由，又强调要保护"个人、社会和环境"不受放射性侵害的权利公平，法律的基本价值都在其中得到有效体现。

（二）部门法层面

各法律部门的核心价值是该部门法精神的集中凝结，有学者认为：如果说以价值本位的差别作为区别部门法的重要标志的话，那么民法的价值本位就是公平优先，而商法的价值本位就是效益优先，经济法的价值本位就是社会利益优先。[1]核心价值的确定，为理论界的研究及立法、司法等实务部门的工作提供了明确的价值指引。本书认为，从核能的性质属性分析，核能安全法律制度主要归属于环境与自然资源保护法，兼而有科技法的部分特质，因而两个部门法的核心价值在其中都应有所体现。

1. 环境与自然资源保护法的价值目标

在理论研究界看来，环境与自然资源保护法的价值目标可以分为两种：一是基础的直接目标，即协调人与环境的关系，保护和改善环境；二是最终的发展目标，又包括两个方面，即保护人群健康和保障经济社会的可持续发展。[2]具体分析，在学界又有多种看法。如有学者认为，随着伦理观念由人类中心主义向生态中心主义的嬗变，出现了强调人与自然共生平等的生态中心主义环境伦理观，其

1　陶政.商法价值研究［D］.重庆：西南政法大学，2009：44.
2　汪劲.论现代西方环境权益理论中的若干新理念［J］.中外法学，1999（4）：32.

更加注重人类对自然环境的责任和世代间的公平，强调动物的权利。
这种新的环境思想，不可避免地影响着当代环境保护的立法实践，
环境立法除了要以保护人类健康同时保护环境为首要目标以外，还
要兼顾保护世代间可持续发展利益，以及人类享有自然环境的权利。[1]
也有观点认为，相比于在实际立法中频繁出现的"可持续发展"，"人
与自然和谐"才是环境资源法的价值目标，其本质在于追求人类自然
属性和社会属性的平衡，最终目的要归结到保障人的全面发展之上，
但从本质上看来，人依赖于自然的多重价值。因此，人的全面发展
不但从不会以牺牲自然为必要，而且恰恰会是保护自然、全面发掘
自然多重价值的途径和手段。

从世界环境立法目的发展过程来看，大致可以分为四个阶段：20
世纪以前，保护作为所有权客体的环境与资源阶段；20 世纪初期，保
护环境的公共利益阶段；20 世纪中期，控制环境污染阶段；20 世纪
70 年代以后，可持续发展目的的确立阶段。[2]《中华人民共和国环境
保护法》（以下简称《环境保护法》）规定立法目的为：为保护和改
善生活环境与生态环境，防治污染和其他公害，保障人体健康，促进
社会主义现代化建设的发展。而在《中华人民共和国能源法（征求意
见稿）》中，立法目的的提法则更为科学，不但提出要"提高能源效率，
保障能源安全，推动资源节约型和环境友好型社会建设，促进能源与
经济社会的协调发展"，而且强调要"促进能源开发利用与生态环境
保护协调发展"。

2. 科技法律的价值目标

核能安全法律是以自然科学的某一领域为规制对象，从调整目标
看归属于科技法律的一个分支，核能安全利用所涉及的核燃料循环利
用的始末、裂变方式的把控、放射性危害的防护等都需要将法律、管

1　汪劲.伦理观念的嬗变对现代法律及其实践的影响：以从人类中心到生态中心的环境法律观为中心
[J].现代法学，2002（2）：72.
2　汪劲.环境法律的理念与价值追求[M].北京：法律出版社，2000.

理与核能科技知识有机地结合应用。核能安全法律的制定和实施都充分依赖于科学技术手段的行使，正如国际原子能机构对成员国所拥有的核设施安全提供保障的手段，实质上就是一套完善的核科学分析检测过程；又或者在判断缔约成员国是否违反国际原子能法的相关义务时，也必然结合核能科学原理分析和甄别等。核能相关法律也就自然具有了自然科学属性，体现科技管理类法律的特征和内涵。

科技法律作为部门法也是既遵循一般法律价值，又关注科技自身的特点及科技法律制度调整的社会关系的特殊性。一是要以人为本。科技活动尤其是类似核能应用的此类高科技活动，其主体是人，其最终目的也是人的利益和发展。具体而言，既要保障科学研究者的自由和权利，更要尊重人的生命与尊严，才能实质性地保障全社会和人类整体享受科技进步带来的利益，从而摆脱现代困境、保障未来生存的出路。二是要保障安全。英国政治哲学家托马斯·霍布斯曾经指出："人民的安全是至高无上的法律。"[1]保障安全不仅是法律的基本价值追求，也是当代风险社会提出的必然要求，坚持保障安全就是要坚持把人的安全与发展放在首位。风险社会的本质和特征赋予了"安全"更丰富的内涵和外延，不仅指人类生存安全，还包括国家安全、社会秩序与个人生活安全等方面。[2]其中，从国家安全的角度看，又涵盖了国防安全、外交安全、公共安全、经济安全、信息安全、生物安全和环境安全等内容。三是要全面协调可持续发展。全面协调发展即要求保证科技、人类与自然各个组成部分在发展中都是相互协调的，不仅要同向发展，而且发展的速度或数量比例关系要相互适应，特别是要避免人类自身发展、科技进步的无意识后果与自然生态保护之间的矛盾。可持续发展，是指既满足当代人的需要，又不对后人满足其需要的能力构成危害的发展，强调发展进程的连续性、持久性。代入法律的语

---

1 E·博登海默.法理学—法哲学及其方法［M］.邓正来，姬敬武，译.北京：华夏出版社，1987：293.
2 王逸舟.全球化时代的国际安全［M］.上海：上海人民出版社，1999：35-36.

境而言，即要以公平为核心，关注科学研究的合理性界限，坚持对法的实践理性的追寻，寻求不同价值之间和谐相处的临界区域。

（三）核能安全法律制度自身

核能安全法律制度是法律体系的有机组成部分，遵循法律的一般价值，也是所属部门法价值目标的具体体现，三者之间是个别与一般、特殊与普遍的关系。下面具体分析其异同。

1. 自由的价值

洛克曾说："哪里没有法律，哪里就没有自由。"[1] 自由是法律追求的基本价值，法律是自由的保障。核能安全法律制度所追求的自由有其特殊性，首先是对利用核能这种科学行为自由的保障，但它一定是在法律划定范围、设定条件的保障下的自由，避免无理由的权力干涉。同时，也需要公权力以积极介入的方式提供各种物质与行业保障。其次表现为人类的解放与自由，丰富的物质条件是人类摆脱劳动异化和社会奴役的基础。核能和平利用作为高科技行为，是国家经济、社会发展的基础之一，核能和平利用的历史和现实证明，其极大地缓解了人类能源危机。

2. 安全的价值

一般法律所追求的安全价值包括生命财产安全等内容，核能安全法律制度中的"安全"内涵范围则更广：其一，促进核能行业的发展，为国家安全、社会公共安全、人类安全、能源安全提供了物质基础和技术支持；其二，它防止核能的超范围滥用和不安全使用，为基本人权安全提供法律保障；其三，它防止核能利用技术等本身的不确定性、高风险性以及负效应给人类、环境带来的危害，起到了兴利除弊的作用。

---

1 洛克.政府论（下篇）[M].叶启芳，翟菊农，译.北京：商务印书馆，1964：36.

3. 公平的价值

公平在法律领域中可以称为正义、平等，是法律始终追求的最高理念，主要体现于法律的公正性、普遍性，关注的是同一个国家、同代人之间的公平，强调法律面前人人平等。但核能安全法律制度作为自然资源和环境保护法的重要内容，其所关注的平等与公正，不但指同一代人，不论国籍、种族、性别、经济水平和文化差异，在要求良好生活环境和利用自然资源方面都享有平等权利的代内公平，而且关注核能利用的负面影响所带来的代际公平问题。

4. 和谐的价值

一般法律所追求的和谐，主要是调整人与人之间的社会关系，保证人们拥有能够和平相处的社会秩序。核能安全法律制度隶属于自然资源和环境保护法，调整的范围更加广阔，不仅调整人与人之间的社会关系，追求社会秩序的和谐，也调整人与自然的关系、科技发展与社会进步的关系等。核能利用的两面性、环境的脆弱性与人类追求进步的要求，最优状态是协调发展，放任任何一方都会带来另外两方的失控或毁灭，因此，核能安全法律制度强调的是更高层面的和谐。

法的价值的多维性说明主体的需要和利益具有多面性和多层次性。自由、安全、公平、和谐等价值都在核能安全法律制度中占有重要的地位，但它们之间并不是独立发挥作用，更不是独自表现为终极排他的法律理想状态，而是相互间密切结合扶持，整体对核能法律的性质和实效发挥重要影响。在构建一个成熟、发达的法律制度时，各种价值在其中都有适当的位置，相互之间发生良性调和。本书认为，对于风险社会的高风险性行为——核能利用而言，安全价值对于其他价值而言具有导向和限定的作用，其乃规制核能利用的法律制度所应遵循和秉承的核心价值，安全应当是核能安全法律制度追求的最高层次的长远价值。

二、核能安全法律制度的理念承继

追根溯源，安全理念作为核能安全法律制度的核心理念，必然是被核能相关领域的基本法所认同的，尤其是能源领域和核能领域，这样在核安全法律制度中才有据可依并得到更好的贯彻。基于我国能源领域和核能领域的基本法都还未出台，故本部分从立法建议的角度，谈谈如何将安全这一核心理念在未来的《能源法》和《核能法》（或称为《原子能法》，本书选择称为《核能法》）中得到充分的体现。

（一）《能源法》中的安全理念

国际政治往来中一直将安全问题视为最为关键的底线和红线，近代之前安全问题的重心落在军事安全之上，是为各国关注和在意的传统意义中的安全；步入近代之后，冷战逐步化解，全球化迅速推进，国际社会更为重视的安全观也随之发生了变化。以往被人们视为初级政治的安全内容，比如自然生态安全、国家文化安全、金融经济安全、信息技术安全、能源消费安全等，它们的国际政治地位不断攀升，逐渐替代了传统安全观中军事安全一家独大的局面，融合发展成为一种综合安全观理念，其中的能源消费安全所占比重不断扩大，成为综合安全观的重要组成部分。能源及其安全问题是制约国民经济和社会发展的重要因素，而中国法治建设在能源领域的发展一直阻力重重，滞后程度已严重影响本行业的改革发展。能源安全本身也牵扯到能源供需安全、生产安全、利用过程的环境安全等多方面内容，因此是综合性问题。世界能源理事会曾发布《世界能源评估报告》，对能源安全的综合性进行了肯定，建议在评价能源安全时要考量更多的相互间会发生制衡效力的影响因素，如环境压力、解除管制、市场控制力等。而《欧盟能源供应安全战略绿皮书》在谈及能源安全的影响因子时，则认为应当包括以下内容：资源枯竭、地缘性政治危机、市场波动、社会动荡、突发性自然灾难等。如此看来，能源安全是一个跨越政治、经济、社会、生态、文化等众多领域的综合性问题，理当成为能源法实现的目标。

我国能源法的起步始于 1986 年的《中华人民共和国矿产资源法》，随后又陆续制定颁布了《中华人民共和国电力法》《中华人民共和国煤炭法》，以及以《矿产资源开采登记管理办法》《对外合作开采海洋石油资源条例》《石油、天然气管道保护条例》《国家发展计划委员会石油、成品油价格改革方案》等为代表的石油工业监管法律法规系列、涉外合作开采陆上和海上石油的相关法律法规系列等。从以上法律法规颁布的时间可以发现，大多带有计划经济的烙印，与现今的时代特征难以融合，其修订完善已成必然趋势。最核心的问题是，迄今综合性的基本法——《能源法》依然待产，导致能源法律这一体系内因缺乏统一立法、存在立法缺项而问题丛生，制定《能源法》已成为必然要求。近些年，中国在国际社会中的地位越发重要，一个负责任的大国的立法行为必定不能闭门造车，而要统筹考量中国自身利益和全球共同利益，这注定是一部关乎世界能源体系和环境格局的重要法律，必不可少地要协调国际社会的各方关系，尤其在某些重大问题趋向上要与主要能源生产方和消费方充分协商，博采众家之长。自我国 2005 年底启动《能源法》立法工作后，十余年间的进展主要停留在讨论送审稿的阶段，[1] 直到 2017 年，在原国务院法制办、司法部的指导下，国家发展改革委、国家能源局组织成立了专家组和工作专班对《中华人民共和国能源法（送审稿）》修改稿进一步修改完善，形成新的《中华人民共和国能源法（征求意见稿）》，2020 年 4 月开始向社会公开征求意见。

《中国能源法（草案）专家建议稿》第四章专门讨论了能源安全，主要规定了能源供应组织体系、促进清洁能源发展、能源结构优化、鼓励能源科技创新、加强能源战略储备、建立能源预警与应急措施、

---

1 清华大学环境资源与能源法研究中心课题组 . 中国能源法（草案）专家建议稿与说明［M］. 北京：清华大学出版社，2008：3.

能源基础设施保护等与保障能源安全紧密相关的制度群，全面认同了"能源综合安全观"，在措施层面上，还设计了以建立能源储备制度为基础，执行预警与应急措施以及能源基础设施防护为支持的制度群，最终期待达成保护能源安全的目的。《中华人民共和国能源法（征求意见稿）》内容有了较大的调整，但依然在第六章专设一章规范"能源安全"，强调了能源安全的总体要求：国家统筹协调能源安全，将能源安全战略纳入国家安全战略，优化能源布局，加强能源安全储备和调峰设施建设，增强能源供给保障和应急调节能力，完善能源安全和应急制度，全面提升能源安全保障能力。此外，从能源设施、场所安全保护、网络与信息安全、供给保障、安全储备、储备动用、预测预警、能源应急几个方面设立条款进行规范。两个文本的内容都充分说明在能源法领域，"安全"理念也是至关重要的，但在该专家建议稿所提出的六大基本原则中并没有提及安全，而仅是将能源安全作为立法目的之一，忽略了安全原则的重要性。并且从专家建议稿第四章的具体条款来看，其所关注的能源安全保障中的"安全"更多的是技术性层面和国民经济层面，强调的是供应安全、结构安全，范围过窄，对安全监管、安全应急则未有涉及或着墨过少。从专家建议稿的总则第一条提出的能源法立法目的可见，其将保障能源安全作为制定本法的立法目的之一，那么，本书认为，安全既是能源立法的目的，更应当是能源法制定和实施的重要原则。专家建议稿随后提出的能源法多项基本制度，如能源影响评价制度、劳动安全、职业健康与环境保护、预警应急、国家能源安全评估等，都是体现安全理念并为安全原则所指导的，因此安全原则作为一个重要原则应当写入能源法，只有如此，其才能在引导包括核能在内的各类能源健康发展中发挥基础作用。以上的情形延续到了《中华人民共和国能源法（征求意见稿）》中，仍未有调整。

（二）《核能法》中的安全理念

我国核能工业发展至今已有 50 余年，在行业规模化和完整度上都已有成效，此外还明显具有军民融合的特色，缺憾的是，这一核能工业体系基本处于"裸奔"状态，至今仍没有能够在全局上与之相适应并发挥宏观调控作用的核能领域基本法。况且，世界上大多数核发达国家都有核能基本法。而我国现有的核能方面的基本法角色，是由 2003 年 6 月颁布的《中华人民共和国放射性污染防治法》来担当的，该法有 8 个章节 63 条具体条款，以如何防治核能开发利用可能带来的放射性污染作为规范的客体，提出了"预防为主、防治结合、严格管理、安全第一"的基本原则。虽然在其颁布之后，也在核能领域短时间内发挥了较为基本的规制作用，勉为其难地支撑整个核能法律体系至今，但该法本身层次和内容的局限性，决定了无论是从宏观的管理能力，还是实际中的执行能力，都无法发生期待的效果，只能是心有余而力不足的状态，无法承担核能领域基本法的角色。我国《核能法》的立法行为最早可追溯到 1984 年，但至今仍无结论。[1] 无论是中国核能产业的健康发展，还是考虑到核能的特殊属性，又或者是为了实现与我国核大国的地位及相应的重大国际责任相对称，都亟需出台一部正式的全面的科学规范的《核能法》。

建议我国《核能法》的基本结构可以参照国际原子能机构发布的《核法律手册》的组织结构，这一国际法律文件为帮助成员国评判自身核能法律框架的完善性提供了极为标准的官方资源，同时也是协助成员国在本国建立为国际公认标准所认同的法律法规的说明手册，更是督促成员国履行相关国际义务的实用指南。综合而言，这份手册是建立健全核能法律体系和管理框架的权威参考资料。《核法律手册》包含五方面的主要内容：一是介绍了核能领域中重要的

1　郑玉辉.《原子能法》立法 30 年 [J]. 中国核工业，2014（5）：36-39；刘武俊.原子能立法难产 27 年的立法反思 [J]. 人大研究，2011（7）：37-38.

基本概念，核能法律和立法程序监管部门设置、许可证审批检查和执法的基本监管活动；二是阐述辐射防护；三是涵盖了与核安全和辐射安全有关的各个主题：辐射源与核设施应急准备和响应、采矿和水上运输以及废物与乏燃料的处理；四是说明如何处理核责任和保险问题；五是介绍不扩散和安保相关问题、保障进出口管制和实物保护等。参照《核法律手册》并结合我国实际需求，建议《核能法》应当包括以下几个方面：立法目的和宗旨，本法的法律适用范围，核能法的基本原则，铀矿产资源的保护与开发利用、采冶管理、核原料的管制、核设施的管理、核技术、核安全、放射性物质运输、乏燃料管理、核进出口、法律责任。其中核安全作为重要篇章，通过《核能法》这一核能基本法确定基本概念范围和基本原则等事项，为《核安全法》奠定法律制度基础。

立法建议：一是在《核能法》总则中强调核能行业发展目标和方针，具体条文可表述为，"核能是清洁能源，是我国能源供应体系的重要组成部分。核能发展必须要坚持安全发展，从而适应国家经济社会发展、环境保护和生态文明建设的需要"；二是要明确核能产业管理体系，具体条文可以表述为，"国家加强核能宏观管理与统筹协调。国务院能源主管部门负责全国核能管理，国务院民用核设施安全监管部门负责核能安全监督管理，其他有关部门依照有关法律法规在各自职权范围内负责核能相关工作"；三是在核安全章节还应提出核安全的总要求，具体条文可表述为，"核能利用全过程应当遵守国家核安全法律和标准要求，坚持安全第一、持续发展、公众参与、预防为主、权责相当的基本原则"。

（三）构建以安全为内核的核能法律制度

综观国际社会现有的涉及核能的各类法律法规，安全价值和理念皆在其中占有统领地位。前文已提到的国际立法《核安全公约》，便将"安全"二字嵌入公约名称，不言而喻地点明了其核心思想，并于

第 1 章第 1 条在阐明立法目的时再次强调要 "在全世界范围内达到和保持一个高水平的核安全"。美国《1954 年原子能法》在第 3 条 "立法目的"中说明要"最大限度地拓宽、协调和平使用核能源与公共防御、国家安全、公众健康，以及公共安全之间的关系"，并且要"在公共防御和国家安全允许的条件下尽可能广泛地扩充核技术"，还制定了《1980 年核安全研究、发展与演示法》，从法律层面认定了各方的核能安全责任，即保证核电站设计核运行的安全和可靠是设施拥有者和运行者的绝对责任，联邦政府在保障核电站安全事务上的恰当责任。[1]德国《1959 年关于和平利用核能和防止核损害法》中也将"保护生命、健康和财产免受核能和游离辐射的影响" "预防国家因为利用核能而受到任何内部或外部之安全威胁"作为重要内容阐释。日本现行的《原子能政策大纲》及《地球温暖化对策基本法案》也明确宗旨： "在奉行安全第一，以及获得国民充分理解和信赖的基础上，切实开展原子能利用。"

综上所述，我国核能行业能否维持可持续性发展的态势，很大程度上取决于核能安全法律制度的建立与完善与否，取决于安全这一核心理念和价值追求在法律制度中能否切实地发挥统领作用。本书认为，构建以安全为内核的我国核能法律制度，宏观上来看，立法时应当从以下几个方面着力：一是在法律名称采用中要达到开宗明义的效果，命名时直接将 "安全"二字嵌入标题之中，正如现有的《中华人民共和国道路交通安全法》《中华人民共和国食品安全法》《中华人民共和国安全生产法》等法律法规采用的命名方式，可以采用"核安全法"或者 "核能利用安全法"等类似名称。我国 2017 年颁布的《核安全法》正是体现了这一观点的必要性。二是在具体法规条文中，要充分体现"安全"在核能法律制度中的核心地位， "安全"是核能法律体系价值追求和立法目的的灵魂所在。参照我国现行的《民用核设施安全监

1　阎政.美国核法律与国家能源政策［M］.北京：北京大学出版社，2006：132.

督管理条例》《中华人民共和国放射性污染防治法》等与核能安全相关的法规的提法，将"安全第一"的描述加以沿用。除此以外，在与核能安全部门基本法相配套的法律法规中，也应当将安全价值的总领作用加以保持延续，深入贯彻在各类法律法规和政策文件之中。三是在核能安全领域基本法和单行法的篇目章节编排中，可以考虑以"安全"二字加以点题明示，例如可以设置核能安全利用、安全预防、安全应急、安全责任等篇章，更为关键的是将不同等级、不同内涵的具体的安全要求贯穿于规制核能利用全过程的各条款之中。四是在行政执法和司法实践中，也应以安全标准作为核心的判定准则和考量依据。

三、核能安全法律制度的主要原则

所谓法律原则，是为法律规则提供某种基础性或本源性的综合指导的原理和价值准则的一种法律规范。[1]构建核能安全法律制度的重要性对其理论研究提出了更新更高的要求，对于如何形成科学的、系统的、具有特色的核能安全法学理论体系而言，除了要明确核心理念和价值追求之外，立法过程中应遵循的主要原则理应起到提纲挈领的作用，才能从根本上解决核能利用中的种种问题，平衡各方利益，体现法律的目的、基本态度和认识，实现立法的初衷。法律原则对法的创制和法律的实施都具有重要的意义，作为一个成体系的法律制度，核能安全法律制度的基本原则将充分体现核能利用的法律精神，发挥方向引领作用。本书此部分将从一般法律层面、核能安全法律制度本身两个层次进行论述。

（一）一般法律原则的精神统领

1. 宏观层面的法律原则

沈宗灵先生在《法理学》中曾这样定义作为法的三要素之一的

---

1 舒国滢. 法理学导论［M］. 北京：北京大学出版社，2006：109-110.

法律原则：它是由法律中加以规定的，被用来开展法律推理的准则。因此，人们不仅可以在法律原则的引导下做出正确的规则适用，而且即便是处于没有现成法律规则的情况下，人们也可以用法律原则替代规则而作出判定，从而可以有把握地应对缺乏法律规则时的新状态。因此，法律原则具有其独有的特性和地位，通常在法律体系中是作为其他法律规制的指导思想而存在的，具有基础性、本源性、综合性，是会一直稳定存在的法律原理和法律准则，对于创制法律和实施法律都极为关键。因此，只有准确明晰核能安全法的基本原则，才能够从根本上解决核能利用中的种种问题，平衡各方利益，体现法律的目的、基本态度和认识，实现核能安全立法的初衷。

在法的制定中，一般应遵循以下基本原则：一是"实事求是，一切从实际出发"的原则，这是维护和保障立法科学性的重要原则。要求制定法律不但要从国情出发，还必须从建设和改革的需要和可能出发，重点强调搞好调查研究是正确立法的基础。二是"合宪性和法制统一"的原则，这是维护和保障立法合法性的重要原则。首先，一切法律、法规、规范性法律文件以及非规范性法律文件的制定，必须符合宪法的规定或不违背宪法的规定。凡是违背宪法者，不能具有法律效力。其次，在所有法律渊源中，下位法的制定必须有宪法或上位法作为依据，下位法不得同上位法相抵触，凡是下位法违背上位法的均属违法立法，该下位法不能具有法律效力。再次，在不同类法律渊源中、在同一类法律渊源中和同一个法律文件中，规范性法律文件不得相互抵触。最后，各个法律部门之间的规范性法律文件不得冲突、抵触或重复，应该相互协调和补充。三是"总结自己的实践经验和借鉴外国经验相结合"的原则，这是借鉴人类文明有益成果，立法活动少走弯路的重要原则。四是"原则性和灵活性相结合"的原则，这是保证立法正确、有效和切实可行的重要原则。五是"立足全局、统筹兼顾、适当安排"的原则，这是保证立法社会主义方向和性质的一项重要原则。六是"民主与集中相结合"的原则，这是使立法具有群众基础和保证立法质量的一项重要原则。七是"维护法的稳定性、连续性和严肃性与及时创、改、废相结合"的原则，这是维护社会主义立法权威性的一项重要原则。强调法在颁布生效以后，它的效力要维持适当的时期，不能"朝令夕改"。而且要确保新法与旧法之间在法的根本精神和基本原则方面应该保持一定的继承关系和连贯性。法的稳定性和法的连续性是法的权威性的保证。

2. 微观部门法层面的法律原则

当前时代融合了智能经济、信息化、生态化的特性为一体，决定了现代学科的重要特征就是跨学科的交叉融合和协同发展。核能安全法律作为下位法，必然要严格遵循上位法所指向的基本原则。核能法学所隶属的环境和资源保护法，其自身是关于生态环境、自然资源的自然学科和社会学科的交叉学科，同时也是一门边沿学科，具体而言是将资源法、自然保护法、污染综合防治法、能源法、区域发展法、土地法加以综合而衍生发展出来的一个复合物体，对这么一个复合产物进行研究，尤其是开展理论研究，这就意味着我们必然要吸取学习其他部门法律中的理论成果，继承发扬其他法学领域的知识结晶，需要学习研讨与之相关的国内外环境行政政策、环境资源管理的理论实践、环境伦理学和社会学等方面的内容。此外，核能领域的独特性质又决定了核能安全法律的主要原则有其自身的侧重点和内涵。

首先，环境和资源法学理论体系中，综合各家学者的观点，主要有如下立法原则，即统一原则、区别突出原则、综合性原则、理论联系实际原则、接轨原则、可持续发展原则、创新原则、把握关键原则、配套原则等。以上提出的主要是立法过程中应体现的主要原则，内涵都体现在具体操作方法之中。此外，就环境资源法自身而言也蕴含着不可或缺的基本原则。环境资源法除了具有法的一般共同特性之外，还具有如下自身特征：一是调整对象的特殊性，不但涉及人与人之间关系的调整，也关系到人与自然环境之间关系的调整；二是有很强的综合性，将经济、人类社会和自然环境一体化，强调综合决策、全面规划和统筹兼顾；三是公益性，反映全体人民的意志、利益和要求，为人类服务；四是科技性，将政治性、社会性法律规范与科学技术性规范相统一；五是可持续性，将伴随着人类社会和自然环境长期地存在和发展下去。[1] 环境资源法特有的属性决定了其基本原则的内容和特点，一般学界公认的主要是：第一，经济、社会和环境协调、可持续发展的原则；第二，环境资源的开发、利用与保护、改善相结合的原则；第三，预防为主、防治结合、综合治理的原则；第四，"谁污染谁治理""谁利用谁补偿""谁主管谁负责"等责任原则；第五，正确处理可持续发展过程中国家政府和人民群众、管理者与被管理者、少数派和多数派关系的民主原则。

同时，核能因为其天然的能源属性，早有很多学者将其纳入能源研究领域，并作为重要能源种类而对其相当重视。核能凭借其经济高效的电力供给能力，为众多国家所青睐而在国家能源规划中占有重要席位，与石油、煤炭、水能、风能、太阳能、生物质能等一并被纳入能源法，面向人类能源面临的困境，进行整合研究，从而探寻综合性的解决方案。与此同时，核能也同样被作为能源的重要分支，必然进入了能源法律体系的框架之中，因此核能安全法律必然承接着能源法的基本内涵，能源法的基本原则也将是核能安全法律基本原则的重要组成部分。根据《中国能源法（草案）专家建议稿》所述，结合我国现实国情，能源法的基本原则应包括以下内容：节约原则、创新原则、多元化原则、市场与政府调控相结合原则、普遍服务原则、公众参与原则。该六项原则贯穿能源生产、输送、消费、分配与监管的各个环节，从而致力于实现能源法中多目标集合的立法目的。2020年，国家能源局公布的《中华人民共和国能源法（征求意见稿）》文本中也基本都

1　蔡守秋.论环境资源法学理论体系的框架[J].福州大学学报(哲学社会科学版),2001,15(4): 5-15.

有体现，虽有的未明确地界定为"原则"，但也大多体现在条款内涵之中。

3. 核能安全国际法层面的基本原则

综合考察各层各类核能安全相关的国际法内容，其基本原则主要包括以下几个方面：

一是核能主权原则。国际社会的各主权国家对其主权管辖范围内的核能资源的开发利用绝对具有排他性支配权，其被视为最基本原则。1962 年联合国大会通过《自然资源的永久主权》［第 1803（XVII）号决议］，借以向国际社会宣告：各国人民及各民族行使其对自然财富与资源的永久主权，必须为其国家的发展着想，并以关系国人民的福利为依归；各国必须根据主权平等原则，互相尊重，以促进各国人民及各民族自由有利行使其对自然资源的主权；侵犯各国人民及各民族对其自然财富与资源的主权，即系违反联合国宪章的精神与原则，且妨碍国际合作的发展与和平的维持。1972 年《人类环境宣言》也再次重申：各国有按自身确定的环境政策而开发本国资源的主权。1974 年又通过《建立新的国际经济秩序宣言》重申观点：各国对本国的一切自然资源和经济活动拥有充分的永久主权。同年发布的《各国经济权利和义务宪章》对之前国际法律文本的主权原则进行了较为完整的归纳和强调，其指出：各国家对自身拥有的全部财富、自然资源以及从事的经济活动，一并都享有并且能够自由行使完整的、永久的主权，这主权中包括占有、使用、处置全部类型的权利。

二是核能和平利用原则。核能具有两用性的特点，既可以作军用来制造核武器，又可以作民用来发电。核武器用于战争给人类带来过巨大的灾难，国家与组织对核武器的追求又带给人类巨大的恐慌，人们认识到要实现国际社会和平与安全必须限制核能军用；然而，石油、煤炭资源的日益短缺，又使人们认识到要实现国际社会可持续发展必须促进核能的民用。因此，实现核能和平利用是贯穿核能利用国际法律始终的目标。

　　三是核能安全使用原则。核能和平利用的首要问题是安全问题，核能利用的安全性也是各国选择是否使用核能首要考虑的最重要的参数和影响因子。《核安全公约》序言中强调了确保核能利用安全、使其接受良好的监督管理与环境对于国际社会的重要意义。在执行该原则的过程中出现了以下从属性的原则，即预防性原则和保护性原则。预防性原则的提出，主要是考虑到核事故的巨大危害，国际核能安全法的基本目标就是要增强采用核技术时的谨慎性和预见力，实现误用的负面影响最小化。保护性原则是指核能安全法的基本意图是保证风险和收益的平衡，当风险可能大于收益时，要优先考虑保护公众健康和环境安全。[1]

　　四是核能安全责任与补偿原则。核设施脱离安全控制而发生核事故造成的损害具有危害性大、范围广、后果严重的特性，一旦损害发生，有义务承担赔偿责任的一方基本会面临破产的结局。此时，对于巨大的核损害责任及其不确定性的心理恐惧，严重阻碍了私营业主涉足核能行业的商业性运营。因此在强调提高核能安全性的同时，也从法律角度对核损害责任及补偿予以重视，形成了国际核能法重要的原则，主要是严格责任（绝对责任）原则和唯一责任的原则。

　　五是国际合作原则。地球的整体性和相互依存性，使得在保护和改善核能利用时必须实行全球合作。《乏燃料和放射性废物安全管理联合公约》指出：确认通过双边和多边机制以及鼓励性公约在加强乏燃料和放射性废料管理安全方面，进行国际合作的重要性。

　　除上述原则以外，国际原子能机构在其出版物《核法律手册》（2003 年版）中，针对成员国国内原子能法的具体内容，建设性地提出了十一条基本原则以供各国立法时参考，分别是安全原则、安保原则、责任原则、许可原则、连续控制原则、赔偿原则、可持续发展原则、

1　Carlton Stoiber，Alec Baer，Norbert Pelzer，Wolfram Tonhauser. Handbook on Nuclear Law [M]. Vienna：IAEA，2003：7.

符合原则、独立性原则、透明性原则、国际合作原则。[1]这虽然与国内核能安全法律制度的侧重点不完全一致，但仍具有重要的参考价值，特别是安全原则、责任原则、可持续发展原则、连续控制原则等。《核法律手册》提及的"安全原则"，强调的是将安全列为核能开发利用的最必要条件和最首要前提。出于对核能高风险这一特殊属性的考量，核安全法律制度的首先目标必定是要通过谨慎开展核能利用活动，极力避免核技术应用可能带来的巨大损害，消减核事故可能产生的负面影响。但凡预测与核能有关的潜在风险可能大于预期收益时，公众健康安全和自然环境安全都必须被放在第一位加以考虑周全。假设无法谋求风险和收益的两相平衡，则依据核安全法律制度理当放弃收益而首先采取利于安全的行为。《核安全手册》对于"责任原则"的解读则是考虑到核能利用过程中数量众多的参与者，此类参与者是否应当承担安全责任的判定标准是，要看参与者对于活动进程和决策是否具有控制权和决定权，即认可权责相当的原则。

（二）核能安全法律制度中的特定解读

核能安全法律作为下位法，必然要严格遵循上位法所指向的基本原则，但核能领域独特的性质又决定了核能安全法律主要原则有其自身的侧重点和内涵，本书认为，安全原则、可持续发展原则、信息公开原则、公众参与原则、决策问责原则是与核能安全法律制度紧密契合的五个重要原则，应当成为构建我国核能安全法律制度应遵循的主要原则，五者作为一种保障核能利用安全的理念和思想，应当贯穿核能事业发展的始终，应当体现在核能利用的全过程之中。下面将围绕这五个原则进行分析，并对我国现行的《核安全法》提出个人的看法和完善意见。

1　Carlton Stoiber, Alec Baer, Norbert Pelzer, Wolfram Tonhauser. Handbook on Nuclear Law [M]. Vienna: IAEA, 2003: 5.

1. 安全原则

相比于其他能源领域所记载的安全事故数量，核能利用历史上已发生的安全事故数量少之又少，从这个角度看，核能工业在安全业绩方面似乎存有良好的优势。正如前文所分析的，核事故在数量上虽然几乎可以忽视，但一旦发生其带来的损失则是"不可接受"的，切尔诺贝利核事故和福岛核事故所带来的危害正是有力的佐证。核事故的后果往往是毁灭性的、不可恢复性的，因而也就表现为公众的不可接受性，具体到事故可能带来的人身、财产和自然环境的破坏，核能行业理所当然地被归入高度危险的行业，正如我国《民法典》第七编侵权责任第八章"高度危险责任"中，专门将民用核设施与民用航空器都列为高度危险设施。因此，为了有效地规范高危行业，保护高度危险设施，最直接的途径就是防范和避免核事故的发生，确保核设施安全、核活动安全，这也就决定了安全原则应该当之无愧地被列为核能安全法律制度中的首要原则，是讨论问题的前提和起点。将安全原则确定为核能利用过程中至高无上的原则，是要贯穿于一切核能利用活动中的，正因为如此，才建议将"安全"二字凸显出来，着眼于建立核能安全法律制度。

2. 可持续发展原则

一是，可持续发展是通行世界发展，特别是环境资源法领域的基本法则。最早提出可持续发展（Sustainable development）这个理念的文字场合，是在《世界自然保护大纲》这个文件之中，该大纲于 1980 年由世界野生动物基金会、世界自然保护联盟共同联合联合国环境规划署发表，文件明确采用了"可持续发展"的说法，具体说法是"为了持续的发展，必然要考虑到的因素有社会的、生态学的、经济的以及自然资源利用过程中远期和近期利弊之间的抉择"。[1] 随后对于"可持续发展"比较系统的阐释解说，则可见于 1987 年《我们共同的未来》

1　国务院环境保护领导小组办公室.《世界自然保护大纲》概要［J］.自然资源研究，1980（2）：67-69.

这一报告之中，世界环境与发展委员会发表的这一报告中正式提出了"可持续发展"的概念，至此之后它开始在全球范围众多领域产生了深远影响。至于如何定义"可持续发展"，则因为基于不同的领域和语境有众多说法，但都脱离不了其根本性定义，正如《我们共同的未来》所列明的："能满足当代人的需要，又不对后代人满足其需要的能力构成危害的发展。它包括两个重要概念：需要的概念，尤其是世界各国人们的基本需要，应将此放在特别优先的地位来考虑；限制的概念，技术状况和社会组织对环境满足眼前和将来需要的能力施加的限制。"[1]

提出伊始，这一先进的可持续发展理念就在环境保护领域备受推崇，促使《里约环境与发展宣言》《21世纪议程》等相关文件，在联合国"1992年环境与发展大会"中同期通过，这些文件的核心都是围绕可持续发展展开的。随之而来的态势是可持续发展理念的广泛传播和发扬，其提法和理念广泛见诸各领域之中，例如社会可持续发展、人类族群的可持续发展、经济可持续发展、生态环境的可持续发展等提法屡见不鲜。"可持续发展"理念之中蕴含着三个原则。其一谓公平性，此处公平性原则中的"公平"二字，不限于关注本代人之间，更要涵盖人类代际之间的公平，持续关注到整体人类的资源分配与利用的公平。其二谓持续性，此处持续性原则基于一个观点，即资源和环境的承载能力是有限的，人类社会和经济的发展都应当以其承载能力为限，不可逾越资源和环境的承载红线，简而言之就是要求将制约的因素考虑在发展过程之中，才能真正有机结合人类的当前利益和长远利益。其三谓共同性，此处共同性原则是立足于国家与国家之间可持续发展的模式的差异性，但面对的公平性和持续性又是共通一致的，可持续发展正是超越了文化与历史的障碍来看待全球问题的，有机地结合考量人类的局部利益和整体利益。面对全球范围存续的环境污染

1　世界环境与发展委员会.我们共同的未来［M］.王之佳，柯金良，等译.长春：吉林人民出版社，1989：3.

和生态破坏，人类对工业文明进程进行反思而诞生了"可持续发展"这一有益的结果，只有理性地做出可持续发展的道路抉择，才能有效地解决和克服人类社会层出不穷的一系列环境、经济和社会关系失衡的焦点问题。

二是，可持续发展是引导核能安全的首要理念。安全运行和可持续发展之间相互仰仗，安全运行是实现可持续发展的基础条件，而可持续发展又是引导安全运行的灵魂。清洁能源是核电的优势所在，正是这一清洁特性决定了核电具有重要的战略意义和不可替代性，核电的利用已经并将继续在能源安全保障、环境污染削减、气候变化应对、经济能源可持续发展等方面发挥关键的作用。安全与可持续发展互为依存的关系在核能领域也是非常清晰的，核能安全是保障核能产业可持续发展的底线，与此同时，核能的可持续发展也是保障国家能源安全的一种重要手段。面对核事故和核危机，不能因噎废食，核能安全风险要重视而不可忽视，但这种重视也要理性而不能盲目，已发生的核事故教训必须要总结吸取，督促职权部门和责任人群积极采取可行措施，着眼于核能安全性和可靠性的增强，着力于推动核能安全可持续发展。

2012 年首尔核安全峰会上，时任国家主席胡锦涛在大会上表示，在核能利用领域，核安全是首位的，只有确保了核安全，才可能有效地保障核能可持续发展，此乃非常辩证的核安全理念。2013 年 9 月，上一年度的国家核电可持续发展报告如期公开，这已经是国家核电技术公司连续三年向社会发布报告，该尽职报告中一一回应了国家最初赋予核电发展的历史任务，系统总结了三代核电自主化的发展进程，强调了核电各利益相关方的责任和义务，将核电的可持续发展与企业、社会、自然环境的可持续发展密切相连，分列了包含安全管理强化、依法经营、风险管控、绿色生产在内的 12 个章节的详细叙述，展示了 35 个关键绩效指标的三年数据，回应了社会公众对核电安全的深度关切，突出了为我国核电安全高效发展提供支撑的主题，从各层面、各环节全程把控核电安全和质量保障问题，始终把安全视为核能发展的第一道生命线。

三是，发展后端技术是核能可持续发展的强大支撑。国际原子能机构以目前已有的所有在建和开发中的核电项目为基数进行预估，保守估计，2030 年全球核电产能总数增长率将达到 25%；乐观估计的话，核电产能会是现在的三倍。如此巨量的核电产能增幅，积极方面是将给各国发展提供更多的清洁能源，但各国也不得不面对乏燃料库存量急剧增加的问题。阿海珐集团也给出过类似的预测报告，认为全球乏燃料库存量到 2030 年时将会达到 2011 年数量的 2 倍，亚洲地区将对这一增长做出主要贡献。与日俱增的乏燃料数量不可避免地为防核扩散、保障核安全、保护环境等任务增加了无限压力，这也迫切督促各国加速探究妥善处置乏燃料的最佳方案。涉核国家目前通常采用的乏燃料处理方法有两种：一种为"一次通过式"，即将乏燃料冷却包装后直接在深地质层掩埋，而进行长期贮存，美国是这种方式的惯常采用国代表；第二种方式称为"再循环式"，就是对乏燃料进行分离并回收利用，这样做可以有效回收利用其中 96% 的有用核燃料，然后对无法再利用的部分进行固化处理，其后才安排深地质层处置或进行分离嬗变的环节，法国是采用此类方式国家的代表，这也是中国等多数涉核国家选择的处理方式。由此看来，核燃料整体循环周期中，其贮存、运输、后处理、分离钚的应用、高放废物处置等重要环节都涉及后端技术。如果后端技术能够使核废料不再被称为核能行业的麻烦和包袱，燃料循环能够得到进一步优化，以确保核能的可持续增长，其必将成为真正意义上的清洁能源。核电行业的专业人士推断，乏燃料循环技术的推进将是未来核能可持续发展的关键。我国核电机组投入运行的数量增长态势意味着我国产生的乏燃料数量的增长趋势，不言而喻，我国也面临着越来越大的乏燃料贮存与运输的压力。

　　可持续发展原则作为统领性的基本原则，应当在《核安全法》总则中明确提出，并成为指导核安全工作和《核安全法》运行的宏观理念。在《核安全法》还处于草案征求意见稿状态时，通篇没有提及"可持续发展"，笔者认为甚为不妥。笔者曾行文建议对草案总则第一条进行增补，表述为："为了安全利用核能，保证核设施、核材料安全，预防与应对核事故，保护从业人员和公众的安全与健康，促进核能工业可持续发展，保护环境，制定本法。"其次，建议对第四条"从事核事业应当遵循确保安全的方针"进行调整，表述为："核安全工作应当坚持安全第一、预防为主、责任明确、严格管理、纵深防御、独立监管、全面保障、持续发展的原则。"最终颁布的《核安全法》文本中已有所考虑，第一章总则中第一条表述为："为了保障核安全，预防与应对核事故，安全利用核能，保护公众和从业人员的安全与健康，保护生态环境，促进经济社会可持续发展，制定本法。"但遗憾的是，在第四条阐述核安全工作需要遵循的原则时，并没有强调可持续发展的理念。

　　3. 信息公开原则

　　第一，化解"核恐惧"对信息公开的强烈需求。伴随着核能发展的进程，由核或核事故引发的各类恐慌比比皆是。忧思科学家联盟[1]成员大卫·洛克博姆曾是一名核电厂工程师，他把公众对核辐射的莫名恐惧比作遭鲨鱼袭击：危险和死亡率都是非常小的，但对其的关注和恐惧是非常高的。这虽然是一种不理智的恐惧，但通过教育和学习也不能消除。譬如，有史料记载的严重核燃料泄漏事件在美国共有 6 次，其中最为严重的一次是发生在 1979 年的三里岛核电站事故。就人类历史而言，那是经历的第一起核反应堆炉心熔毁事故，即使没有发生人员伤亡，也给美国人民带来莫名的深度恐慌，严重打击了民众

1　忧思科学家联盟（The Union of Concerned Scientists，UCS）是非营利性非政府组织，成立于 1969 年。该组织最初的创建者是美国麻省理工学院的教授们，主要目的是通过发布报告向社会民众提出忠告，避免科学技术遭到滥用。目前其成员包括全球 10 万余名科学家，该组织经常对美国政府的政策提出批评，并曝光一些鲜为人知的内幕。

对核电发展的信心，激起了普通人群对核泄漏和核辐射的强烈担忧。自此，核电产业和核能发展在美国社会成为饱受批评和攻击的话题，最终导致美国在此后的 30 多年间都无法开建新的核电站，使全美核能产业止步不前乃至被巨大阴影所笼罩。又如，在日本福岛核事故发生后，对于核污染的恐慌情绪也影响着中国民众，人们朴素地采取了一系列较为莫名的辐射防护措施，比如出门戴口罩、紧闭家门窗户、超市抢盐等，造成了不小范围和程度的社会混乱。核问题、核恐惧被莫名放大，甚至能够快速演变为社会公众事件，这说明现代各国公众所关注在意的重点逐步和那些与生活生存最密切的事件相关联，人们通过传播此类事件信息，探讨查究事件背后隐含的关系和架构，也借此表达对民生现状的看法和情绪，从而成为民众参与治理核能相关问题最为快捷方便的一种渠道。一方面看来，广为传播的信息直接或者间接影响着政府机构和普通民众，这只无形的手推动着政府机构做出相对理性的选择，最终达到治理的目标；但从另一方面看来，网络时代的信息呈现出爆炸式增长和弥漫式扩散的特点，导致信息接受者面对海量数据的选择性恐慌，会直接触发对治理行为的无所适从，甚至会怀疑猜忌治理的方法、过程和效果。前文提到的一些现实事件很清晰地展示了核能相关信息在产生、传递和运用时存在不充分、不对称、不正确的情况，亦即出现了信息失灵的问题。真相是达成共识的基础，共识是产生治理成效的前提条件，而真相正是由真实有效的、充分丰富的正常流动传播的信息所构成的。可见信息对于环境治理尤其是核问题的处理，对于核能安全健康的发展而言重之又重，本书认为应将对信息的态度和理念引入核能安全法律制度中，进行重点考虑，也就是要将信息公开原则作为核能安全法律的主要原则。这里所言的信息公开为广义的公开，蕴含着信息的收集获取、流动传播、甄别等内涵，实质上就是信息工具在核能安全法律制度中的应用。

第二，信息工具在应对"核危机"中的具体应用。有学者这样定义"环境信息工具"：指实施环境治理的主体采用各类环境信息，将其自身置于社会网络或信息联接互通的中心节点，从而引导信息对象（Target Audience）的行为举止符合要求。[1] 与传统的单中心、全封闭的环境治理主体不同的是，现代环境治理呈现出多中心化，自上而下、单向度、强制性的传统管理模式，正逐步向多元化的、相互性的模式转变，这种模式表现为合作、协商、伙伴关系形态。公众能够相当便捷地获取信息，而且其知识水平得到了普遍性的提升，逐渐不甘心处于被政府呼来喝去仅是被动接受指令的地位，甚至有想法也有能力要与政府之间进行公开交流辩论，声明并强调自身的观点。[2] 可见，信息工具的重点在于"交流"和"引导"，很多情况下，采用信息工具并不是直接实现改变目标群体行为的目的，而是要影响目标群体对问题的看法和理解，最终实现转变其价值理念的目标，更高层次的希望是能将法律政策背后的价值理念内化，从而可以较为容易地采取其他治理工具来具体操作，以达到改变行为的目的。[3] "重视对话和沟通，强调达成共识和一致认同，才能最大限度地基于合意进行公共决策"[4]，从而才能切实实现公共决策的贯彻执行。

以功能为标准，信息工具可以细分为信息收集工具、识别工具、流动工具和补强工具。[5] 概要说来，信息收集就是通过公权力采取的强制机制促使信息从优势一方向劣势一方流动传播；信息流动是指通过一定机制使信息公开并得以传播流动；信息识别就是甄别信息并符号化呈现；信息补强则是为了解决信息失灵而专门设置机构收集信息或督促信息公开。信息工具的运用有以下重点。首先要解决的就是信息绝对公开的问题，也就是说收集到的真实信息是否应当毫无保留地

1　王清军.环境治理中的信息工具［J］.法治研究，2013（12）：107-116.
2　吕艳滨.信息法治：政府治理新视角［M］.北京：社会科学文献出版社，2009：21.
3　B.盖伊・彼得斯，弗兰丝・K.M.冯尼斯潘.公共政策工具：对公共管理工具的评价［M］.顾建光，译.北京：中国人民大学出版社，2007：18.
4　罗豪才，宋功德.认真对待软法：公域软法的一般理论及其中国实践［J］.中国法学，2006（2）：3-24.
5　邢会强.信息不对称的法律规制：民商法与经济法的视角［J］.法制与社会发展，2013（2）：112-119.

提供给目标群体。针对此疑惑，美国的最高法院曾试图做出裁定，其依据是《美国国家环境政策法》，裁定认为：若某机构建议的方案主要会对环境产生影响时，将被强制进行最差情形分析，即特别要求政府和私人机构穷究并公开建设项目出现的最差情形。此一裁定的核心理念后来被信息法规变更为"仅要求对建设项目可合理预见的负面影响予以收集和公开"，明显降低了"真实提供"的档次。其次，要解决信息如何到达这些目标群体的问题。要考虑将收集到的规范性信号加以编辑、塑造和转化，使之能够进入目标群众的理解范围，并与他们的日常生活和切身利益发生实质性关联。

具体到应对"核危机"、确保核能安全发展而言，一是通过信息收集工具，有助于行政机关要求核能利用方尽可能全面地提供建设生产经营等活动相关的特定信息，汇聚形成核能安全信息库，以便开展科学决策，防范核事故危害和风险，具有较好的预防效果。实际中要防范行政机关因缺乏信息分析能力或限于时间等因素而将信息收集到的海量束之高阁，切断信息后续走向和作用发挥，流于形式。二是通过信息流动工具，使收集到的核能安全信息库的内容得以公开并流动。首先，其中的公开必然是有条件地合理公开。其次，公开的信息并不一定会自行产生传播和流动，想要实现信息不但公开，而且会交流传播，这需要采用特定的机制来加以保障。通过各种媒体，得以公开并高效流动的与核能相关的信息和理念，可以跨越时间和空间的限制，在发出者和接受者之间多次互动，帮助社会民众迅速了解及甄别事实真相，谣言将难以滋生，无端的核恐惧将会逐步消散，最终就核能安全利用达成思想的默契和行动的一致。三是通过信息识别工具，经由国家核安全局、环保部核安全监管司、国家能源局核电司等官方认证机构实现导向性推荐和信息认证，如发布安全运行情况报告、公布放射性物质检测数据、设置放射性标示标牌等，这些经过简化的承载并传递信息的符号，有效地帮助信息受众们克服选择障碍和焦虑，信息不对称、不充分、不真实所带来的问题也能同时得到缓解。四是通过信息补强工具，采用公益性信息化救济，一般常用的是司法模式、监察专员模式、信息自由专员模式、信息自由顾问或委员会模式等，有效地改变民众由于在核能领域信息能力的明显低下从而处于的信息弱势地位，进而阻断信息成为"一小部分人的私人拥有"，这一小部分人又主要以知识分子、政府人员和大工业家为代表。

　　第三，核能安全法律中信息公开原则可行性的制度表现。首先，从环境资源保护法的层面来看，作为近代兴起而发展的法律制度，信息公开原则在其中体现的程度较为充分，同时也较为完整。例如，信息收集类的具体制度体现有：环境影响评价制度、"三同时"制度、环境统计制度和环境检测制度等；信息流动类的具体制度表现有：环境信息公开和披露制度、环境事件应急通报制度以及环境行政处罚公示制度等；信息识别类的具体制度有：环境标志、清洁生产标示、节能减排标示、环保黑名单等制度；信息补强类的具体制度则主要包括环境信息专员和环境公益诉讼等制度。德国政府专门颁布了《环境信息法》，通过立法条文强调：人人有权从主管部门或其他法人处获取环境相关信息。主管部门可以依申请而发布信息，允许查阅保护环境的档案，开通多种环境信息获取渠道。其次，将视线范围缩小到核能安全法律领域，现有法律法规，其中对信息公开原则有所落实的制度主要体现在可行性研究阶段，即核电站厂址选址和选址阶段的环评工作中，以核电新项目立项为例，要编制《核电厂厂址安全评价报告》《选址阶段环境影响报告书》，即业界所称的"两评"报告。

　　《核电厂厂址安全评价报告》编写的依据是《核动力厂厂址评价安全规定》（HAF101，国家核安全局制定）、《核电厂工程建设项目初步可行性研究与可行性研究内容深度规定》（前国家电力工业部颁发）和《核电厂厂址选择基本程序》（原国防科学技术工业委员会，现国防科学技术工业局发布）等相关法规、标准和导则。依据国际原子能机构发布的安全标准《核电厂安全分析报告的格式和内容》的规定，安全报告主要应涵盖 15 个方面的内容，即总体考虑、核电厂总体描述、安全管理、厂址评价、总体设计、核电厂系统的设计描述和符合性、安全分析和调试、运行及限值和条件、辐射防护、环境、应急准备、放射性废物管理、退役和寿期终止等，其下又分为 90 余个小项逐一阐述。除此之外，通观查视《环境保护法》、《环境影响评价法》、《放射性污染防治法》、《建设项目环境保护管理条例》（2017年 10 月修订，国务院令第 682 号）、《放射环境管理办法》（国家环保局令第 3 号）、《建设项目环境保护分类管理名录》、《建设项目环境影响评价文件分级审批规定》等法律法规，在核能利用过程中，环境影响评价必须是前置程序。其中，根据《放射性污染防治法》的规定以及《建设项目环境保护分类管理名录》的要求，与核设施、核技术利用、铀（钍）矿、伴生矿相关的项目都应当编写环境影响报告书及文件。依据《放射性污染防治法》第十八条和第二十条规定，编制环境影响报告书报国务院环境保护行政主管部门审查批准，被列为办理核设施选址审批手续、申请领取核设施建造及运行许可证和办理退役审批手续的前置必要手续。实际翻看现实中公布出来的《选址阶段环境影响报告书》，其报告内容一般包括以下 6 个方面，即建设项目概况、项目周边环境现状、项目环境影响预测及拟采取的主要措施和效果、公众参与、环境影响评级结论以及联系方式。以上报告需要分别上报国家核安全局和生态环境部，并获取审批意见，完成信息收集阶段的工作。而且，从以上报告的内容编制来看，信息的收集工作可谓非常细致，很好地实现了信息收集工具的职能，利用核能项目开发者的优势尽可能全面地将与建设生产经营等活动相关的特定信息进行汇聚，形成核能安全信息库。

原有的《环境影响评价法》《规划环境影响评价条例》中都未涉及各类环评报告的公开问题，可见在信息收集环节之后的信息流动出现了阻碍。直到 2013 年 11 月，《建设项目环境影响评价政府信息公开指南》公开试行，国家环保部办公厅希望借由该指南的实施，实现进一步加大环境影响信息公开力度、推进环评公众参与、维护公众环境权益的作用。这一行政规章的颁布虽然仅是试行状态，但弥补了环境信息公开这一重要缺项，规划环境影响信息终于可以由收集环节进一步向流动环节推进。根据《建设项目环境影响评价政府信息公开指南》的要求，环境保护主管部门应当公开信息的范围是指其在履行环境影响评价文件审批、建设项目竣工、环境保护验收和建设项目环境影响评价资质管理等过程中，利用职权或实际获取或制作形成的，并采取一定的形式记录保存下来的信息，都应当采用透明公开的形式供公民、法人和其他组织便捷获得。现行的主动公开方式主要有三类，分别是通过本部门政府网站、行政服务大厅或服务窗口、电视广播报刊等传播媒介。对于项目实施方而言，囊括其各项重要信息的《环境影响报告书》（或《环境影响报告表》），在去除涉及国家秘密和商业秘密等内容后，需向环保主管部门提交前，就应先将报告全本向社会公开，纠正了实际操作中仅公布简本或摘要的现象，有效实现了信息公开的完整性和全面性。报告提交受理后，环保主管部门还将对说明报告进行审核，并依法公开全本信息。报告全本的二次公开环节保障了信息的有效性和合理性流动。对于政府部门而言，需要公开项目受理情况、拟作出批准或者不予批准的审批意见、审批决定等内容，贯穿建设项目环境影响评价审批建设、竣工验收、资质管理的全过程，全程公开接受民众监督。

　　具体到核能安全法律领域的信息公开规定则未有成果，但事实说明，无论是核能利用规划阶段、核电站建设或者拆除阶段，甚至是突发事故应急阶段，信息对于政府、民众而言都是极其重要的，必须以法律规则的形式固定下来，形成惯性运行并受监督执行的运转程序。通过以上的分析可知，核能信息公开的理念和具体规定零星可在现有的安全规则、导则、手册中见到，但信息公开是应当贯穿核能安全利用始终的原则，《核安全法》在草案阶段就专门设立"信息公开和公众参与"为第四章，后在正式颁布的《核安全法》中调整为第五章，一改以往散落在各环节或规程中提及的模式，进行集中阐述，这值得肯定，但仍有些许不足。第一，在本章开端并没有总述条款，建议增设一条概述性条款，确立信息公开原则后再分述各方职责和具体要求，并明确信息公开与公众参与之间的关系。建议具体表述为："国家建立核安全信息公开制度，保障公民、法人和其他组织依法获取核安全相关信息，提高核安全工作透明度。核安全信息公开工作要遵循公正、及时、准确、便民、适度的原则。信息公开是有效的公众参与的重要前提条件和首要途径与方式。"第二，信息公开相关的制度仍旧零星散落在其他章节，例如第二章"核设施安全"第三十五条，提出要建立核设施营运单位核安全报告制度、建立核安全经验反馈体系；第四章"核事故应急"的第六十条又提及了核事故应急信息的发布公开事项。建议都归总在第四章进行详细阐述，具体表述时可以将核安全信息进行分类，大致可以分为日常信息和应急信息，分别进行规范。第三，在规范各级组织和部门职责时，层级表述有些混乱，需要加以调整，如《核安全法》第五章第六十三条，依次提及的是国务院有关部门及核设施所在地省级人民政府、国务院核安全监督管理部门、国务院，并没有进行规律性逐级表述，且不全面。建议表述为国务院、国务院有关部门、各级地方政府、核设施营运单位、核材料管理单位等，其中国务院有关部门中应包括核能行业主管部门、核安全监督管理部门等。此外，还应当充分考虑到核安全信息的敏感性和重要性，其公开依照国家有关规定需要审批的，未经批准不得发布，这种情况下核安全信息公开的审批责任部门也应当在此明确。

4. 公众参与原则

依照现代的观念，公共行政所期待的"善治"状态强调的是行政过程的多方参与性，技术风险规制领域尤其明显，此处强调公众参与所体现的决策民主性，独立于科学决策之外不可或缺。有别于第二次世界大战期间的军事特性，现代核能民用的高度敏感性和保密性在一定程度上有所下降，这也决定了其引入公众参与的可行性。

第一，公众参与原则有着重要的现实意义。伴随着国民经济的持续发展，社会分工具有深层次、多样性，消极保障公民权利不被侵害仅仅是初级的国家行政任务，国家任务已无法止步于此，民众对其已有的更多更高层次的期待，寄希望于现代国家能够主动行使公权力，积极贴合民众需求，防范各类损害风险，科学有效地配给有限的生存资源，提供合理、公平的生存环境。然而，完善公众参与之于行政规划等国家公权力行为而言具有重要意义。行政规划"不是将抽象的法律规范简单涵摄到具体的要件事实之中，而是开展利益权衡、信息处理、方向确定、手段选择的复杂综合过程"[1]。所以一旦行政规划者被赋予极大的自由裁量权，一定会逐步不自觉地脱离"规范性"的界限管制。因此，脱离了民众参与的行政规划，或者民众参与程度不充分的行政规划，乃至民众参与的方法不恰当等状态下催生的行政规划，毫无疑问只可能会遭到民众的极力反对和抵制。

正如前文提到的中国核工业集团公司在江门鹤山拟建核燃料加工厂，却被当地群众聚众示威阻挠而停止的事件，为何这样一个在业内看来安全系数相对颇高的核电项目却不能被当地民众接纳？可见，即便确保了充分的专业判定，民众也不一定认可。究其原因，可能正如《人民日报》名为《用什么终结"一闹就停"困局》的文章在评论 PX 二甲苯化工项目在公众面前受挫而被抗拒时所点明的，"无论经济投资多大、技术工艺多先进，一旦涉及广大民众利益的公共性问题时，如果仅仅是以通知、通告、告知等被动形式单向度传递信息，这种简单粗暴的方式怎会在信息时代、权利时代赢得公众的支持？广大民众激愤情绪表达的背后实际上是被忽略而未被重视的权利，以及未被满足的真实诉求，是没有被倾听、被关注的情绪和声音"。[1] 类似这样"一闹就停"的困局在现今中国并不少见，但也是因公众参与实质上被扭曲而不可避免产生的怪现象，公众在很大程度上已经习惯了以"闹"来实现参与、表达意见。除此之外，似乎没有更好的办法和更便捷的渠道了。

各大核工业强国早有在核能发展中实施公众参与的先例，如美国要求在核电站被允许运转以前，市民可在电力公司的执照审查听证会上对核电站的安全提出问题，这包括焊接不良，疏散步骤的足够与否，低度放射的健康影响等，这些过程使得核电站建造计划延迟长达一年。在波士顿曾有一个抗议者运用法律程序使皮尔昆核电站关闭了5个月，也使用电户在燃料费用上多花了4500万美元。一个普遍的原则是，在建造厂地每延迟一年就会使反应堆的成本增加约1亿美元。即便如此费钱费时，公众参与原则仍得到了执行与推广。因此，我国核能要走出这一困局，必须要以正确完善的公众参与行政规划的制度加以引导和规范，真正意义上实现积极有效的公众参与。

显而易见的是完善有效的公众参与具有重大的现实意义。一是，有利于消除化解民众的偏激和片面思维，使公众相信行政者没有滥用手中的权力，将规划过程透明地呈现在民众面前，允许民众便利地亲身经历其中，确保"每个公民的权利都有顺畅制约权力的渠道，进而产生制度性的规范力量，进而诞生私权利信赖公权力的有效机制"，也就是以尊重和透明换取谅解接纳。[2] 二是，有助于对政府失灵的矫正，可以透过监督行政者来保障民众个人主体的权利，防止公共政策的制定和实施偏离社会公共利益，阻止公权力行使过程中不经意的失控。三是，有利于矫正市场失灵，公众参与可以弥补市场导向体制中个体

1　金苍.用什么终结"一闹就停"困局［N］.人民日报，2013-05-08（5）.
2　葛先园.主体间型立法的概念及其意义［J］.法律科学（西北政法大学学报），2011，29（4）：52-59.

实力的差异，改变弱势群体的被动和不利地位，让公众在面对经济实力庞大的企业对手时，也有自由表达利益诉求的权利。四是，有利于提高行政行为的科学性，以广大民众的智慧去防止或弥补专业判定的可能疏漏之处，解决政府无法掌握全部信息的窘境，帮助塑造全知全能政府。"权力是否专横绝对，并不取决于由谁掌握权力或者是掌握权力人数的多少，而取决于运用权力的方式，即是否是负责任的、受限制的权力。"[1]回归到生态文明视野之下的环境保护之中，就是要促进社会公众广泛参与到生态环境保护、自然资源合理开发利用、环境管理以及对环境管理权力部门和人员的监督之中，将解决生态问题的决策过程展现在公众眼前，使之可以有权参与、便于参与、乐于参与。具体到核能安全利用过程而言，公众参与就尤为重要，特别是在核设施的建造和运行阶段，对于周边环境存在着无法规避的关联性，行为与环境之间相互影响、相互制约的程度甚高，因此公众需要了解周围设施对核设施产生的影响，也需要了解核设施本身将会对周围设施和环境的影响，此乃基本需求。更重要的是避免公众因对核设施不满意的表达通过非正当渠道宣泄，而给政府造成的外部压力和复杂局面。

　　第二，公众参与原则的实施具有一定的法律和实践基础。我国公众参与环境资源保护有着重要的宪法基础，正如《中华人民共和国宪法》第一章第二条所言，"人民依照法律的规定，通过各种途径和形式，管理国家事务，管理经济和文化事业，管理社会事务"。国家通过宪法将此权利郑重赋予公民，从而成为公民参与环境资源保护的重要原则性法律依据和权利渊源。宪法之下的基本法律和一般法律中，公众参与原则也常有体现，正因为如此，环境资源保护法中就将公众参与原则列为重要的基本原则。环境资源保护法中的公众参与原则又称民主原则，其内涵就是将国家和社会的环境政策和环境法律放置在民主程序之中去产生和制定，公众参与环境管理的行为应当被允许、鼓励，

1　V.奥斯特罗姆，D.菲尼，H.皮希特.制度分析与发展的反思: 问题与抉择［M］.王诚，等，译.北京: 商务印书馆，1992: 211.

要赋予并保障公众参与环境管理的权利，公众有权对政府管理行为作出评价，有权对环境决策作出选择，这些都是公民民主权利在环境法中的具体表现。其几经修改，最终落实在 2015 年修订后实施的《中华人民共和国环境保护法》中，体现为法条的第五条内容："环境保护坚持保护优先、预防为主、综合治理、公众参与、损害担责的原则"，相比之前版本文本的第六条："一切单位和个人都有义务保护环境，并且有权检举、控告污染破坏环境的单位或个人"，现行法条对公众参与原则的规定更为明确，直接列明"公众参与"一词。

就实践基础而言，公众参与自身具有有效弥补市场调节和国家干预不足的效能。针对五花八门、此起彼伏的环境问题，市场调节和国家干预明显力不从心，执法环节弊端诸多，落后于科技进程，无法顺应发展及时作出有效应对，无法达到妥善解决环境难题的目的。从另一个角度看来，广大民众是环境危机的第一线直面者和最直接的承受者，息息相关的环境利益纽带决定了民众可以最早发现问题，最快采取措施控制环境利益的损失，避免环境污染的不利后果扩散。欧美国家的核能发展历史远远长于我国，它们在实战中积累了大量的经验和教训，无论正面的或反面的，都在某种程度上说明在国家核能产业的发展过程中，公众的参与程度直接有效地决定了公众对核能的接受程度。广泛而充分的公众参与，能够切实推动国家核能战略的民主科学决策，同时还能将核能监管和治理的重担进行分化，让公众与政府共同挑起扁担的两头，不但能够有效地分担责任，也使得这种责任承担模式更为稳定可靠。尤其在核事故应对中，政府的处置措施通过公众参与，更易被接受并有效执行，从而最大程度地控制事故的危害和影响。民众的基本知情权通过信息公开这一渠道得到有效满足之后，更为重要和迫切的是通过实质性的公众参与，落实公众对环境事务的表达权、参与权和监督权。因此，实现公众参与是确保核能安全发展的必由途径，完善公众参与制度也是我国构建核能安全制度的重要章节，突出表现在核设施规划建设的前期阶段，后文的制度构想中将具体探讨。

第三，公众参与原则实施在我国的现实困境。国外往往将公众参与原则通过具体制度涵盖在其行政程序法之中，如德国在《联邦行政程序法》第 72—78 条中详细列出了行程计划确定程序，为保障公众的实质参与，还规定了行政计划机关与听证机关分离制度，并且明确提出在听证及确定裁决过程中，只要认为自身利益将会受到行政计划的影响，都有权向听证机关提出异议。日本的《行政程序法》第 29—31 条则进一步赋予公民辨明机会，详细规定了赋予辨明机会的形式、通知辨明机会的方式、辨明机会的准用范围等。目前，我国并没有出台专门的行政程序法，因此公众参与原则的实施也就基本处于无法无据可依的阶段。可喜的是，近些年制定的部分单行法律中对公众参与行政规划的内容有所涉及。特别是在环境保护相关的法规中较为突出，以 2003 年生效的《中华人民共和国环境影响评价法》为例，该法第五条就提出了原则性的建议，国家对有关专业单位组织、专家学者和人民公众以合适恰当的方式参加环境影响评价这一事项是持支持和鼓励的态度的。第八条和第十一条则对工、农、畜、林、能源、水利、交通、城建、旅游、资源开发等专门领域负责专项规划编制的机关提出明确要求，当规划可能带来不良环境影响并直接涉及公众环境权益的，应当在报送审批之前，组织有效的论证会、民众听证会或通过其他可行的形式，及时向项目所涉及的单位、行业专家和周边民众通报情况，并征集各方对环境影响报告书草案的全面意见。《环境影响评价公众参与暂行办法》（2006 年生效）对公开环境信息的内容、范围和形式则进一步细化，提出了要采取利于民众知晓的方式，公开环境影响评价的相关信息，在提出这一征求公众意见的一般要求之外，还表示应当通过进行民意调查、专家咨询、座谈讨论、专业论证、公开听证等多种形式，全面征集社会各界的观点和看法。

但是，仔细分析现行的《环境影响评价公众参与暂行办法》，仍存在诸多不足：其一，对于公众参与程度和实质效果没有审核，仅限于有无此环节的书面审查。该暂行办法第六条第二款只说明，建设项目如果依照国家有关规定需要履行公众意见征求程序的，那么此项目提交出的环境影响评价报告书就必定要涵盖公众参与情况的章节，如果没有则不会被环境保护主管部门受理。这意味着仅对公众参与有着形式要求，并不关心实质内容。其二，只强调公开环境信息可通过发布信息公告、公开环境影响报告书简本等形式来实现，单向信息流动意味较重，公众实质参与程度不高。其三，公众参与所表达的意见对环评结果影响非常有限。根据该暂行办法第十七条的内容要求，项目建设单位或其委托的环境影响评估机构必须要认真考虑公众的意见，但也仅限于形式上的回应和记载，即要在报告书中对采纳与否进行理由说明以备查证。但是如果公众意见没有被正确对待，是否有机会得到二次确认呢？暂行办法第十八条的规定很"艺术"，这个决定权被赋予了负责审批或重新审核的环境保护行政主管部门，只有当它们认为必要时才会履行核实公众意见的程序。这也就意味着，民众或者其他组织是无法在行政公权力之外启动这一核实程序的。其四，忽视了法律责任的设置，无论是针对建设单位、专业机构还是政府部门，对违反公众参与环评的行为，都没有明确法律责任和处罚办法。

通观目前我国核能安全领域现有的专业性法律 1 部、行政法规 7部、部门规章 20 余部，而更多的是安全导则，有 80 多部，但这百余部法律法规规章均未仔细考量公众参与事宜。即便有丁点儿着墨于公众内容的篇幅，也仅限于对普通公众教育宣传或发生事故后向民众通报的部分内容。有如《放射性污染防治法》（2003 年颁布）的第五条第二款，条文内容主要着墨于各级地方政府开展放射性污染防治的宣传教育责任，要求政府做到宣传放射性污染防治的现实情况和科学知识，帮助公众了解放射性污染防治。在第三十三条中对公安部门、卫

生行政部门和环境保护行政主管部门的责任进行了规定，要求接到有
关放射源丢失被盗或者发生放射性污染事故的报告之后，责任部门要
及时报告本级地方人民政府，同时即刻采取有效措施防止放射性污染
蔓延，切实降低事故影响，根本减少事故损失；各级人民政府则要履
行向公众告知信息、开展事故调查、处理事故情况等职责。《核电厂
厂址选择安全规定》（HAF101—1991）中，从建设核电厂的前置阶
段出发，重点关注厂址选择的问题，探讨选择过程中应该遵循哪些核
安全方面的准则和程序，涵盖了运行状态下和事故状态下与厂址选择
有关的种种因素，以及可能影响安全的各类外部自然事件和人为事件，
可谓考虑得十分周到全面，可唯独没有提及公众参与在厂址选择中的
重要影响。2008年，国家核安全局办公室曾初步制定了《核电厂环境
影响评价公众参与实施办法（征求意见稿）》，在完成向中国核工业
集团公司、中国广东核电集团公司、中国电力投资集团公司等部门函
询征求意见的环节之后，原定于2009年上半年出台颁布，此后却杳
无音讯。可见我国相关部门已经意识到公众参与的重要性，正是基于
核电厂项目建设规模大、规划限制区域面积大的实际情况需要公众参
与，但相对而言，公众普遍具有的核电专业知识又相当局限，从而天
然导致了公众对核电项目的安全隐患问题存在种种质疑。以上核电产
业自身的特性以及其与民众之间千丝万缕的纠葛，更是决定了十分有
必要将公众参与环节纳入核电厂项目环评的必要环节，并就其具体规
定进行细化，严格规范核电环评中的公众参与行为。

5. 决策问责原则

核能利用向来利益与风险并存，若想在复杂的国内外政治环境中
迅速实现此目标发展任务，必须要集中力量加以应对。历史说明，权
力集中固然可以办成大事，但是物极必反，过于集中的权力就会成为
脱缰的野马，出现难以监督制约的问题，灰色地带、黑色地带就会显
现。古往今来，这个问题在中西方都是客观存在的，但西方民主政治

最先尝试对此问题进行规范，进而发展成为现代行政决策追究制度。这一制度的诞生密切贴合了民众们对国家机器履行政府责任的期待，一举俘获了民众的认同感和政治上的合法性。2002 年的 SARS 疫情突袭我国，该事件发展处理的始末成为我国行政决策责任追究制度发端的加速器，现实的需求倒逼着制度的萌芽，公民监督权与行政决策权之间开始呈现互动的格局，这一切以 2004 年我国颁布《全面推进依法行政实施纲要》为里程碑。通过考察我国其后的相关行政法规文本可见，"谁决策、谁负责"的原则开始处于统领之地位，社会实践逐步催熟问责环境和问责理念，决策问责和纠错制度逐步建立完善，责任追究力度一再提升，伴随而来的是政府执行力和公信力的大幅提高，至此，中国社会向行政决策责任追究制度化、法治化进程又迈进了一大步。目前我国制定颁布了以《突发公共卫生事件应急条例》《国务院工作规则》《中华人民共和国公务员法》《行政机关公务员处分条例》等六部法律法规，以及一系列党内法规和地方规定，三者统一组建了我国初期的行政决策责任追究的基础制度环境，互为补充，各有侧重[1]。

决策问责原则在以上法律文本中皆有体现，具体分析看来，首先在《中华人民共和国公务员法》（2005 年颁布）中对公务员队伍中的领导成员进行了约束，将原本写入党内条例的党政领导干部辞职的规定正式转化为国家法律，强调领导的政治责任并将其法定化，设立领导成员辞职制度，增设责令辞职和引咎辞职的规定，延展了领导成员的后续管理制度和方式，有效深化了责任政府的概念，确立了领导干部责任追究制度的法律依据。《关于加强市县政府依法行政的决定》（2008 年国务院发布）中，明确表示要建立行政决策责任追究制度，表示坚决纠正、惩戒越权违法的决策行为，强调权力界限和决策法定程序。《行政机关公务员处分条例》针对以下行为：应听证而没有听

---

1 王仰文.行政决策责任追究的制度观察［J］.法治研究，2013（12）：98-106.

证的，没有经过合法审查的或者虽经过审查但并不合法的、没有经过集体讨论就做出决策的，都要对直接责任人进行处分。

地方行政规章对决策问责原则体现得更为到位，贯彻得更为深入，如 2004 年重庆市发布的《政府部门行政首长问责暂行办法》规定，如果发生单位行政首长不履行或者没有正确履行职责、盲目决断，造成严重负面政治影响或巨大经济损失的情况时，必将追究行政首长的行政责任。同时还提出了七种具体的责任追究方式：取消本年度评优资格；诫勉谈话；书面通报批评；个人书面检讨；通过媒体公开道歉；停职反省；引咎辞职等。但我国至今尚未有一部全国性法律来规范行政决策或对其进行责任追究，依然处于"有问责之事，无问责之法"的状态。

无论是全国性的法治进程，还是地方性行政规章的发展，抑或是现实发生的社会事件，都可以发现决策责任追究的制度和实践都有了长足的进步，是一种上升的积极态势。具体分析，一是追究方式发生了变化，先前存在的自上而下的运动式追究逐渐消失，从权利追究过渡到制度追究，依仗法律程序的强制性规定，极大地降低了任意性、盲目性和不均衡性，从而维护了一种稳定的价值导向，构建了良好的社会秩序。二是追究范围发生了变化，不仅仅关注错误行政行为，也关注行政不作为。这种可以被问责的"无为"包含很多种情况，如不履行和不妥当地履行职责导致决策延误或拖延决策的，甚至因为主观原因、个人能力导致低效率、低质量决策等。三是追究主体发生了变化，从政府系统内部的同体追责扩大到体系外的异体追责。同体追责虽然更为便捷、迅速、有针对性，但也天然存在自我偏袒包庇的倾向，现实存在大事化小、小事化了的现象，其客观性和公正性饱受争议。而体系外的异体追责则可以有效监督行政系统内的权力滥用，拓宽民众维护自身利益的渠道。四是追究态度发生了变化，从消极追究走向积极追究。由于缺乏系统规范的追责操作机制，启动追责前会揣测追责的社会影响力、追责后果、民众关注度等事外因素，被动地等待上位发端的追责启动，是一种选择性的、偶发性的消极行为。只有从外力影响式转变为自发启动式，责任追究的经常性和持续性才能得到有效保证。

体现在核能利用发展领域，可能会不同程度地存在行政审批决策机制的高度集权化、程序任意化、权钱交易化等问题，本书认为须将行政决策责任追究放在原则的高度去贯彻，赋予各方主体在维护核能安全责任的同时，通过制度有效地限制规范权力集中拥有者，有效完善权力的监督和制约，才能保障核能事业的安全发展。从来源依据上看，在核能安全法律制度中强调决策问责原则，也正是对环境资源法重要原则——"谁污染谁治理、谁利用谁补偿、谁主管谁负责"责任原则的积极贯彻和充分体现。如此强调行政决策者的责任，看似非难或是无理加重，但：其一正是考虑到核能安全领域一旦发生污染和破坏，单凭个人或建设单位一己之力根本无力承担或恢复；其二正是因为核能利用都为政府主导的大型国企所进行，本着"谁主管谁负责"的原则，理当突出行政决策者的责任；其三正是因为在核能利用的过程之中，在安全预防、安全应急等重要环节环保行政部门均发挥着决定性的作用，必须以决策问责作为"紧箍咒"，才能让决策者尽职尽责地引导核能利用向安全的方向发展。

《中华人民共和国核安全法》草案阶段的第六章，正式颁布文本的第七章即为法律责任部分，更多的笔墨关注在核设施营运单位和核材料持有单位的违规责任之上。就行政决策问责而言，针对国务院核安全监督管理部门、能源主管部门的追责力度则较轻，如草案阶段的第七十二条针对国务院核安全监督管理部门可能发生的违规行为，规定"对直接负责的主管人员和其他责任人员可予以警告；情节严重的，可予以行政记过处分"。《中华人民共和国核安全法》正式文本中则更改为"第七十五条　违反本法规定，有下列情形之一的，对直接负责的主管人员和其他直接责任人员依法给予处分"。在草案阶段用了"可"一词，强制性陡然下降，在正式颁布的法规中予以纠正，强调了法律责任的强制性。草案中的最高惩罚为"行政处分"，惩罚性荡然无存。正式文本中提出了"依法给予处分"的说法，依然处于较低的责任追究程度，没有摆脱"行政处分"这一行政制裁的形式，这仅是国家行政机关依照行政隶属关系给予有违法失职行为的国家机关公务人员的一种惩罚措施，包括警告、记过、记大过、降级、撤职、留用察看、开除。事关核安全的皆为重大事件，其中的失职违规行为恶意性和破坏性极大，在追究法律责任时必须予以对等甚至偏高的惩罚，必要时与刑罚相挂钩，才能发挥法律规范的威慑效力。增设的第九十一条解决了这个问题，将法律责任提高到了刑事责任的高度。此外，对核设施运营单位和核材料持有单位，违法追责也不应当停留在经济处罚层面，情节严重者也可以考虑撤销营运资格等行政处罚，甚至追究刑事责任。

四、我国核能安全法律制度的实现路径

（一）构建科学合理的核能安全法律体系

核能安全利用离不开高超的安全设计和建造、可靠的安全设备和人才群体、高质高效的全程管理、广为认可的安全文化，更大比重上要依靠完善的安全法规及安全监管。国际原子能机构在《核安全公约》的制定中早就特别强调，各成员国有义务采用立法、监管和行政措施确保本国核能安全的落实。除原则性的要求外，公约还详细规范了核能安全立法监管框架的组成部分：要根据国情制定安全法规；建立并实施核设施许可证管理制度；建立并执行核设施安全监管性检查和评价制度；通过中止、修改、吊销等行政措施强制查处违法行为。安全监管必须是贯穿核能利用全过程各环节的，无论是人、财、物，还是

设计、建造、运行、退役，都不可或缺，这是对各国构建本国核能安全法律体系的基本要求。据此，我国有必要完善目前仍由大量行政法规和部门规章勉强支撑的核能安全立法体系，改变其部分过时且无法适应新的核能开发利用要求的现状，打造一个适应时代发展的新的核能安全法律制度。

首先，要明晰核能安全法律体系在核能法律体系中的定位。根据近 30 年前学者的构想，核能法律体系是以《中华人民共和国原子能法（征求意见稿）》为基本法律依据的，辅助以放射性矿产资源勘察开采、核设施管理、核材料管理、民用核设施安全监督管理、核事故应急、核损害赔偿等几大条例类行政法规。[1] 为了顺应科学技术与工程发展与进步，立法要发挥后发优势，实现自身的升级[2]，所以有学者提出核能利用法律体系应以如下体系建构：《宪法》相关规定是立法依据，本领域基本法《核能法》是核心和基础，《中华人民共和国核安全法》和《核损害赔偿责任法》等单行法是重要内容，行政法规、规章制度、标准等是具体的落实和执行。[3] 由此可见，核能安全部分一直被视为核能法律体系的重要组成部分，需要从形式到内容很好地继承落实上位法律体系。

其次，要论证好《中华人民共和国核安全法》和《中华人民共和国原子能法（征求意见稿）》的关系。在国际法层面，无论"软法"还是"硬法"都没有提出强制要求，对于是单独制定一部核能安全法，还是将核能安全条款作为原子能法的某一章节，各国有比较大的自由裁量权。就各国立法实践来看，立法模式无外乎三种，或者是两法并行，或者是仅有两者之一，没有是非对错，仅仅是一种立法选择而已。其中虽采取两法并行的数量少，但代表了近代各国核立法的发展趋势，

1　耿志成.关于建立原子能法体系的初步探讨［J］.中国能源，1991（5）：20-23.
2　Helen Cook, George Borovas.The law of nuclear energy［M］.UK：Sweet & Maxwell, 2013：381.
3　马忠法，彭亚媛.中国核能利用立法问题及其完善［J］.复旦学报（社会科学版），2016，58（1）：149-160.

采取两法并行的国家主要有加拿大、韩国和澳大利亚。以加拿大为例，1946 年制定了《原子能控制法》（*Atomic Energy Control Act*），后于 1997 年将其中核安全相关部分抽离独立而成《核安全控制法》（*Nuclear Safety Control Act*），其余部分经修改更名组成新的《核能法》（*Nuclear Energy Act*）。韩国也经历了将《原子能法》拆分为《核能利用促进法》和《核安全法》的过程。

《原子能法》与《核安全法》相比较而言，前者调整对象的范围要比后者广，一般呈现出来的都是在原子能法中包含部分核安全法内容的"大原子能法"[1]立法趋势。但这种"大"再大也无法涵盖核安全法的全部细节和重要内容。综合看来，《原子能法》与《核安全法》并行存在是较为合理的立法模式，具体条款内容中二者可以有一定程度的交叉重叠，基本是前者负责原则性的部分，后者负责进一步的细化阐释，另外后者还需要解决与核安全相关的一些特殊问题。

根据国务院发布的《核安全与放射性污染防治"十二五"规划及2020 年远景目标》，我国将原子能法和核安全法都列入了重要工作安排，可见计划选择的是两法并列模式，因此在立法进程中要处理好二者的关系，避免内容重叠交叉，实现各有侧重。在立法实践中，可以通过调控二者的立法目的和定位实现对二者的合理分工，《原子能法》的立法定位在于推进核能产业的新一轮发展，而《核安全法》则强调安全保障问题。

再次，核能安全法律体系的组织架构要贯彻相应的国际法律规范。参照国际原子能机构提出以供各国参考的核能安全法规体系，该法规体系中包含了四个等级的制度层次：第一层是核能安全基本法则，要体现确保核安全的基本目标、基础概念和基本原则；第二层是核能安全标准或安全法则，主要包括确保核安全应当满足的一些基本要求；第三层是核能安全导则，这些是根据行业专家经验提炼出来的实现核

1　汪劲.论《核安全法》与《原子能法》的关系［J］.科技与法律，2014（2）：168-182.

能安全标准要求的各类建议；第四层是核能安全实践，包括核能安全技术报告或技术文件，其中会介绍实施安全法规标准或安全导则的实例、详细技术实践和方法等。国际原子能机构核安全和核安保部门评价我国阶段性重点任务时，也认为中国民用核能控制法律体系的首要问题是没有专门的核能法，急需在借鉴国外核能法成熟经验的基础上，加快中国《核能法》的立法工作，并在此基础上清理和完善现有行政法规和法规性文件，尤其关注建立保障我国核能安全的系统性法律制度，尤其是建立《核安全法》。

核能安全法律制度的立法模式可以有三种供选择，核能综合性立法、核安全专门性基本法立法和核安全分解进行部门法立法，或者建立一部综合性核法典，包括核能利用的所有环节和内容，核能安全成为其中一部分存在；或者专门制定一部核能安全领域的基本法，涵盖核能安全的所有基本要求；或者根据核能安全存在的不同领域和实现形式等，针对不同对象分别体现在各自相应的部门法中。在2017年《核安全法》颁布之前，我国采取的方式可以归为分解性的部门法立法模式，但在这种模式下，由于没有综合性、指导性的核心法律保障，各环节衔接不顺、矛盾冲突迭起、监管盲区众多，仅能作为权宜之计，不宜长久存在。《核安全法》正式颁布后，在一定程度上起到了领首群龙的效果。

所以，本书建议在考量我国核能安全法律制度架构时，必须要在参考学习外国核能国家先进理念和实践经验的基础上，遵循国际原子能机构各类有关核能与辐射安全监督管理的法律条文和标准规则，尽力与国际核能与辐射安全管理法规体系有效接轨。首先，独立的《核安全法》成为制度体系金字塔的塔尖，能够提高主体规范的效力层次，有效发挥顶层设计和概要总括的作用。综合前文分析的各国核安全法立法经验，无论采取综合式立法模式，抑或是专门式、分解式立法模式，共同的一点是都将构建核安全相关法律制度的效力级别设定在国家法律层面，效力层次不言而喻。现行的《核安全法》文本中偏重于实际操作层面的规定，相对制度体系理论的回应比较少，在宏观引领方面的效果不明显，比如文本中并没有定义核安全及其制度组成，核安全管理体制也不明确，无法有针对性地解决核能安全领域的综合性、基础性和战略性问题，对以下三个方面的法律关系也没有集中分析调整：涉及核能安全行政管理方面的纵向法律关系、依照核能产业生产流程展开的横向法律关系、对外开展核能安全合作的涉外法律关系。与将核安全法律制度归并入综合性的核能法的模式相比，专门独立的核安全法会将一些值得重点关注的原则和制度加以强化，特别有利于纠正核能领域某些关键的安全问题，有的放矢地针对核安全发力。

随后，有一个观点要强调的是，制定专门的《核安全法》，并不意味着要在一个法律文本中集中一揽子解决所有核安全相关的法律问题，这是没有必要的，也是不可能的，现行版本的制度文本也说明了这个问题。在已经优先制定并颁布单行的《核安全法》后，应当再针对核安全监管、核安全许可、核安全应急与响应、核安全信息公开、辐射安全防护等各项具体的核安全制度配合制定具体办法、条例、标准、细则等，重在填补漏洞空白，强化实际可操作性，有效开展核能与辐射安全的监督管理，对核能利用与辐射突发事件涉及的各类涉核客体，如核设施、核原料、核废物、放射源等进行有效控制，确保核与辐射安全，也就是确保核能利用安全。对现有的众多部门规章开展分类梳理，删除重复内容和过时内容、修订错误内容、协调冲突性内容，对需要继续沿用的临时性规定加以补正后正式纳入部门规章，对尚无规定的进行补缺。这里要注意的是，关于具体核安全制度的部分，没有唯一的规制方式，有的制度内容简单明了，有可能的话直接在《核安全法》单行本里就可以阐述完毕；也有的制度内容复杂烦琐，需要另起炉灶，单独开火。无论采取哪种方式都是很正常的，并没有强制要求，判断标准仅是合适与否、科学与否而已，各国都有进行个性化自行选择的余地，我国也不例外。

（二）优先制定核能安全单行法——《核安全法》

2017 年 9 月 1 日，第十二届全国人民代表大会常务委员会第二十九次会议通过的《核安全法》，自 2018 年 1 月 1 日起正式施行，解决了我国核能安全领域重要的立法空白问题。其作为我国核能安全的单行法，以解决本国核能安全发展重大问题为立法目的，必将成为核能安全法律体系的核心，从而在这一整体法律体系中应当具备权威性、指导性、稳定性、全局性的综合特征，要能统领现有的以及将制定的与核能安全相关的法律法规。核能利用安全这一系统工程涉及很多领域，核能安全法不太可能对问题全部作出规定，可以在其中作出一些原则性和衔接性的规定，解决核能安全的共性问题和典型问题，具体调整则依靠行政法规、安全标准和技术文件来实现规制，配合形成核能安全法律制度的主干法律和分支法律。

1.《核安全法》适用范围

立法需要解决的首要问题是法律的适用范围，也就是首先要解决法律的空间、时间、对象的效力范围，这三者当中又尤其以对象范围最重要，《核安全法》的制定也不例外。《核安全法》对象范围的确定又以核安全的定义、本法定位、与他法关系等为考量因素。

（1）法律中的"核安全"

"核安全"的定义正如本书第一章所阐述，其文字含义可以理解为，在核能利用过程中要尽最大能力保持没有危险、没有忧虑的状态，尽最大能力免除不可接受的损害风险状态。本书所用"核能安全"与"核安全"均属同一含义，为行文方便根据需要选择使用。参照相关国际立法和国内立法实践，对核安全的定义富含各自的法律特色。

国际原子能机构的《核安全公约》中界定了狭义的核安全，其第三条"适用范围"规定本公约适用于核设施的安全，将规制对象范围限缩于核设施。而在《国际原子能机构安全术语》中又对"核安全"进行了更为宽泛的定义，指"实现正常的运行工况，从而预防事故或者减轻事故后果，进而保护涉核工作人员、周边公众和环境免受不当的放射性辐射危害"。同时说明，原子能机构相关出版物中经常将"核安全"一词简称为"安全"；国际原子能机构《安全标准丛书》第 SF-1 号《基本安全原则》中则提到：就本出版物自身内容而言，所言的安全系指保护人类和环境免受辐射危害以及引起辐射危险的设施和活动的安全。这里的"安全"宽泛地包含核设施安全、辐射安全、放射性废物管理安全以及放射性物质运输安全等方面，但不包括与辐射无关的安全。《核法律手册》中没有直接对核安全进行定义，但是单独设置了"核能与辐射安全"为一篇，其下分为六章进行详细阐述，分别是辐射源和放射性物质、核设施安全、应急准备与响应、采矿与水冶、放射性材料运输、放射性废物和乏燃料。可见后三个国际法律文本中定义了广义的核安全，对象范围涵盖所有相关电离辐射危险的设施和活动。

在各国国内法中，对核安全的定义也存在区别。较为清晰明确的如法国《核信息透明与安全法》将核安全（nuclear safety）限定为核设施和放射性物质运输，其第一条就提出核安全是指一切为了预防核事故发生或者限制其发生后果，从而采取的与核设施的设计、建造、运营、退役和运输放射性材料等相关的技术安排和组织措施[1]；然后在第二十八条又特意解释了"核设施"的组成，包括核反应堆，富集、生产、加工或储存核燃料的设施，处置放射性废物的设施，含有放射性物质或裂变物质的设施，以及粒子加速器等。也有很多国内法中直接没有明确涉及核安全的定义，如加拿大的《核安全控制法》、澳大利亚的《辐射防护与核安全法》等。

我国现有的核安全相关法律法规之中，例如《核电厂质量保证安全规定》《核电厂厂址选择安全规定》等具体文本中，采取的定义方式都基本是参照了《国际原子能机构安全术语》的内容和形式。2016

---

1 邹荣，扈黎光.科学合理确定《核安全法》适用范围［J］.中国核工业，2014（5）：40-42.

年底公开征求意见的《核安全法（草案）》中，第二条就直接点明"核安全"的定义，"指对核设施、核材料采取必要和充分的监管、保护、预防和缓解等安全措施，保障核设施、核材料安全，防止由于任何技术原因、人为原因或者自然灾害造成的事故，并最大限度地减少事故情况下的放射性后果，从而保护从业人员、公众和环境免受核事故的危害"。该条款略显啰唆，但基本是从广义的角度进行的定义，建议进行如下精简："采取必要措施保障核设施、核材料安全，预防核事故发生或者最大程度地降低放射性危害后果，进而保障从业人员、社会公众和自然环境免受不当放射性辐射的危害。"2017 年 9 月发布的正式法律文本，放弃了对核安全进行明确定义的方式，而是用明确本法适用范围的形式进行处理。

（2）《核安全法》的定位

确定某一法律的适用范围一般以法律定位为基础，界定《核安全法》适用范围之前先要清楚该法的定位。《核安全法》并非凭空新制定的一类法律，其天然就受到双重约束，就国际层面而言，国际核安全公约的义务亟待履行；就国内层面而言，与核安全相关的大量法律规范性文件亟待统领。因此，该法的定位要尊重已有的现实前提。正如前文所论证的，无论是从核能技术发展的现实需要出发，还是考虑到立法实践的可行性，《核安全法》都将作为我国核能安全领域专门的基础性法律而存在，从而奠定我国核能安全法律制度体系的地基。该法的效力范围要涵盖整个核能利用领域，体现出核安全的最终目标和基本原则，列明核安全相关重要制度等方面的内容。立法目的的确定是进一步明确法律定位的重要内容，立法目的也是展开具体法律制度的根本所在，设计核安全法律制度应该围绕的核心和重点就是防止核事故，换言之，《核安全法》设立的初衷就是确保核能利用安全，安全是出发点更是重要目的，这已成为国际核安全法律文件和各国国内核安全立法的共识。其草案中对该法的立法目的阐述得也较为准确，考虑到了直接目的和间接目的两方面内容，既直接关注预防事故发生并减轻事故发生的后果，也间接关注到保障涉核的工作人员、公众和自然环境免受核能不安全的危害，[1] 但是忽略了"可持续发展"这一更为宏观的立法目的。2017 年正式文本进行了改进，在第一条中将宏观与微观相结合，全面考虑了以下几个因素："预防与应对核事故""安全利用核能""保护公众和从业人员的安全与健康""保护生态环境""促进经济社会可持续发展"，较为完善地体现了立法目的。

（3）《核安全法》与现有法律的衔接

我国《核安全法》颁布之前，核安全领域的基本法一直是缺位的状态，《放射性污染防治法》勉为其难地从环保法的角度出发，在很长一段时间内承担了部分核能安全规制的法律任务，主要涵盖了开采使用铀矿和伴生放射性矿产、核技术利用、放射性废物等方面内容的安全管理问题，但是对于核设施、放射性物品运输、核材料持有活动等方面的安全管理则严重不足，条款零星分散，缺乏系统性。尤其值得深思的是，《放射性污染防治法》中存在不少内容空洞的授权条款，或者缺乏授权目的，或者缺乏基本要求，依照我国《立法法》第十条的要求：授权决定应当明确授权的目的、范围，而前述授权甚至存在违反《立法法》的嫌疑。因此，在《核安全法》制定阶段就应当有先见之明，要考虑到与现有法律的衔接问题，避免重复立法甚至是冲突立法，更重要的是做到有的放矢、查缺补漏、相互补位。一方面，《放射性污染防治法》中已有完善规定的内容，《核安全法》从内容完整性角度出发，作出原则性规定或直接援引即可。另一方面，在设置《核安全法》的适用范围时要重点考虑《放射性污染防治法》没有涉及的内容，或者是现有规定并不适当的内容。现实情况是，有一些条文上的回应，比如第四十四条、四十五条、八十条中对"国家放射性污染防治标准"要求的呼应，必要但不完全。

1　胡帮达.中国核安全法制度构建的定位 [J].重庆大学学报（社会科学版），2014，20（4）：129-134.

2.《核安全法》立法框架

接续上段立法模式选择的话题，根据立法实践判定，我国是选择了金字塔式的分层构建模式。作为塔尖的核能安全领域的单行法，我国《核安全法》经历了长时间的消声无息之后又突然进入提速阶段，2013 年进入人大常委会立法规划三年后，2016 年 10 月 31 日，其草案正式提请全国人大常委会审议，2017 年 9 月 1 日通过审议，2018 年 1 月 1 日正式实施。草案阶段的《核安全法》包括总则、核设施和核材料安全、核事故的应急准备和响应、信息公开与公众参与、监督检查、法律责任等章节内容。后期又进行了比较大的改动，分为总则、核设施安全、核材料和放射性废物安全、核事故应急、信息公开和公众参与、监督检查、法律责任和附则。

针对此立法框架，本书建议依照核能产业生产流程展开的方式，从平时的核能安全监管、日常预防工作，再考虑核能事故发生时特殊情况下的安全应急工作和事故事后责任追究，这样可以使法律具有更好的可执行性，能够系统地规范核能安全利用的每个阶段，实现核设施的全寿命期限的安全保障。草案中提到的核设施、核材料安全，建议可以放在总则部分，说明本法律的适用范围和规范目的等内容。而信息公开与公众参与则应当是核能利用全过程都应当注意的事项，但是在不同的阶段应当有不同的任务和要求，建议分阶段细化规范。所以，本书认为《核安全法》的章节架构设置可以优化为总则、组织管理、核能安全监管、核能安全预防、核能安全应急、法律责任、国际合作、附则等，本书以下章节将针对重点部分加以阐释。

第五章 事前阶段：核能安全监管制度

核能安全监管是保障核能安全的重要环节。有效的核能安全监管仰仗于准确的核安全理念、清晰的核安全监管原则、执行到位的安全许可制度、持续有效的现场监督检查、全面实时的技术法规标准以及训练有素的监管队伍。以上条件的实现重点落脚在核能安全监管机构设置和制度构建中，本章将以此为重点进行阐述。

一、核能安全监管机构的设立及职能

（一）核能安全监管机构的设立模式

根据国际《核安全公约》将"监管机构"定义为：由各缔约国政府授予法定权力，颁发许可证，并且有权对核设施的选址、设计、建设、调试安装、运营或退役进行监督管理的任一个或几个行政机构。分离监督与管理机构各自独立，这是在《核安全公约》中早就明确的一个重要原则，公约文本第九条规定，每一涉核国家都应当专门组建或直接指定一个核能监督机构，并正式地赋予妥当公共权力、行政职能、独立财政和人员队伍等必要资源，核能监督机构的各项职能必须与管理核能的所有其他机构组织的职能有效区分，不容重叠交叉；同时要确保核设施安全的首要责任交由持有许可证的参与者承担，并且更为关键的是要有具体措施和方法去确保此类责任能够得到切实落地。但是在实践中一些国家的政府只单纯地考虑促进核工业的发展，选择由政府某部门全权负责牵头推进并统筹管理与核能相关的一切事务，无论人力、物力和财力都归于一处，尤其将监督职责也一并纳入牵头部门统一协调，这种模式极其容易抹杀监督机构的独立性，使原本应当进行独立决策的监督机构极有可能妥协于上级部门的行政指令，使得监督流于形式，失去权威性的风险被无限放大。因此，建立独立、专门的监督机构是解决目前政府管制中存在的政监不分、政企不分、监管职能不清的重要途径，也是使监督管理体系能公正、透明、专业化运行的关键因素。监督机构的独立性体现在既要独立于政府某一指定牵头部门，以降低政府为实现短期目标而任性强调自由裁决权所带来的风险，又要独立于受监督主体，避免监督者与被监督者的利益高度趋同，以保证规制的公正性。

（二）核能安全监管机构的主要职能

核能安全监督管理机构具有四个重要职能。其重要职能之一：要制定核能安全管理计划，充分体现核能行业的政策目标、工作人员安排及职责、紧急情况预案和程序等。职能之二：应当建立核能安全许可证制度。相比于具有类似功效的登记制度而言，许可证制度更加严格，一般是指只要是希望开展一切可能造成放射性污染活动的任何单位和个人，或者可能因核能开发利用行为带来不安全因素的，都必须按照国家有关规定事先办理审批手续。首先对核设施而言，就需要对核设施的选址、建造、运行、退役等设置许可证申领审批手续。其次对于核技术而言，对其生产、销售、转让、进口等行为设置许可程序。最后对于放射性固体废物而言，对其贮存、处置等行为都要进行统一规范许可。职能之三：应当进行核能安全情况监测。即使是最全面的核能安全环境影响评估和核能安全管理计划，都不一定能使环境和民众免遭不可预见的影响，因此，实时的核能安全监测就显得尤为必要。这种监测不仅包括对核能开发利用活动的直接监督，而且包括对生物生态环境以及与核能开发利用活动有关的社会结构的影响，监测行为应伴随着核能开发利用活动的进行而持续进行。职能之四：应当进行核能安全情况审计。借鉴于能源公司内部的环境审计，通常被认为是综合的环境管理体系的重要组成部分，然而近年来，利用独立第三方进行审计并将审计结果公之于众的呼声越来越强烈。例如，欧盟环境监控和评估方案（European Union's Environmental Monitoring and Assessment Scheme）、"英国环境管理体系 7750 标准"（British Standard 7750 on Environmental Management Systems）等，都包含了第三方审计和向公众披露审计结果的要求。[1] 这种切实有效的手段的全面推广必须假以时日，才能推动其由少部分的自发自愿使用向全面强制性要求阶段发展。

（三）各国核能安全监管机构设立分析

美国核安全监管体系由三个政府部门分担，美国核管会（NRC）负责监管民用核设施和核能利用活动的安全，以及能源部下属的一些非军用核设施和活动的安全；能源部（DOE）负责监管与国防相关的核能研发和生产等活动的安全，具体工作则由健康与安全办公室和国家核军工管理局分别根据权限承担，其中国家核军工管理局负责核安保、核保密、核应急的管理事宜。此外还单独设有国防核设施安全委员会，其作为独立的监督建议部门重点开展全国国防核设施巡视工作。[2]

俄罗斯核能安全行政规制开始于苏联时期，1946 年在库尔恰托夫原子能研究所设置了国家放射线安全管理部，1958 年又增设了原子能安全部，开展早期的核能安全工作。随后多年几经变动，2004 年根据总统令改设独立组织——俄罗斯联邦环境、工业和核安全监管局

1 Kit Armstrong.Managing Environmental Legal Risks in Oil and Gas Exploration and Production Activities［C］//Environmental Regulation of Oil and Gas. Kluwer Law International，1998：359-389.
2 王海丹，伍浩松，王政.国外主要有核国家核安全监管和法规体系概况及启示［J］.中国核工业，2016（10）：28-31.

（Rostechnadzor）；此外，将联邦原子能部改组降格为隶属于产业能源部的原子能署（ROSATOM），两个月后又变更为联邦政府的直辖署，三年后又被再次改编入国家原子能公司，[1] 这一系列行政体制和工作模式的改革，正式完成了核能安全的监督方与核能发展推进方的分离。根据《关于联邦环境、技术、原子能监督署的规定》，其作为届时俄罗斯联邦的行政执行机构，负责对安全作业、地下利用、产业安全、原子能利用安全、发电供热设施与供给网、水中构筑物安全，产业用爆炸性材料的生产、保管及利用的安全等实施监督，具体在核能领域则主要负责制定核安全法规、开展核设施安全监督、发放许可证等，成为独立的核安全监督部门对民用核工业进行监管。2008 年又将俄罗斯联邦环境、工业和核安全监管局改定为俄联邦自然资源及环境部管辖，由以下三层机构组成：监督署本部、7 个地区管理部及其下属组织，如核电站、核能产业区等，此外还得到国家科学院原子能安全研究所、联邦原子能署的紧急支援中心、紧急情况部以及保健与社会发展部等众多研究、分析与支援部门的协作。

　　欧盟多数国家核能安全监管工作根据民用和军用进行分而治之。如英国民用核工业归属能源与气候变化部主管，民用核能的安全监管则由核监管办公室（ONR）负责；军用核工业归国防部主管，相应的安全监管则归国防部下设的国防核安全监管局（DNSR）负责。法国核能安全监管则分别由核安全局（ASN）和国防部长、经济工业与就业部长负责，此外还设有辐射防护和核安全研究院（IRSN）专门负责提供核能相关技术和专家支持，并且负责履行核安全评审任务。

　　日本则依据核能活动的性质进行区分，将核能管理工作分别交由

1　俄罗斯国家原子能公司的前身是俄罗斯核工业部，后变更为国家原子能署。该公司虽名为企业，却仍拥有政府职能，在国内拥有 240 多家成员单位，承担着铀矿采掘、以浓缩为核心的染料加工、核燃料循环等工作的整体管理，还担当国内外核电站建设、工程操作能力的提高、科研机构的管理等。原子能署在其中负责促进核能发展，统一管理核能开发、利用和安全管理核武器系统，放射性物质及放射线的管理及安全保障。该公司将核能技术从上游到下游进行整合，既有竞争优势，又确保技术体系的完整性和安全性，成为世界核能利用领域的独有模式。公司员工超 19.3 万人，对 80 多家民营企业实施垂直管理。

经济贸易和产业省、教育文化体育和科技省，同时还专门设有原子能安全委员会独立履行监管和审批职责，该委员会并不隶属于任何"省"（此处的省类似于我国的部委概念），而是直接向日本的内阁总理大臣负责。

以上列举的各国核能安全监管机构的设立既有相同点也有自身的特色，就核能安全监管机构设立模式本身而言，大部分国家采用的是将军用核能和民用核能进行分类监管的形式，这种模式很大程度上解决了监管机构的职能交叉重合的困境，其中又以俄罗斯和法国将其核安全监管机构分离得最为彻底，而其他涉核国家的核安全监督和管理仍存在不同程度的机构和职能的交叉。从监管和运营模式而言，美国、英国、法国都较早地完成了核能产业运营任务和监督任务的彻底分离，英国和美国主要采取由政府所有、公司运营的模式实现核能工业的合同化管理；法国则由国家机构同时承担监管和运营两项职能。目前，俄罗斯对核能行业的监管和运营尚未分设，统一都由俄罗斯国家原子能集团公司一并负责，虽然在一定程度上减少了机构和职能的交叉重叠，但监管独立和运营发展都受到了一定的阻碍，症结在于俄罗斯核能工业的军民属性尚未完全分割。由此看来，各国核能安全监管的有效执行都离不开独立技术评审部门的设立。

二、我国核安全监管机构设置现状及建议

（一）现有的核能监管机构及组成

现行《核安全法》中提及的涉及核安全工作的大体有这几类部门：国务院核安全监督管理部门、核工业主管部门和能源主管部门，体现在现行国家行政机构中，主要涉及以下几个部门。

一是国家发展和改革委员会，其相关部门负责核能发展规划的制定和发布、核能项目上报国务院审批、核电上网定价等工作。

二是生态环境部下设的国家核安全局。最早的国家核安全局于1984年设立，归属于国家科委，后又转设于国家生态环境部之下。从其职能来看，该局统一负责我国的核安全和辐射安全工作，内设三个司：一是核设施安全监管司，负责组织拟定与核和辐射安全相关的各种政策、规划、法律法规、规章制度、标准规范等文件；组织辐射环境监测和对地方环保部门辐射环境管理的督查；组织核与辐射事故应急准备和响应，参与涉及核和辐射的恐怖事件的防范处理；负责核和辐射安全从业人员的从业资质管理和业务技能培训；负责核能原材料管制和核能安全设备的设计制造、安装检验等活动的许可和监督检查；组织协调全国核与辐射安全监管业务考核；归口联系核与辐射安全中心、地区核与辐射安全监督机构的内部建设和相关业务工作；负责三个核与辐射安全监管司有关工作的综合协调。二是核电安全监管司，其职能为负责核电厂、研究型反应堆、临界装置等核设施的核安全、辐射安全以及辐射环境保护的行政许可、监督检查工作；负责相关核设施事件与事故的调查处理。三是辐射源安全监管司，负责核燃料循环设施、放射性废物处理和处置设施、核设施退役项目、核技术利用项目、铀（钍）矿和伴生放射性矿、电磁辐射装置和设施、放射性物质运输的核安全、辐射安全以及辐射环境保护的行政许可、监督检查工作；进行放射性污染治理的监督管理；负责相关核设施和辐射源事件与事故的调查处理。此外，还有生态环境部核与辐射安全中心、生态环境部辐射环境监测技术中心作为技术支持机构。以上三个司皆以安全监管命名，显而易见目前主要行使的是核安全的监管工作。

三是国家能源局下设的核电司，该司的主要职能是负责开展核电管理，包括拟订核电发展规划、行业准入条件、统一技术标准并组织实施，针对核电布局和重大项目提出审核意见，指导并协调核电相关科研工作，组织领导核电厂发生的核事故应急管理。但核能安全的管理职能又在另一部门——生态环境部的主管之下，处于分而治之的状态且又有冲突。

四是工业和信息化部下设的国防科技工业局，是中国政府负责管理国防科技工业的行政管理机关，负责核、航天、航空、船舶、兵器、电子等领域武器装备科研生产重大事项的组织协调和军工核心能力建设。其下设的西北核安全中心、核应急响应技术支持中心、国家核安保技术中心、西南核设施安全中心、军用核设施核安全技术审评监督中心等，从单位名称可见均涉及核能相关业务。

五是科学技术部，也通过重大科技专项和能源技术等角度对核能产业进行管理，其内还设有中国国际核聚变能源计划执行中心。

根据国际通用规则，针对民用核设施的监管权应当归属于国家核安全局，然而我国是将工业和信息化部作为核安全监管机构在国际原子能机构进行正式登记的。福岛核事故之后，国际原子能机构第三次对我国核辐射安全监管体系进行了评估，认为：中国的核安全监管体系缺乏有效的部门间协调，国家核安全局掌有民用核设施的一部分监管权力，而研究机构的核反应堆等一些半军半民的核设施监管权则另属于工业和信息化部。

（二）核安全监管机构的设置建议

通过上文分析可以看出，我国核能及核能安全监管机构众多且分属于多个部门，职责范围又有交叉重合，实际运行中难免存在冲突，监督与管理职能并未完全独立。这一问题从《核安全法》的行文中也可见一二，其第六条提出：国务院核安全监督管理部门负责核安全的监督管理。国务院核工业主管部门、能源主管部门和其他有关部门在各自职责范围内负责有关的核安全管理工作。这种尴尬情形存在的主要原因之一就是我国至今仍没有能够统领核能活动的上位法，即使千呼万唤出台了针对核安全的专门单行法，也没有进行明确的认定，而仅仅是用一句"国家建立核安全工作协调机制，统筹协调有关部门推进相关工作"这一较为模糊的说法来界定，但如何建立机制、谁负责建立机制、依据什么原则建立机制等关键问题都没有涉及，"有关部门""相关工作"这样模糊的字眼实在是缺乏可操作性。从而依然存在各相关部门间的关系无法顺畅协调的现状，核安全监督管理部门的职责和任务没有清晰的法律规定，导致安全监管活动缺乏充分的法律依据和正规授权。因此，必须通过立法建立完备的核安全监督制度框架，并在此法律框架下明确核安全监管的分工和职责。

有学者提出建议，根据核能利用监管部门的变革及职能划分，核能监管部门所负有的不同业务内容应分别交由工业和信息化部、生态环境部各自承担，具体而言就是将核能利用方面的管理和监督工作由工信部下属的国家原子能机构，抑或是国防科工局承担，而事关核能安全监督方面的职责则安排生态环境部的国家核安全局具体承担，其他相关部门依职权积极配合，例如：由国家发展改革委能源局参与管理核能的宏观发展和政策制定，由交通运输部对核材料的安全运输负责。[1] 但是实质而言，这种设置方式与现状没有根本区别，仍处于各自独立的孤岛状态。考虑到核能的能源基本属性，建议在国家能源局下设专门的核能司承担核能工业业务管理职能，从规划到建设，从规范到执行等内容，成为一个高级别的综合性核能事务主管协调机构，促进政府行政行为的统一性，增强政府公信力，提高行政效率。此外，严格贯彻《核安全公约》确定的监督与管理机构分离的原则，建议将核能业务执行管理职能与安全监督管理职能分别赋予两相独立的机构。我国现行的模式，基本就是将核能安全监督职能落在生态环境部的国家核安全局，在一定程度上能够有效地实现外部监督和实质监督，这种模式是比较科学合理的。但是，国家核安全局目前拥有的职权范围相对于合格的监督机构而言过于狭窄，有必要将核能安全监督的职能悉数整合至此，扩展现有职能，才能更好地发挥监督作用。这种模式也正是对日本福岛危机的反思，日本保安院正是肩负了两种矛盾的

1　马忠法，彭亚媛.中国核能利用立法问题及其完善［J］.复旦学报（社会科学版），2016，58（1）：149-160.

角色，一方面要促进核电发展，另一方面又要监督核电安全，集运动员和裁判员于一身，从而导致其在降低对进口能源依赖的口号号召下，更多地成为核电的推动者而忽略了监督者的角色。唯有分而治之才有监督可言，毕竟相对于内部监督而言，外部监督才是真正意义上的监督。与此同时，应提升监管层次，将核能安全监督从部门监督的层面进一步提升为国家监督层面，只有这样才能有效地确保核能安全监管真正具有权威性并独立存在。只有保证了监督管理机构高水平的独立性和权威性，才能呈现出政府、监督者和被监督者三方相互制衡的三足鼎立状态，才能真正实现安全态势。

三、建立我国的核安全监管法律制度

1986 年国务院发布的《中国民用核设施安全监督管理条例》建立了我国核能安全监管制度的雏形，通过六章二十六条对民用核设施的安全监管进行了较为初步的规范。但毕竟年代久远，该条例亟待修订以适应核能产业发展的新要求。建议将核安全监管作为《核安全法》的重要一章，根据实践确有必要时，再配套制定单行的管理条例，本章节应主要由以下内容组成：核安全监管范围、组织机构及职能、安全许可制度、安全监督、奖励与处罚、国际合作等。本书重点关注以下几点。

（一）明晰核能安全监管范围

核安全监管的范围从覆盖宽度上而言，适用于全部民用核设施，包括各类核动力厂、其他反应堆、核燃料相关设施、放射性废物或称乏燃料处置设施等。从时间长度上而言，核安全监管应覆盖核能利用全过程，从规划、建设到运行、退役，都要以安全观引导核能工业发展。2017 年的《核安全法》规范了核设施、核材料、放射性废物三类主体的安全监管，也基本覆盖了选址规划、营运、运行期满后的延期和退役的全部生命周期。

（二）确保安全监管绝对独立

至于核安全机构的设置和职能本书在前已有论述，在此不再重复讨论，但要再次重申国家核安全监督机构的独立性。福岛核事故后，国际原子能机构在《核安全行动计划》中又再次强调其作为重点审查内容，督促各国尽快开展此类审查，并且强调要在具体进程中重点关注核能安全监管机构是否具有有效的独立性、人力配置和财政资源是否具备充足性，要对是否具有适当科技支撑进行评定，以便更好地履行其责任。另外，国际原子能机构表示要加强"综合监管评审的服务"，以便促进对监管有效性的同行评审。在此需说明的是，上文论述中为了区分清楚，采用的是"监督部门"和"管理部门"这一对名称，其中的监督机构落实到具体的行政行为中一般被表述为监督管理部门即监管部门，而管理机构则表述为主管部门，也就是分别设立核能主管部门和核能安全监管部门，所以在具体条文里表述职能时，建议可以考虑以下方式：国家安全局独立行使核安全监管权，对全国民用核设施实行统一安全监管。其主要职能有：一是组织制定核安全相关的规章制度；二是审定核安全相关的技术标准；三是评定核设施安全性能；四是评定核设施营运单位安全保障能力；五是开展核安全许可工作，颁发或吊销安全许可证件；六是组织实施核安全日常巡查监督，有权采取强制措施勒令停止危及安全的活动；七是开展核安全事故调查处理；八是协助开展核设施应急的指导和监督工作；九是开展核安全监管相关国际业务联系；十是参与调解裁决核安全纠纷等。

为确保核安全管理和监督机构职能的实现，建议专门设立核能安全咨询机构，独立提供专业服务和意见建言，如德国的反应器安全委员会，负责提供反应器安全性与核燃料循环安全性的相关意见和建议。台湾地区的原子能委员会也依照其原子能委员会组织条例第十六条规定，设有核子设施安全咨询委员会，负责咨询与核子设施相关的以下事项：核子设施安全的管制方针；安全标准；安全技术的研究发展方案；申请建造运转的安全分析报告；安全管制实施及其他事项。欧盟核安全监管组织（European Nuclear Safety Regulators Group，ENSREG）则是依照欧盟委员会决议，成立于 2007 年的独立专家咨询机构，由核安全、放射性废物安全、辐射保护等监管机构的高级官员，以及相关领域的欧盟成员国高级公务员和欧盟委员会代表组成，为持续完善欧盟核安全和放射性废物管理环境、探讨达成共识扮演着重要角色，致力于完善各成员国在核安全和放射性废物等问题中的合作和开放状态；完善本领域工作的整体透明度；向欧盟委员会提出适当的规则性，增添建议。以上核能安全咨询机构的建言内容从各国立法实践来看，虽都不具有法律规范的性质，而纯粹属于事实行为，但对实际工作具有极强的专业指导作用。

（三）落实核能安全行政许可

虽然，对行政许可的性质存在赋权说、特权说的定位，并一直有着废除解禁的呼吁声，但对核能产业这种存有较大潜在风险并可能给社会造成重大冲击的活动，建立起一项以一般禁止为基础的许可制度，认定任何未经许可的核能利用活动均为非法行为，实为必要且已为世界各国所认同。通过行政审核的许可过程，政府部门有责任就该项活动可能带来的政治、经济、文化和自然生态环境等方面的正负面影响予以考量，只有在认为该活动具有正面价值，或者对可能产生的负面影响已经采取了适当措施时，政府才通过批准许可的方式予以核准放行。因此，许可制度既是规范核能行业准入的核心，更是实现风险预防尤为有效的一个途径。就核能监管而言，许可是政府监督核能企业是否具备从事核能开发利用等活动基本条件的重要手段，也是保护所有核能企业进行公平竞争的重要手段。

完成一项许可的过程其实包含着众多的部分许可，也就意味着要经历很多阶段的许可手续。这是将整体问题分成阶段来处理，可以帮助每一个阶段性决定变得更为细微和具体。前一阶段的决定能够作为基础支撑下一阶段的决定，同时也明确了下一阶段决定的方向，限制其选择余地，层层推进，导向最后的决定。通过如此方式作出的决定，经历了逐步限缩审查领域的过程，面对类似核能安全性的判断等大型技术问题时，才能克服巨大的认知困难，作出科学的判定。根据各国的经验，核能行业的许可主要有核设施许可、核活动许可、核原料许可、核能从业资质许可等几个方面，其中，核设施安全许可过程又可分阶段划分为核设施建设许可和核设施运行许可两步过程，在核设施建设完工后，如果该设施能够表明其符合核能监管要求，建设许可可以被转化成运营许可。核设施安全许可的事项可以归纳为：核设施选址、设计、建造、首次装料调试、运行、退役六类。经由这种阶段化的行政程序，对于核能法领域这些复杂决定加以明白细分，可以实现法的稳定性、明确性和可预见性。在颁发许可的过程中，核能监管部门要对核电站拟建设区域的地震、地质、水文等方面进行广泛的调查，只有在合理的程度上能够保证公众健康和安全时，通过计划批准部门、环境保护部门、核能业务主管和监管部门的批准，方能获取核电站的建设和运行资格。此外，被许可方必须能够证明其拥有运营和拆除核电站设施的能力和资源。总体来说，核能监管部门的许可过程要全面地审核安全和环境因素。

国际原子能机构在《核法律手册》中逐一列明了应当实施行政许可的核能利用事项，范围涉及以放射源、放射性物质、研究堆、实验堆、核设施、乏燃料、放射性废物等为客体的各种行为。具体到各国国内法中也体现得很全面，参照德国的原子能法规定，其第三、四、六、七、九条规定，对于核燃料的输入、输出、运送、储存，核燃料的生产、处理、加工以及分裂和照射过核燃料再处理设施，设备设施以外的核燃料处理、加工和其他使用情形，以及放射性废弃物中间储藏收集等环节，都必须获得许可才可实施。我国核能利用安全中理当采纳此种模式，将许可程序植入核能安全利用全过程，实现全过程覆盖和管理。具体而言，核能安全许可可以细化为两个方面的要件，即个人要件和实质要件。其中，所谓个人要件，依据德国《原子能法》第7条第2项第1款规定，只有当申请者以及对设施的设置、指挥负有监督义务的责任者，其可信赖性不存疑，同时也具有所必需的专业知识，包括对可能发生的危险能够采取保护措施的相关知识时，才能被给予许可。所谓实质要件，则应涵盖更多的内容：一是基于现实的科学技术水平，考虑到设施的建设运营可能引起的损害，已采取必要的安全措施；二是对履行法定的损害赔偿义务已定有必要的对策；三是保证对受其影响的第三者已有必要的防护；四是要严格考量居于优先地位的公共利益，如确保水、空气、土壤不受污染等。此外，还要在核能安全许可程序中设置一种特定裁量，因为核能安全责任重大，应当考虑即使所有许可要件存在，也有被行政机关因法定原因拒绝裁量的可能性。也就是说，要赋予行政机关拒绝裁量的权利。同样地，这个规则在德国《原子能法》中就有很好的体现，其第7条第1项规定：对于拟被许可的设施，如果有着潜在的高度危险时，宪法并不反对立法者对之加以特定的注意，也就是赋予行政附加的拒绝裁量权，以便在特殊和不可预见的情况下可以采取拒绝许可的行为。我国在实际立法中也应明确，如果行政机关在行使裁量权时，基于违反核能安全和平利用原则，有权拒绝许可。

我国核能安全许可制度散见于《放射性污染防治法》《放射性废物安全管理条例》《核材料管理条例》等法律法规之中，具体的核安全许可项目仅生态环境部一家发放的就有9大类20项。对于完善我国核能安全许可制度，本书有以下几点建议：一是完善核能安全许可制度的法定依据。根据依法行政原则，行政许可的设定和实施必须由法律或行政法规来规范。核能利用牵涉人民的生命、健康、财产等基本权利的保护，对于核能产业采取安全许可制度，应当在原子能法这一核能基本法中予以列明。从具体内容上看，现有的核能安全许可的规定都比较原则性，只强调"是与否"而不涉及"如何"，对于许可的实施机构、许可条件和程序、许可期限"要么没有规定，要么十分原则"[1]。因此建议应该在《核安全法》中进行细化阐述，有必要的情况下再单独制定核能安全许可实施细则，如现在已有的《核电厂安全许可证件的申请和颁发》《民用核设施操作人员资格管理规定》等。二是要确保核能安全许可审查鉴定部门的独立性，才能保证鉴定结果的公信力和说服力。该部门应独立于核能领域政府主管部门和核能行业，如德国的技术鉴定协会，其为中立客观的私法人团体。三是要实现核能安全基准设定的法定化，通常认为行政方式设定的安全基准没有对外的效力，人民若因此权利受损，很难有救济途径。四是核能安全许可制度相关的听证制度、环境影响评估制度都应随之共同完善。五是建议将复杂冗长的核能安全许可程序分解成多个阶段性许可，不仅使整个行政过程容易把握，也使得许可过程较容易被理解和被执行。

至于具体条文表述也需一一慎重考虑。例如，核设施设立许可概要条件的表述方法，德日两国在立法实践中截然不同。德国《原子能法》第 7 条第 2 项第 3 款有关核能电厂的设置与运转许可规定，只有当"依照科学与技术之水准，对于因核电厂之设置与运转所将引起之损害，已采取必要之预防措施时"才能许可。而日本原子炉等规制法第 24 条第 1 项第 4 款规定，"核能电厂设施之位置构造及设备，在灾害之防止上没有障碍"才能获得许可。前者认可了行政许可的裁量余地，而后者则没有留裁量空间，这涉及在预决策领域，行政部门是否具有裁量权的问题。何种方式更为适合我国立法实践，需要再行考量探讨。具体到我国《核安全法》的规定中，第二十二条明确"国家建立核设施安全许可制度"，特别说明"核设施营运单位"是进行核

1　王社坤，刘文斌. 我国核安全许可制度的体系梳理与完善［J］. 科技与法律，2014（2）：184–203.

设施选址、建造、运行、退役等活动许可的申请主体，国务院核安全监督管理部门是受理审批部门。具体的许可原则、许可标准、许可流程则有待细则办法去规定，并未在该法中一一说明。

（四）重视核能国家安全审查

随着核能产业对外合作交流的频繁和深入，有必要认真考虑实施核能领域的国家安全审查制度。近年来，我国某些行业出现了领军企业被外资并购的情况，一些跨国公司和国外投资基金参与其中，这种很可能影响国家经济安全的状态已引起国内社会各界的关注，需特别警惕。为应对这种情况，有必要加紧完善法律法规和国家政策，既要考虑到如何有利于继续利用外资，更要重视保障国家经济安全，除依照已有的《反垄断法》对各类外资行为进行法定的反垄断审查之外，也不能省略或忽视严格的国家安全审查环节。参照国际社会大多数发达国家，它们为了防止外国投资影响本国国家安全和经济安全，都有相应的管制措施，如美国设立的外国投资委员会，这一委员会的职责就是专门负责发起对国外资本行为的审查，判断外资并购等行为是否会危害国家安全，如 2005 年中国海洋石油股份有限公司发起对美国优尼科石油公司的并购，虽然通过了美国的反垄断审查，但又被美国国会要求实施国家安全审查后，我国企业知难而退[1]。同样地，我国核能产业不但是事关国家经济命脉的重要行业，而且性质尤为特殊，对于境外投资者在我国管辖范围内从事核能项目相关合作、投资、并购等活动时，甚至是我国核能企业在境外为他国提供涉核项目服务时，都应当按照国家规定接受国家安全审查。所以，核能安全监管部门认定被许可方无损于国家安全才可颁发许可，即通过核能国家安全审查是进行核能行政许可的前提条件。

---

1 周婷玉，邹声文，艾福梅.我国立法拟对外资并购进行国家安全审查［N］.中华工商时报，2007-06-25.

第六章　事中阶段：核能安全预防制度

风险社会是指人类利用科技从事创造活动而产生人为风险，从而成为影响人类生活乃至生存和发展的主要因素的社会，风险损害具有不确定性、无限性、不可计量性、不可预期性、不可控制性和社会公共性等特性，因此对风险损害主要以规制法予以事前防范，主要通过事前预防责任的分担降低风险损害，事后责任作为补充。[1] 事前预防是处理问题更高层次的要求，如果可以实现从被动应对向主动防御的转变，社会治理能力就可以从 1.0 版本向 2.0 版本进阶了。这里涉及的风险预防原则翻译自英文的 Precautionary Principle，强调的理念是为了保护自然环境不受侵害，各个国家应当以自身能力为限，尽力广泛地采用预防措施，在受到严重的或无法逆转的损害威胁时，不得简单地以强调缺乏科学充分的证据为借口，而延迟实施符合成本效益的措施或手段以防止自然环境进一步恶化。风险预防原则的提出，直接指向的是环境受损的不可逆转性以及滞后性的特性，因而强调不能因为科学技术上存有不确定性就延缓采取行动，甚至拒绝采取行动，而是坚持要采取预防行为，坚持在环境问题尚未恶化到无法逆转阶段之前就果断采取行动加以阻止。[2] 例如，《生物多样性公约》的序言曾提出，在生物多样性可能遭受某种严重减损的威胁时，不应当仅依据缺乏充

1　刘水林.风险社会大规模损害责任法的范式重构：从侵权赔偿到成本分担［J］.法学研究，2014（3）：109-129.
2　王曦.国际环境法［M］.北京：法律出版社，1998：116-117.

分必要的科学定论为唯一理由，而延迟采用旨在避免或者尽可能减轻此种威胁的各项措施。鉴于核能利用归属于高危事业范畴，只要发展核电行业，就必然要防止任何形式的核物质和放射性物质的不当外泄。因此，在核电开发初期就应当优先考虑其安全性问题。国际原子能机构在"核安全标准"（NUSS）计划统领之下，先后制定了适用于核电站的安全法规和安全导则，详细说明了管理核电站的政府机构的设立及职责、核电站厂址选择中涉及的安全问题、核电站安全设计建造、核电站运行所涉及的安全问题、核电站质量保障等五个方面的内容。因此，建议也从这几个方面考虑设计我国核能安全防范性制度，建立核能安全预防制度。

一、核心环节：贯彻公众参与

现代社会人们的需求已经有了质的变化，迫切地要求个体发展、公平对待、充分参与，过程中不可避免地会产生怨气和焦虑。这些隐形的情绪怪兽吞噬着现代人的安全感，他们需要一个出口，更需要置身其中的体验，这是一种社会感知的表达。具体到本书讨论的核能语境中，核设施对周边相关的居民而言，最糟糕的是发生核事故，即便是日常运转伴随而来的环境污染等，都是相当严肃郑重的关乎生命、健康、财产的重大问题。换而言之，都是公民最基本权利的保护问题，他们是最直接的感知者，理当被授予最广泛的表达的权益。这样看来，如何设计构建合理的流程和制度，便于心存疑虑的周边居民能够真正参与其中，促进广大民众更好地认识理解核能技术，进而能够对核设施的安全运行树立必要的信心，心悦诚服地认可核能发展的安全性，从而接受行政决定，不仅是国家义务，也是增强核能安全决策民主性的要求，更是保护人民基本权利的重要课题。公众参与的源头是对当地民众利益的重视，能源行业自20世纪50年代以来就开始关注当地民众的利益保护问题，在核能利用领域更是成为重中之重。初期考虑到的当地民众权益，通常表现为服务地方发展、培训当地居民以提升技能和素养、转让授权专利技术、扶持当地政府开展基础设施建设，如修建道路、医院和学校等；之后范围扩展为包括民众参加当地资源收益的分配、参与有关能源开发项目的决策过程等方面，公众参与进一步得到重视和拓展。

（一）国际法基础和他国立法实践

国际法层面主要体现为对公众在民用核能领域知情权和参与权的保护，《核安全公约》要求每一缔约方落实恰当程序，不但要确保可能遭受核辐射紧急情况危害的本国民众能够及时获取真实信息，而且要确保邻近该核设施的国家及其对口部门能够获取制订核事故应急计划以及作出应急响应所必需的适当信息。《及早通报核事故公约》中则要求各缔约方在发生核事故的第一时间，负有向可能遭受此次核事故影响的国家或地区通报详细信息的义务。《乏燃料管理安全和放射性废物管理安全联合公约》则从乏燃料和放射性废物管理的角度出发，强调针对待议中的乏燃料和放射性废物处置设施的选址问题，必须要向所涉及的公众成员提供全面的安全信息。《安全标准丛书》中也要求涉核各国政府机构要建立适当的信息通报机制，以便及时、有效地向相邻地区各方通报核设施和核活动的安全方面和监管程序方面的各种情形。此外，监管机构还应在恰当时机通过公开的并得到广泛参与的程序，向邻近地区的各方、公众等进行意见咨询；《核法律手册》更是将透明性原则强调为核法律的一项基本原则，呼吁各国认真对待。

国际法关于信息公开类的建议和要求得到了大部分国内法的积极响应，如美国核监管委员会在推行"开放政府计划"之中，阐明了便于公众获得信息的各种渠道、信息公开申请的法定程序、制定或修订相关法规的提请程序，还列举了一些其他的公众参与的机会和场合。

核监管委员会的官方网站是民众获得核安全信息的重要渠道，该委员会有责任及时公布核能安全相关的现行的法律法规、核设施检查情况、环境影响评价结果、许可证审核进程和结果、新闻发布内容、出版材料等各方面的信息，各方利益相关者则有权依靠听证会、公开评议等正当流程，有效地参与到核监管委员会所开展的各项工作决策之中。法国则更为到位地将相关法律命名为《核领域透明与核安全法》，并依法成立核安全透明信息高级委员会，正式强调公众获取核安全信息的权利必须得到保护，且该类信息必须是可靠的、易于理解的，要求法国核安全局对核设施的审查和批准程序要召开公众听证会。以上实践做法都将为我国核安全法律体系切实贯彻公众参与提供有益的思路和路径。

（二）我国实现公众参与核能安全管理的重要方式

从中国发生的几起核纠纷公众事件看来，从某种角度而言，周边居民的参与及其利益获保障的程度，业已成为决定核能项目能否顺利进展的决定性因素之一。因此，尤其在核能安全预防阶段，公众参与就应当作为核心原则加以充分地贯彻体现，这种开放的状态能够协助主管机关顺利地开展信息搜集工作，且能获取全面、真实、详细的信息；除此以外，还能够有机会充分认识各种异议理由，并加以认真考虑，以便尽可能早期地考量并处理各种核设施可能引发的生命健康危机，从而达成预防公民基本人身权利受到侵害的最终目标。结合实践经验，公众参与的实现主要通过以下四种方式。

其一，公告是公众参与的基础形式。公众参与首先最基本的含义乃是将计划通知给民众，并使他们有提出异议的可能性。因而，切实有效的公告行为是公众参与的基础，公告要公布在政府官方媒体和核能项目实施地的公共媒体上，公告中应当对核能项目进行基本介绍，说明基本事实，告知提起异议的可能性以及异议时间、异议处理、异议决定方式等内容。公告是公众参与的起点，是后续两种形式的必经阶段，公众只有通过公告知晓了解核项目相关事项，才有可能在听证和投票中真正发表意见。正因为公告的重要基础地位，建议立法明确规范公告发布范围、公告事项翔实程度、公告发布载体、公告期长度等，通过法定规范确保实现公告的本意，将核能项目信息全面准确及时地传达给民众。将公告效果考察纳入核能安全监管部门的监管内容之一，违规公告将被视为无效并被及时纠正。

其二，组织听证是公众参与的重要形式。听证会具有促进规范行政行为的功能，以及保障整体规划的合法性、正当性与合目的性的功能。日本就专门制定了核能安全领域听证事宜的规章，对我国有很好的借鉴意义。如《有关核能电厂设立地实施公开听证要纲》中点明了听证的意义和作用：通商产业省将设立核能电厂时，对该核能电厂设置有关的诸问题对居住于预定设置地点周边有住所的居民，听取其意见，以及欲设立核电厂者，对地方居民说明，以求得其理解与协助时，举行公开听证。又如《原子炉设置之举办听证要领与实施细则》进行了更为细致的规定，如同一意见派代表发言、发言时长超过15分钟的书面补充、混乱听证现场秩序者的处理等，相当细致全面。

当然，以上规章也存在需要改进的部分，我国在实际立法中应当注意规避调整，尤其要注意以下几个问题：一、举行听证会的时间，应调整到核设施建设许可申请提交之前，否则此前已开展了大量土地收购、道路兴建等基础工事，此时才讨论能否设置事宜，基本使听证会流于形式；二、听证会的发起途径不能单一，不能仅由核能主管部门唯一发起，而应将权利同时赋予社会团体、地方居民、学术群体等；三、听证会上应允许质疑和讨论，保障意见得以充分发表；四、对于核能主管部门形成的听证会结果报告，应充分公开并允许质疑；五、听证会的次数、时长、参加人数不应被简单地"一刀切"；六、对听证会陈述者的如何取舍，要限制核能主管部门的单方裁量权；七、听证会相关资料应确保充分公开，允许自由查阅和复印。改进之道在于如何使听证实质化，将重点移转至有关鉴定的讨论，并充分保障请求查阅资料的权利，使工程核物理、核技术、放射线、地址、农业、气象、遗传、法学及其他相关科学领域的专家全面参与鉴定与讨论，并将其过程及结果向地方居民公开展示，不应不当限制资料查阅权或使专家无法全面获取资讯，导致形成单行道似的听证会。同时，也要求听证程序的指挥者秉承公正的裁量态度，维持核设施建设者与当地居民间的对等地位，以达到真正平等对话的态势。

其三，公民投票也是公众参与的民主形式。在日本就有核电厂因选址问题曾发起过居民投票，分别在新潟县柏崎市荒滨地区以及石川县志贺丁赤住地区，前者采取一世代一票，后者采取有权利者全体参与投票的形式，在新潟县的民众投票过程中，参与投票率高达88.3%，其中反对兴建的民众比例为投票民众总数的60.9%，赞成方的比例为39.1%，因此，依照民意否决了此核电站修建项目，[1]无论是极高的投票率还是极低的弃权率都可见民众对核能安全这一事件的密切关注度和积极参与感；1981年，高知县洼川町则发布了关于核能电厂设置的住民投票条例，正式对核能开发中的公民投票事项加以规范。德国的巴登－符腾堡州也设有基于居民请求的居民投票制度，但因为德国《原子能法》规定地方自治团体仅有陈述意见的权限，而无法在许可程序中发挥作用。

我国现行法律并没有类似于居民投票法的法律规章，仅有的《选举法》也只是人民选举人大代表参政议政的法律，对此并不适用。因此若居民行使相关核电厂选址的公民投票行为，并不具有法律效力，顶多只是民意的表现而已，其实这种民意是可以作为立法参考的。虽然公民投票具有直接诉诸民意的效果，但仍有不少问题需谨

---

1 新华网日本频道. 从福岛核电站事故看日本人的核意识［EB/OL］.［2015-04-06］.http：//japan. xinhuanet.com/2015-04-06/c_134127239_4.htm.

慎对待，例如可能受情绪和经济上的影响，甚至是被收买而歪曲居民的真正选择，投票结果若不妥当亦无法追究居民的政治责任。尤其，核电厂为高科技设施，其安全性问题并非简单通过民主投票就能完全明确，此外若不能恰当把握进展，难免会产生政治化争执，甚至上升为国际事件。当然，以上的谨慎考虑并不是对地方居民权益的否定，而是要将之纳入国家法律体系中，从宪法、法律、行政法规中对各方利益加以平衡，通过立法者的智慧化解各方利益冲突。否则随意主张法外正义，会破坏法律体系，危及法治基础，使得居民投票未获其利而先受其害。

其四，公民申请公开也是公众参与的有益补充。在核安全信息通过主动方式和渠道公开以外，特殊情况下，核安全信息还可能依公民、法人和其他组织的申请而被动公开。

其五，重视网络渠道在公众参与中发挥的作用。在大数据时代，太多的人每天都生活在互联网上，这就使得传统的当面开会、发纸质宣传资料、投票进票箱这样一些线下的行为相对显得不便捷，而且耗费更高的成本，也不为年轻人所接受。如果公众参与固守传统方式和渠道，必将被视为很麻烦的一件事情而丧失本意。组织公众参与核能安全建设的组织者必须要考虑这样一个问题，怎样能够比较方便、快捷、经济地去开展公众参与，甚至吸引公众主动积极地参与核能的安全管理工作。微信公众号、微博、主题贴吧、主题论坛，这些都可能成为发布和搜集核能安全信息的重要渠道，而且网络渠道也将大大丰富核能安全信息的存在形式，比枯燥的纸面说教更能为大众所接受。各类核能安全相关事件和行为所涉及的公众，只要愿意，都可以随时随地地参与其中，并且这种公众参与是低成本高效率的。

《核安全法》第五章专门设置了"信息公开和公众参与"章节，值得肯定的是其将二者提高到了重点关注的层面，但并没有明确二者的地位。立法建议是在该法中设置如下条文："国家有关部门及单位应当加强核能及其安全、核辐射防护和核应急知识的普及和教育，将其纳入国民义务教育体系。建立健全核能信息公开制度和公众参与制度，依法公开核能领域相关信息，包括核电厂等核设施建设运行、核事故应急等相关内容。"通过这种概述性条款，对建立信息公开和公众参与制度进行明示，才能更好地发挥作用。另外，在具体罗列公众参与方式时，还应当适应网络时代的要求，强调用好"互联网＋"这个工具，如在第六十五条提及的"对依法公开的核安全信息，应当通过政府公告、网站以及其他便于公众知晓的方式，及时向社会公开"之外，还应该强调增设微信、微博、贴吧、论坛等新兴的线上信息集散区，提升公众参与的便捷性、智能性。

二、前置环节：落实安全规划

规划，规者，有法度也；划者，戈也，分开之意。规划讲究的是是对未来整体性、长期性、基本性问题的思考和考量，面向比较长远的未来，设计全套的发展计划和行动方案。行政规划未雨绸缪的特性，使得其已经在现今社会的基础性建设、自然生态环境保护、维护社会平等和公民尊严等方面，都已经发挥着不可替代的作用，从而"在现代行政中扮演着愈来愈重要的角色"[1]。所谓的行政规划是指，某级行政主体在进行公共事业或其他活动之前，预先参照行政目标研究制定规划蓝图，并且为实现此目标进一步制定发布必要的各类政策性大纲的一类行政活动。[2]安全规划则是强调以安全观引导规划，以安全为规划目标，依靠准确而实际的数据，运用科学的方法进行从整体到细节的设计。核能利用中的安全规划主要涉及两个方面：一是核设施选址；二是核设施对环境的影响。

---

1 应松年.政府职能的演变与行政规划［J］.郑州大学学报（哲学社会科学版），2006（1）：5-8.
2 姜明安.行政法与行政诉讼法［M］.2版.北京：法律出版社，2006：260.

（一）核设施安全规划选址制度

安全规划选址环节可以说是确保核安全的第一关，其基本出发点就是实现事故状态下损失和影响的最小化。因此，核设施选址建设是一种面向未来的、事关重大、牵扯多方利益的行政活动，必须配套实施行政规划，就是在任何实质性建设之前必须完成前置环节，就何处建设、何种规模等建设目标提出规划蓝图和初步设想。由于核设施的设立计划耗费巨大，通常在设立地址选定之前就已作出投资决定，而无论在行政程序还是行政诉讼程序中，设立地址的选择总是备受攻击的焦点。在核能设施建设许可部分，要求建设方须证明依当时的科技水平对因核设施运营将引起的损害，已采取了相当必要的措施。这就说明许可的条件要随时适应最新技术要求，但从提出申请到获得许可开始运营，程序漫长，耗时有时长达十几年，核设施建设方根本无法自始就能形成一个完整计划。随着许可程序的持续，成本无限叠加，使得时间上更为拖延，结果上更加无法预期，投资很难获得保障。参照德国部分地区实行的"设立地确保计划"，虽对以上问题有所考虑，在一定程度上有效助益企业做出投资决定，但仍因依然缺乏法律约束力而不妥当。

基于以上考虑，建议将核设施安全规划选址程序独立设置，并事先作为前置程序予以确定。这种设置方式的优势在于：一是尽可能早期确定地址，减轻核设施建设许可程序的负担；二是核设施建设者只需要对规划的核设施说明其环境关系程度，而不必详细说明核设施运作情况，在时间上和经济上减轻程序负担；三是赋予主管机关更为充裕的决策时间；四是所有利害关系人都可以直接参与选址程序，尽早提出异议，主张自身权利，甚至将争议诉诸法院并及时得到结果；五是具有利害关系人权利保护功能，尽早发现明确核设施相邻利害关系人的利益，并纳入后期核设施建设规划中予以考量，同时也能保护核能产业投资者避免投资遭受巨大的不确定损失。固然，这种模式也存在其弊端，其中被广泛诟病的是选址审查内容与核设施建设许可审查之间的界限很难划分，但这种区分困难并不必然能成为拒绝前置独立设立选址程序的理由。德国《原子能法》则采用了类似的设置方式，第7条规定，依第7条申请设施许可者，对于各个问题，特别是有关设立地点的问题，可以给予预备许可。如果设施申请人未于预备许可授予后两年内申请许可，则预备许可无效。该预备决定对于整体设施的个别问题具有终结意义，最终实现减轻申请人的投资风险与许可手续风险的目的。建议在立法中明确，为保证该选址程序的有效性，据此选定的核设施地址对后来的设施建设有拘束力，对该地址的异议必须于本程序之中提出，否则事后此异议权利将被排除。

以安全为出发点，在核设施安全规划选址的行政规划行为中有两个方面需要重点关注：一是专业判定；二是公众参与。概要看来，对于核设施建设这一投入成本大、专业要求高、后续影响长的工程而言，专业判定主要是从物质基础上充分保障其安全可靠，而公众参与主要是从思想基础上确保其获得认可和接受。首先，开展专业判定是前提，如想要达成核设施选址科学安全的目标，需要认真综合地考虑多方面因素，例如自然灾害类因素：地震、洪水、泥石流、海啸、极端气象等；又如外部事件类因素：飞机坠落、化学爆炸、恐怖袭击、社会暴动等；还有环境人文类因素：生态环境、水文环境、人口环境等，不可不谓一项庞大复杂的系统工程。我国环保部（现为生态环境部）、质量监督检验检疫总局（现为国家市场监督管理总局）2011年就推出过最新版的《核动力厂环境辐射防护规定》（GB 6249—2011），其中明确要求核电站选址必须要统筹考虑厂址拟选区域的地质水文特点、所处地震带、气象、交通、土地和水源的利用、周边人口密度及分布等厂址周边的环境特点，必须要考虑拟选区域内可能存在的自然性或人为性的外部事件将对核动力工厂安全的全部影响。如此众多的需考量因素和相互间复杂的牵扯关系，对专业判定提出了极高的要求。其次，公众参与是保障。核设施安全规划选址制度具有行政程序法和规划法的性质，公众参与也是其必不可少的环节，应当履行所有利害关系人的听证程序。但现实中，核设施安全规划选址问题常常被以行政决定等非法律的方式决断，因此，本书以为应积极将其纳入法律规制范围之内，透过实体法和程序法，尤其是程序法，兼顾公益和私益，实现国家利益与公民基本权利的平衡。正如 2016 年 9 月 19 日，国家发展改革委、能源局起草的《核电管理条例（送审稿）》中提出的，核电厂的选址以及其他可能涉及公共利益的各种重大事项，都应由具有管理权限的行政机关牵头，安排论证会、听证会、公示或者其他方式充分征求广大公众的意见。

除此之外，对于通过法定程序选出的合格厂址也应当进行规范管理和保护，首先应建立国家核设施发展规划厂址保护目录并进行统一管理，各级政府履行职责做好本区域内的核设施备选厂址保护工作，核安全监管部门做好厂址保护监督工作，根据需要制定核设施备选厂址保护办法，保护好稀缺厂址资源的安全，且已纳入保护目录的厂址在规划期内不得随意变更用途。

（二）核能安全环境影响评价制度

环境影响评价（Environmental Impact Assessment）字面意思比较清晰，规范的定义是指"评价者在周全考虑环境影响受体敏感性的前提下，依据特定的原则或评价标准，运用特定的评价方法对规划可能造成的环境影响进行结果预测，即对评价因子的显著度进行定性或者定量的结论性描述"[1]。环境影响评价制度的建立是科学进行核设施安全规划选址的立足点，是广泛应用在能源规划中的必然方法之一。能源规划中所涉及的环境影响评价制度具有很丰富的内容，其主要关注：对生态环境和自然资源的影响程度的评估；由此引发的污染性

---

1 鞠美庭，张裕芬，李洪远.能源规划环境影响评价［M］.北京：化学工业出版社，2006：93.

状态可能的变化趋势、污染物总体数量平衡的分析、污染物与环境容量之间兼容性的分析；能源规划的合理性评价，其中包括可能引发的社会性的、经济性的、环境性的变动趋势以及生态环境承载力的兼容性分析，此外还有此规划可能带来的积累性的影响分析；等等。联合国的机构设置中特别独立设立了环境规划署这一部门，其就环境影响评价给予了官方的说明，编制了《联合国环境规划署的环境影响评价原则》(*United Nations Environment Programmer's Principle of Environmental Impact Assessment*)，要求环境影响评价至少应涵盖以下方面：拟议项目的基本情况；可能受影响的环境；实际的备选方案；可能的和潜在的环境影响，包括直接影响和间接影响、短期影响和长期影响；准备采取的减轻环境影响措施的估计；研究可能影响评价的任何不确定性因素或遗漏的信息；是否有其他国家或地区也受该项目的影响；上述内容的简要总结等。

　　环境影响评价制度被评为环境保护监管中最为行之有效的机制，首先向决策者明示了待议能源项目潜在的环境危害性，其次为待议能源项目进一步优化而减轻环境危害提供了机会。众多国家早已将环境影响评价纳入石油和天然气行业发展的必要环节，直接颁布环境影响评价法令的国家已达170余个，大量的国际环境公约更是专门设置了环境影响评价条款，以世界银行为代表的国际组织也明确要求对资助项目履行环境影响评价程序。如1970年生效的美国《国家环境政策法》(*National Environmental Policy Act*)，将环境影响评价制度作为整个法律的重要组成部分，在当时成为一个具有重大而深远意义的制度创新，极大地改善了美国的政府决策，并对政府行为产生严格的约束性和广泛的监督性，为其他行政机构、公众和社会团体参与环境决策提供了合法、有序的平台，成为环保与经济发展等其他因素实现博弈平衡的一个重要制衡手段。

　　我国环境保护法中也有明确规定，要求在实施各类新建、改建和扩建工程之前，必须依规定提交与环境影响相关的报告文书。前文已明确说明，核能行业的高风险性毋庸置疑，预先进行核能安全的环境影响评价是必不可少的环节，而且必须是最前置的环节。我国现有的《放射性污染防治法》第二十条强调，核设施营运单位在办理核设施建造、运行许可或者退役审批之前必须要编制本项目的环境影响报告书，并提交国家环保行政主管部门审批通过，一旦未批准则无法取得许可证或批准文件。第二十九条又进一步指出，生产制造、经营销售以及使用放射性同位素、加速器、中子发生器等含有放射源的射线装置的单位想要申领许可证的，也应当事先编制并提交环境影响评价文件后，经本级人民政府环境保护主管部门审批通过后，方可获得许可证。

　　本书认为，核能安全环境影响评价制度要求对核能项目实施后可能对周边环境、社会、民众等方面造成的影响，对应提出解决问题的对策和措施，并进行跟踪监测，其中又以环境方面最为重要。该制度的目的在于扭转和纠正在核能项目规划和决策行为中表现出来的忽视项目影响、盲目追求经济回报的问题，促进核能产业决策的科学化和民主化，有效防范核能经济的安全隐患。《核安全法》中仅在第二十五条和第三十条，即核设施建造前和退役前，核设施营运单位应当向国务院核安全监督管理部门提出申请材料的条款中提及了要包括环境影响评价文件，仅此而已。具体立法中，建议要明确核能安全环境影响评价的法定程序、范围、报告公布及其他事项，要确保该评价程序有可操作性，更要能产生实际效果。因为2018年12月29日修订的《环境影响评价法》中，仅仅说明了核设施等特殊性质的建设项目由国务院生态环境主管部门负责审批其环境影响评价文件，而并没有基于其特殊性质进行个性化说明，现实操作中依据不足，有必要在《核安全法》中予以言明。

（三）核设施安全设计建造制度

核设施的设计建造仰仗于核能开发利用的工艺流程、设施设备、施工技术、内部管理等方面的质量，其关键是加强自控能力，降低事故发生概率，必然要遵守基本的安全准则和标准，经过充分的科学论证和安全评估，这是确保核设施后期安全营运的起点，也是关键阶段。建立核设施安全设计和建造制度也成为各核工业国（地区）在制定核能相关制度时必然要强调的内容，如美国在 1989 年将原来的建造和运行分阶段许可，合并成为联合运行许可，但是依然独立保留了设计许可证[1]；韩国《原子能法》第 12-2 条和第 12-3 条针对重复建造相同设计类型的核设施，规定了标准化的设计许可证[2]；如中国台湾地区制定的所谓《原子能法实施细则》，该细则第 34 条第 1 项针对申请方申请建厂执照时提出要求，强调填具申请书并附带提交核电厂初期安全分析报告的时间点，应当在建厂地点核定之后，开始建造之前。该初期安全分析报告中须载明：设置地点的叙述与安全分析；核电厂设计与运转特性及安全考虑的概述；核电厂结构、系统与组合件的初步分析与评估；核电厂的组织计划、人员培训计划、初步运行的督导计划；与保证品质相关联的设计、施工及检验计划；应付紧急事件的初步计划。这是在台湾建设核电厂申请建厂执照时，必须与环境影响评估报告一起提交的重要材料，后续还需配套提交核电厂安全性综合报告，即终期安全分析报告。有的针对如何确保核设施安全提出设计和建造应遵循的宏观原则，如美国核能监管署制定的《核反应堆安全标准》，该原则性要求经历了从"零容忍"到"可接受"的变化演变过程，最开始的严格遵守、严格保守的原则，即要求：一是不能发生核反应堆事故；二是核反应堆不能引起导致死亡的核辐射；三是核反应堆事故不能造成显著的核辐射；四是不能发生针

1　郁祖盛．中国与美国核电厂许可证管理程序的比较［J］．核安全，2006（3）：33-38.
2　徐原，陈刚．世界原子能法律解析与编译［M］．北京：法律出版社，2011：489.

对核反应堆的辐射性破坏行为；五是核反应堆不能出现引起环境破坏的核泄漏事故。但很明显，零容忍是难以实现的。随后在 1986 年，美国核能监管署又重新制定了安全政策目标，将核电站运营的安全风险限制在可接受的水平，指出：核反应堆事故造成的死亡不应超过其可比事故风险总和的 1‰，而核电站运营引起的癌症死亡率不应超过美国社会其他成员癌症死亡率的 1‰。

笔者建议我国《核安全法》后期在完善核设施安全设计和建造制度的相关内容时，应当考虑原则和具体要求相结合的方式，以能够持续有效防御辐射危害，保护厂区人员、公众和环境为目标，集中阐述核设施的构筑物、系统和部件的设计方法和设计要求。首先，在原则部分要舍弃"零容忍"原则，显然"零容忍"原则既脱离实际也不利于促进核能产业的发展，而应当依据科学统计设立"可接受"风险的红线，在确保安全最大化的前提下发挥核能产业的优势。其次，也要提出安全设计和建造中必须要满足的要求，但对如何满足这些要求则不用作具体规定，同时因为具体规定更多的是技术概念和参数，在此不便也无法一一列出，只能通过相关的安全导则和技术文件加以补充说明。在提炼要求和制定具体导则文件时，应当尊重并参照国际通行的、核电发达国家现行有效的法律法规、安全导则和规范标准等，此类法律文件或者已经得到权威机构的充分认同，或者已经在核设施建造运营过程中得到了实践检验，此外鉴于我国核能产业自主化、本地化的发展要求，也要贯彻中国自身的国家标准和行业标准。我国相关核设施设计和建造质量类的法规、导则和技术性文件相对还是很完善的，现有《核动力厂设计安全规定》《核电厂设计中总的安全原则》《核电厂堆芯的安全设计》《核电厂辐射防护设计》《核动力厂反应堆安全壳及其有关系统的设计》《核动力厂抗震设计与鉴定》《核电厂放射性废物管理系统的设计》《核动力厂燃料装卸和贮存系统设计》《放射性废物焚烧设施的设计与运行》《乏燃料离堆贮存水池安全设计准则》《核电厂质量保证安全规定》等一系列与建造材料选择、部件制造、施工规范相关的安全导则和技术文件，内容很丰富，体系也比较完善，但也因为散落在各个法规、导则和技术文件之中而显得相对分散、不成体系，影响实际使用。所以在《核安全法》中要体现核设施安全设计和建造的原则性要求，同时提出体系化完善其具体要求的方式和目标，有效整合现有的各种规范文件，特别是要积极采纳国际通行的规范和标准，或者以直接写入的方式，或者预留"可参照执行"的通道。主要有国际原子能机构法规 29 篇、美国联邦法规中的能源部分（10 CFR）、美国核管会管理导则 169 篇（NRC RG）、国际放射防护委员会（ICRP）规范、美国机械工程师学会规范 36 篇（ASME）、法国 RCC 系列标准、法国工业部核设施安全中心规则（SCSIN）等。最后，要在核设施安全设计和建造中深度贯彻纵深防御原理，以保证所有的设计和建造活动均置于重叠措施的防御之下，防止偏离正常运行，即使有一种防御失效，亦可得到补偿或纠正。纵深防御既要体现在软环境中，如提供多层次的设备和规程，也要同时体现在实体屏障硬件中，如在核设施中加载燃料包壳、反应堆冷却剂压力边界、安全壳等。

此外，还要强调的一点原则是，在核设施设计建造阶段要严格贯彻落实环境保护法中推行的重点制度之一，即将"三同时制度"具体落实到核设施设计建造环节之中，实践中指核设施配套的安全防护设施或者放射工作场所的新建、改建、扩建中涉及的放射性安全防护设施。无论是设计、施工还是投入使用，都必须与核设施的主体工程同步开展，保持步调和进度一致，即实现二者同时设计、同时施工、同时投入使用。该"三同时制度"在现有的《放射性污染防治法》第二十一条和第三十条中已得到体现，理应在《核安全法》中得到延续和保留。

三、重要环节：保障安全营运

（一）核设施安全运营制度

核设施安全运营管理工作的要点是由核设施运营单位建立起与自身相适应的企业安全管理和质量保证体系，在企业内部组建专门的安全管理机构，配置专业人员，明确安全和质量责任，加强实物安保系统建设，做好网络信息安全工作。国际原子能机构借鉴美国核能产业顺利发展的成功经验，以法律文件的形式加以固化，于 1978 年制定并发布了《核电站安全质量保证法规（IAEA50 — C — QA）》，一经推出就得到世界上核工业国的一致认可。该法规共 13 项条款，从组织机构的设置、文档管理、设计控制、采购把控、原材料管理、产品工艺及流程控制、检测检验控制、不符合项处理、纠正措施、日常记录、质量监察等众多环节逐一把控核电站安全质量工作。为了帮助缔约国和核设施的运营者更好地理解并落实好这一系列的安全类法规，国际原子能机构随后还接连制定了该安全法规的实施导则 50 — SG — QA 系列，逐一分析解读主要条款。此系列导则吸纳了世界各主要核电国家成功地完成质量保证任务的优秀经验，因而得到核能领域众多参与国家的广泛认可，并在国际原子能机构成员国范围内得以推荐使用，我国也于 1986 年制定了相应的法规《核电厂质量保证安全规定》及其支持性文件《安全导则》等。

（二）涉核工作人员职业安全制度

国际辐射防护委员会（International Commission on Radiological Protection， ICRP）早在几十年前就建立起辐射安全防护的三大基本原则，即正当理由、最优化和剂量限制，以实现对以涉核工作人员为重要群体代表的民众的辐射安全防护。早在 1960 年颁布的《保护工人以防电离辐射公约》（*Convention Concerning the Protection of*

Workers against Ionizing Radiations）以及《保护工人以防电离辐射建议书》（*Recommendation Concerning the Protection of Workers against Ionizing Radiations*），都适用于保护从事暴露在电离辐射之中的放射性从业人员，要求雇主必须在此全部工作程序中依据已掌握的专业知识，尽可能地采取恰当的安全措施防止电离辐射的危害，有效保障工人的身体健康和生命安全；而且雇主们还有义务按要求制定与辐射防护相关的内部管理制度，并且要真实完整地记录与辐射防护相关联的工作数据，以备查阅。政府和企业都有责任建立核能生产劳动安全与职业健康制度，促进职业安全与卫生，不仅要规范单纯的作业安全或职业卫生保护，如防止安全事故、人员培训、防治职业病等，还要包括为职工提供健全的社会保障，包括退休保险、医疗保险、事业保险、特殊岗位津贴等更为细致的制度安排，有效地体现《核安全法》可持续发展的基本原则和以人为本的价值取向，目前通过第二十条有所体现，具体要求是"核设施营运单位应当按照国家有关规定，制定培训计划，对从业人员进行核安全教育和技能培训并进行考核。核设施营运单位应当为从业人员提供相应的劳动防护和职业健康检查，保障从业人员的安全和健康"，是否有相应的保障机制，无从知晓。

（三）核设施安全保卫与监督制度

核设施相关的安全保卫与监督制度是指作为掌控核设施运行的单位或者是开展与生产、销售、使用、贮存放射源相关活动的单位，都应当从安全保卫和监督的角度出发制定完善的制度体系。同时，国家要配套建立放射性污染检测监测制度，这一制度将为有关行政主管部门对放射性污染防治进行监督管理提供真实有效的依据和基础。我国现有的《放射性污染防治法》第二十五条规定，负责运转经营核设施的单位应当健全安全保卫制度，加强核设施的日常安全保卫工作，并且积极主动地接受并落实公安部门给予的监督和指导；第三十三条规定，日常运营中涉及放射源的生产、销售、使用和贮存等工作的单位，应建立健全安全保卫监督制度，设定专人负责，切实落实安全责任制。而其第二章第九到十七条专门规定了放射性污染防治的监督管理制度。在《核安全法》立法中已有所考虑，具体体现在第十二条，提出国家加强对核设施、核材料的安全保卫工作。明确核设施运营单位相应的职责，应当建立和完善安全保卫制度，采取安全保卫措施，防范对核设施和核材料的破坏、损害和盗窃。

（四）核能安全责任保险制度

首先在环境法领域诞生了环境责任保险制度。随着各级政府对环境问题的重视以及对环境责任追究机制的不断完善，企业地方保护主义的优势逐步淡化，企业随时面临着要集中承担巨额赔偿责任的危险。然而，经济要发展，企业要盈利，公民要维权，这三方的博弈结果必须是共赢。一种新的制度应运而生，即按照传统做法为石油财产和设备购买保险以外，一些石油生产国提出强制性的"环境保险方案"（Environmental Assurance Programmes），要求能源公司必须针对能源开发利用可能造成的环境影响进行保险。环境责任保险制度就是指被保险人事先在保险合同中列明了将要从事的业务活动，随后其因实际开展上述业务活动而引发环境污染的损害性后果时，以其应当负担的环境责任作为保险标的的一类责任保险。[1] 根据相关的环境保险政策规定，这种环境保险方案的内容一般包括污染责任、污染清理和恢复的费用以及问题管道的修理更换费用等。这是一种风险转嫁手段，更是一种责任分担机制，可以通过预先订立的环境责任保险合同，在一定程度上化解企业经营者的经营风险，实现自我保护，更重要的是可以使环境自身和环境权益受到侵害的群体得到充分、及时、有效的恢复或赔偿。同时，在整个合同期内，保险公司将会采取各种有效手段帮助督促企业自觉保证安全生产、降低环境风险发生的概率。中国目

1　阚小冬.试探"政府推动"环境责任保险的经济学依据［J］.江西师范大学学报（哲学社会科学版），2007（4）：103-105.

前已在湖南、广东、内蒙古、陕西、河北等十余个省（自治区、直辖市）开展组织投保"环境污染强制责任保险"的试行工作，参与投保的企业总数貌似不多，仅 2000 余家，但所涉及的全部保险金数额巨大，将近 200 个亿，同时环境污染责任保险的地区覆盖面正逐步呈上升趋势。实践中规模较为庞大的一次环境责任保险兑付发生在 2012 年，涉事主体是中国领域内最大的海上油气田——蓬莱 19-3，这是由中海油和康菲石油共同开发的项目，其发生了大范围的油气泄漏，导致官方索赔共计 30.33 亿元，中国海洋石油总公司支付了 7.3 亿元。但由于环境侵权成本低，企业自愿签订环境责任保险合同的意愿很微弱，这就需要政府适当介入，采取强制参保和自愿参保相结合的办法，提高企业参保率。

随后，在核能行业中也出现了类似的保险制度。最早始于 1957 年美国的《普莱斯－安德森法案》，提出赔偿限额中的 9000 万美元由私人保险公司承保，自此这一创新的做法成为核能安全责任保险在世界各国的开端。此后，国际原子能机构在 1963 年《关于核损害民事责任的维也纳公约》中提出了一个强制性的财务保证的要求，即要求核设施运营者必须在其应承担的法律责任范围内，购买相应金额的保险或提供等责任限额的财务担保，这样才能确保运营者有能力在发生核事故时履行其相应的赔偿责任，这既是对受害者的保护，也是对运营者和核能产业的有效保护。在德国核能产业发展实务中，每一个较大的核设施所有者均投保有保额为 2 亿马克数额的责任保险，其合作伙伴是各大保险公司，该风险又经由百分之百的再保险方式转移至所有具有共同利益的责任保险人社团，从而构成了德国的核设施保险团体（德文名称：Deutsche Kernreaktor-Versicherungsgemeinschaft，DKVG），此团体再将其风险移转至其他国家相应的保险团体，相应地也接受来自外国相类似的风险投保。

我国核能安全责任保险开始于大亚湾核电站建造时期，通过《国

务院关于处理第三方核责任问题的批复》（国函〔1986〕44 号），
安排中国人民保险公司根据国际惯例为大亚湾核电站签发了国内首
份核责任险保单，并通过国际核共体组织进行了再保险。无论是之
前的国函〔1986〕44 号文，还是之后的《国务院关于核事故损害赔
偿责任问题的批复》（国函〔2007〕64 号），目前我国仍只是以法
规性文件的形式对核安全保险进行了初步规定。值得肯定的，一是
强调了其强制性保险的特点，国函〔2007〕64 号文明确提出要求：
营运者在核电站正式运行之前，或者是进行乏燃料贮存、运输、处
理等工作之前，必须已经购买了足以涵盖其责任限额的保险。据此，
目前我国所有正在运营的核电站都依规进行了投保；二是遵循唯一责
任原则，我国核责任保险放弃了对个人或组织机构的追偿权；三是特
别规定了相对于普通情形下更长时间的索赔诉讼时效，保单中载明，
"在事故发生之日起超过 10 年期限才提出索赔的，或核燃料、放射
性材料、乏燃料自发生被盗窃、丢失、抛弃、遗弃之日起算，超过
20 年才提出索赔的" [1]，都不予负责。我国核能安全责任保险制度这
些优势，都应当被《核安全法》所吸纳，正式以法律的形式确定该制度。
实际法条中的提法是从核设施运营单位义务的角度提出的，要求其作
为主体通过投保责任保险、参加互助机制等方式，作出适当的财务
保证安排，确保能够及时、有效地履行核损害赔偿责任。法规通过后，
时任全国人大常委会法工委国家法室副主任童卫东，介绍说有国家
对企业的强制保险制度，同时国家也会有兜底责任。核设施运营单
位投保责任保险实际上就是一个强制性保险，在核电厂建设、运营
之前，首先要投保一个责任保险，当然，现在投保的责任保险保额
比较低，为 3 亿元，可能还需要调整。综上可见，我国核能安全责
任保险还存在两个明显的不足之处：一是保单赔偿限额最高为 3 亿元，
与数亿美元的国际水平存在很大差距；二是保单仅限于境内核事故，

---

1 贾颖.浅谈我国核责任保险 [J].中国保险，2011（5）：47-49.

无法承担跨界核能安全责任。

四、末端环节：实现安全退出

（一）核设施安全退役制度

核设施运转一定年限后必须永久停止运转而被废弃，不论是采取完全封闭的方式，还是管制数十年后再行拆除，抑或是立即拆除，均牵涉处理放射性废物而带来的巨额财力耗费问题。很多能源公司在大多数能源项目开发完成后或者作用发挥完毕后，项目产生的废弃装置对于它们而言由摇钱树摇身一变成为沉重负担，庞大的后期处置费用让它们不忍直视。以英国海上施工协会的分析为例，如若要完全处置英国北海上现有的 219 个能源装置，可能要耗费 70 亿美元，即便是部分处置这些能源装置也面临着 46 亿美元的经济负担。又如德国的 Niederaichbacher 核电厂于 1966 年兴建，1995 年开始拆除，当初建造费用为 2.32 亿马克，而拆除费用预计 2.8 亿马克，也就是将花费当初建造费用的 1.2 倍才能完成。[1] 以美国为例，将有 100 余座核反应堆的许可于 2025 年之前到期，百余座核设施的退役工作将是庞大的经济负担和资源负担。核电站的拆除工作不仅仅是从建筑学角度将建筑推平，更为核心的工作是要去除核反应堆内部的所有具有放射性的设施和零部件，因此导致每个核电站的拆除成本远远超过 10 亿美元，这一成本一般通过电费而转嫁到了消费者的身上。尽管核能公司被额外附加了巨额的运行成本，然而，妥善处理废弃装置的义务仍属"义不容辞"，因此对核电站等核设施的安全退役环节进行规范管理就显得尤为重要。

根据《乏燃料管理安全和放射性废物管理安全联合公约》中对于核设施的"退役"进行的定义，主要是指处置设施以外的核设施过渡

---

1 陈春生．核能利用与法之规制［M］．台北：月旦出版社，1995：253．

到免于监管性控制的状态而已采取的所有步骤和流程，主要包括去污和拆除这两个过程。这里的去污主要体现在放射性废物安全管理的环节，下文将予以阐述，本部分重点关注核设施拆除环节。核设施是否已经老化到退役的阶段需要依据数据做出科学判定，这些数据来源于日常运营中的测量和收集。国际原子能机构现有的已出版的 300 个系列技术报告（IAEA TECDOC Series）中，有 35 个是关于核设施老化或退役的，如《核电站老化管理的数据收集和记录保存》《核设施退役过程中的职业辐射防护》《核电厂在延迟建造期、长时间停工和退役前永久停工期间的老化管理》等，较为详细地规定了核设施老化和退役事项的评估和管理等内容。如此多的技术报告等国际原子能机构推荐的文本，虽然还未被赋予官方的约束力，但仍得到了众多国家的认可而被广泛地吸纳进本国核能相关法规的正式文本之中。

针对我国核设施安全退役制度的立法建议是，其一，核设施的拆除和解体成本巨大，就运营者本身意愿而言必不想承担此工作，因此该义务必须法定，需要在核安全法中明确规定核设施运营者确保核设施安全退役的义务，其有责任妥善执行核设施的拆除或封闭等工作，确保社会公众不会因此受到不利影响。此强制性义务可以配套以相应的惩罚措施。其二，由于终止运转的设施上必然存有核燃料带来的污染，将可能对第三人的生命财产或者社会公益造成损害，必须由责任机关对其采取事先控制，因此核设施终止运转以及核设施的拆除解体均应当经过行政许可。针对申请设立核设施的许可阶段，应同时要求申请者提交相应的经济实力证明，确保其有相当的财力保证可以完成核设施的拆除环节。其三，核设施的退役牵涉退役设计、退役标准、退役实施、退役管理等一系列重大问题，除了在核能法和核安全法等法律中进行原则性确认，更有必要参照国际原子能机构的技术文件，以及其他国家良好的实践经验，建立具有可操作性的实施细则，确保退役工作的安全性和有效性。

（二）放射性废物安全管理制度

在核能利用过程中会残留一些放射性废物，这些工业废物具有特别大的社会学和生物学的危险性，以放射性废物之一钚为例，一方面需要防止其被恶意窃取用于恐怖用途，"因为即使为通常人，只要五公斤左右的钚，很容易制造出核子弹"；另一方面，钚具有极强的毒性且半衰期长达上万年。当然，不仅仅是钚，核燃料利用或再处理后会产生多种大量的高放射性废弃物。核能利用中若不能圆满解决放射性废物的安全管理问题，正如居住在没有卫生间的住宅之中，有进无出终将危害自身，因此加强放射性废物的安全管理责任重大。

放射性废物安全管理属于一种行政核技术活动，内容很丰富，涵盖产生、预处理、正式处理、准备、运输、存储和处置等全部环节。对放射性废物执行从出生到灭失的生命周期的全过程优化管理，追求最佳的经济、环境和社会效应，对于核能安全利用和可持续发展具有重大现实意义。这种重大意义的实现，仰仗于放射性废物管理政策和法律规范的有效建立，特别是要区分工业、农业、医疗、军用和能源等不同领域放射性废物的存放、运输和处置特点，进行详细规制；如何实现放射性废物长期、安全的存放和处置，必须要置于法律的规范之下，正式地写入法律文件之中。国际原子能机构于1995年发布的安全系列文件中包括《放射性废物管理原则》，该文本集中成员国的成熟意见，打造了9条放射性废物管理的基本原则，分别是"保护人类健康、保护环境、超越国界的保护、保护后代、不给后代造成不必要不适当的负担、纳入国家法律框架统一规范、严格控制放射性废物的产生、兼顾放射性废物产生和管理各阶段之间的相依性、保障废物管理设施的安全"[1]。此外，国际原子能机构还专设了废物安全标准顾问委员会（WASSAC）负责此领域事务，已经有针对性地颁布了有关放射性废物管理的系列标准和导则共计84份文件，覆盖的12个领

1　罗上庚.放射性废物处理与处置［M］.北京：中国环境科学出版社，2007：1.

域主要有：基础性和通用性导则，放射性废物处置之前的管理，放射性废物的运输和排放，放射性废物的近地表处置以及地质处置，放射源管理，铀钍矿冶废物的管理，核燃料循环废物管理，反应堆运行产生的废物管理，反应堆退役和周边环境整治，废物管理的电离辐射防护等。此外还制定发布了《乏燃料管理安全和放射性废物管理安全联合公约》、《核电站放射性废物管理：业务守则》（1985 年）、《地下处置高放射性废物安全原则和技术标准》（1989 年）、《放射性废物国际跨境转移业务守则》（1990 年）等，这些指引和导则的及时颁布，有效指导了各涉核国家妥善地建立起放射性废物处理相关的法律法规，在科学指引技术操作等方面也发挥了积极作用。

放射性废物的处理实质上就是要求完成"废物最小化"，此类处理活动属于高科技含量类行为，并且与国防安全休戚相关，因此世界核工业国家高度重视放射性废物的处理。如德国 1980 年由联邦内政部长颁布的"核设施废弃物处理原则"，指出处理规划包括四个重要部分：一是在核设施内部与外部的放射性燃料进行的中间储藏；二是燃烧过燃料的再处理及因此获得的核燃料在核设施中再利用；三是依原子能法在技术上不可能、经济上不适当的进行再处理的燃烧过燃料直接最终储藏的技术研发，以及对轻水反应器燃烧过燃料直接最终储藏的技术研发；四是放射性废弃物除去的步骤，分检查、在核设施内外或集中处所进行中间储藏、高放射性热废物的中间储藏及最终储藏。

针对我国的立法建议有以下几点。

一是对何为需要处理的放射性废物进行明确界定。一般而言，有经济价值的物和可以被废弃的物之间的区分界限，是由市场情况和科技水平决定的。但对于放射性原料而言，则要换个思路，应主要从安全性及放射线防护的角度来考虑是否具有利用的可能性，然后再综合考虑国家能源经济、原料经济、技术政策和市场需求等因素。之前德国《原子能法》规定：放射性废料要"依科学技术水平而言为不可能，经济上而言不适当或者无法实现原子能利用的目的，方可视为放射性废物而进行处理"。1994年修订的时候该条款被删除正是出于这样的考虑。根据生产实践来看，放射性废物其实不仅仅应包括核燃料不可利用部分，还应包括处理核燃料的或者会产生放射性辐射的废弃核设施和核设备等。因此本书建议具体条文可以表述为：放射性废物是指具有放射性或受放射性物质污染的无法继续安全利用的废料和废弃物，且由相关主管机关制定具体认定标准加以判定。这种表述方式同时还强调了主管机关的职权和责任，主管机关在核能技术方面拥有的人才、知识和决策优势得以充分考虑。

二是放射性废物产生管理中要坚持"最小化"原则，重点要通过恰当的设计方法、运营、退役、再利用环节确保该原则的切实可行，确保从源头上限缩放射性废物的规模和数量，正是放射性废物安全管理的第一步。欧盟"放射性废物和核废料安全框架指令"在指导成员国制定国家相关政策法规时就特别强调了类似的原则，列在第四章基本原则的第一条，要求各成员国尽可能保证放射性废物的最小化产出，无论是产出活动数量还是每次活动的产出数量都要最小化，主要通过合理适当的设计方式、运营和退役实践、核材料循环再利用等渠道来实现。

三是放射性废物处理环节也不可避免地涉及核安全行政许可。首先关于是否有处理放射性废物的资质，其次放射性废物处理过程中的中间储藏地和最终储藏地也是必须提前获得许可认定的。德国在1976年发表的核废弃物处理相关通告中就明确指出：未来核设施许可必须附有充分的废弃物处理证明，既强调了放射性废物处理是许可阶段的重点关注内容，也同时强调了安全处理放射性废物是核设施运营者的重要义务之一。

四是放射性废物安全处理的责任划分。对日常生产中的放射性废物采取必要措施，以及对其的中间储藏环节，无疑责任在于设施和设备的运营者和管理者。但是对于核设施外产生的放射性废弃物的处理和中间储藏环节，以及全体放射性废物的最终储藏环节，因为最终储藏场址不易取得，且所需资金庞大，储藏场址的保护期及监管期漫长，目前核能先进国家均将放射性废物的最终处置列为国家责任，只有国家层面才能从技术和法律上妥善解决最终储藏问题。建议我国也指定有责部门负责统一管理放射性废物的安全处理，将全国放射性废物处理工作宏观把控，统筹管理，尤其集中精力做好最终储藏工作。上述两个主体工作的有机结合，才能做到对放射性废物全过程的安全处理。具体条文可以表述为：放射性废物的最终处置属于国家责任，由国家授权有责部门制定国家计划，公布评价指标、里程碑和时间表，监督放射性废物安全处理进展。

　　五是要重视放射性废物处置的中间储藏和最终储藏选择环节的公众参与。这两类储藏场址的选择与前文提到的核设施设立场址一样，甚至更为广大民众所关注，因为储藏类的场址尤其是最终储藏场址，会给周边民众带来更多的反感与恐慌，更容易被民众所反对。所以在这种情况下，要充分赋予民众知情权与参与权，否则只会激化矛盾，导致放射性废物的安全处理困难重重，避免单纯的核能安全问题演变成不必要的情绪性和政治性争论。欧盟"放射性废物和核废料安全框架指令"特别订立了"透明度规则"[1]，强调透明度在放射性废物管理中具有重要的意义，所有利益相关方确保都能够获得有效的信息和机会，从而参与到国内国际权益规范的订立和决策过程之中，该指令第十章进行了更为详细的阐述。

1　程荃. 欧盟核安全立法的新发展及其对中国的启示［J］. 时代法学，2012（3）：100-108.

第七章　事后阶段：核能安全应急制度

一、核能安全应急制度的发端

　　核事故是源自核设施运行和开展核活动过程中发生的意外事件，是很少发生的严重偏离运行工况的状态，在这种状态下，放射性物质的释放可能或者已经失去原有的控制，达到了不可接受的水平。一般性质的核事故会对场内的工作人员造成一定程度的放射性伤害，也有可能会给核设施或核装置周边的生态环境带来放射性污染；较为严重性质的核事故则很有可能带来超越设施场内范围的放射性物质泄漏，对场外周边环境造成污染，威胁周边群众的身体健康和生命安全，更有甚者可能会带来跨越国界的放射性污染和损害。核安全制度的首要手段一定是预防，防止核事故的产生，或者能够将其发生概率降到极低，但无法保证绝对不发生核事故。面对这种可能性，理当有一套机制来应对，即本章要阐述的核能安全应急制度。所谓核能安全应急，是一种采取不同于常规秩序以及正常工作流程的紧急状态下的行为，目的是控制核事故的态势、延缓核事故的发展、减轻核事故的损害后果，这必须是由官方主导，涉核企业全力协助，其他各方协同参与，社会各界统一展开应对的应急行为。核能安全应急工作事关重大、关乎全局，无论是对公众利益和自然环境的保护，还是对维护社会稳定和保障国家安全，都有着重大的政治和社会意义。三里岛、切尔诺贝利以及福岛等各次重大核事故的历史教训清晰地告诫我们，国际社会必须倍加关注核事故应急的极端重要性，根据国际原子能机构的建议和强调，各个国家、地区和国际组织必须建立行之有效且相互兼容并包的预先安排，这样才有能力对实际存在的、隐约潜在的或者是可细微察觉的核能或者放射性紧急事件和紧急情况作出早期预警、充分准备并开展有力响应，这一切行动的开展不论这一紧急情况是意外事故，或是疏忽产生的，还是蓄意行为所致的。同时重点强调成员国以及国际组织间无私的、及时的、真实的资料共享活动。针对此，国际原子能机构主持修订了《及早通报核事故公约》《核事故或辐射紧急情况援助公约》，并在维也纳总部创建了应急响应中心（Emergency Response Centre，ERC），该中心于1989年开始正式工作，专门负责核事故相关信息的收集、核对和快速传送等工作。除此之外，国际原子能机构为了增强成员国和机构自身的核事故应急响应能力，还专门组织专家编写了有针对性的指导手册，定期组织开展应急响应的内部和外部演练活动。核能安全应急制度成为核能安全预防制度之外的亡羊补牢之举，国际组织和各国通过建立核能安全应急与响应制度，力图控制核事故发生时的局势，尽力将事故带来的损害或影响控制在最小范围内。

在分析评论美国三里岛核事故时，克曼尼牵头组成的总统授权委员会的结论是："事故的根本原因是运行人员的操作错误"，该委员会特别总结了造成运行人员混乱的四个主要因素：第一，对运行人员的培训严重不足，尽管对正常运行具有充分的培训，但缺乏对严重事故的应急培训；第二，具体的操作程序引起的混乱，可能也确实导致了错误操作；第三，补救措施没有包括此前发生过的核事故的处理措施；第四，控制室的设计混乱，不足以用于进行事故处理。在此事件之后，美国核能监管署增加了安全检查，加强了执法，并制定和改进了与紧急预案有关的制度，而在三里岛核事故之前，人们从没有关注过核事故现场之外的紧急预案。自此，国际上开始关注核能安全应急制度。

国际法层面的公约中对核能安全应急制度也进行了明确的规制。《核安全公约》第十六条规定：各缔约方应当采取恰当的步骤，用以确保核设施预先准备好场内和场外的分类应急计划，并依据计划开展定期的演习活动，而且应急计划中必须包括一旦发生紧急情况时可能要进行的一切活动。《乏燃料管理安全和放射性废物管理安全联合公约》的第二十五条则专门研究了乏燃料和放射性废物管理的应急制度并提出要求：在乏燃料或放射性废物管理设施开始运行之前以及运行期间，各缔约方都应该确保已经准备好恰当有效的场内和场外应急计划。以上所提及的应急计划必须按照适当的频度进行演习，才能在需要时准确有效地发挥作用。此外，《核事故或辐射紧急情况援助公约》中则对跨界核事故中缔约国的援助应急义务加以强调。

作为对国际公约的积极响应，各核电大国逐步开始完善本国的核能安全应急制度体系。美国在三里岛核事故后筹建了全美应急反应枢纽——联邦应急署，并安排核监管委员会加快制定出国家应急计划标准，并于 1985 年正式发布《联邦辐射应急响应预案》，2004 年发布了包含《核与辐射事件附件》的《国家应急计划》，随后在 2008 年更新充实为《国家应急框架计划》。[1] 法国于 1987 年颁布《组织救援和应急响应制度》，并于 2001 年通过《关于核营运者紧急预警程序和相关责任的法令》[2] 给予具体实施。日本早期通过 1961 年颁布的《灾害对策基本法》对核事故应急事项加以规制，但在 1999 年 JCO 临界事故之后则专门制定了《核灾害应对特别措施法》，并于 2012 年得到进一步修改完善。可见各国都将核能安全应急制度作为核安全的最后防线加以重视，我国理当不容忽视。

1　黄平，倪峰.2012 年美国问题研究报告［M］.北京：社会科学文献出版社，2012：245–246.
2　徐原，陈刚.世界原子能法律解析与编译［M］.北京：法律出版社，2011：480.

二、我国核能安全应急的法治现状及重要任务

核应急工作在我国一贯得到高度的重视，坚持将核应急工作与核电决策同时考虑、同时部署，在应对涉核突发事件、推进一案三制（应急预案、法制、体制、机制）建设、各层级核应急能力提升、开展核应急演习演练等方面都取得了整体进展，为核能事业始终保持良好安全记录作出了突出贡献。中国国家核事故应急委员会成立于1991年，1993年《核电厂核事故应急管理条例》正式颁布施行，以法律文件的形式正式明确了核应急工作的基本规范，随后又修订完成了《国家核应急预案》。2016年国务院新闻办公室发布了我国核能领域第一部白皮书——《中国的核应急》，开展回顾总结，再次强调了"常备不懈、积极兼容，统一指挥、大力协同，保护公众、保护环境"的基本方针。伴随着核能事业的发展，我国核能安全应急又面临着艰巨的新任务，国家核事故应急协调委员会归纳提出了我国核应急工作在"十三五"期间的九大主要任务：一是完善核应急法律法规，修订《核电厂核事故应急管理条例》；二是加强各级应急预案的编制和应急预案体系建设；三是大力发挥国家核应急响应中心所承担的中枢功能，充分实现全系统内的互联互通；四是大力提升国家整体核应急能力，组建国家级核应急救援队伍；五是逐步提升国家各级核应急技术力量的支持实力；六是加快促进核应急技术领域的科技创新和装备研发工作；七是抓好各类核应急演习演练与人员培训；八是有效组织核应急宣传和科普；九是积极深化核应急领域高水平多层面的对外合作交流。

本书认为，其中第一条、第三条、第六条、第九条尤为重要。

首先，第一条关注的是核应急法治化问题，其实不仅仅是《核电厂核事故应急管理条例》应当修订完善，作为核能安全法律制度的重要组成部分，核应急制度也应当在《核能法》和《核安全法》中进行明确。现行替代核能领域基本法地位的《放射性污染防治法》中已有

涉及，如第二十五条规定，核设施营运单位应依照核设施实有的规模和特殊性质，量身定制核事故场内应急计划，预先做好核事故应急准备；如若出现应急状态时，该核设施营运单位必须第一时间采取准确有效的应急措施控制事故发展，并及时向核设施主管部门和环保、卫生、公安等各相关部门进行汇报。第二十六条规定，国家要建立完善的核事故应急制度，核设施主管部门和环保、卫生、公安等各有关行政部门，要遵照本级政府的领导，依照职责分工依法完成好核事故应急的各项任务；中国人民解放军、中国人民武装警察部队要按照国务院、中央军委相关要求有效支援核事故应急工作。但以上内容是不充分的，在后期立法工作中，建议成体系化地建立核应急法律制度，在《核安全法》中以独立的章节予以阐述。比如总括性的条文建议可表述为："为保障核能安全，国家实施核能应急制度，要求各级政府及相关业务部门依职权范围做好核事故应急工作，要求核设施运营单位或涉及放射源的生产、销售、使用和贮存事项的其他单位，都必须积极主动地建立健全核事故应急制度，制定科学完善的核事故应急计划，充分做好应急准备。"2017年颁布的《核安全法》独立设置了第四章"核事故应急"，但并没有概要性的条款，章节初始就从机构设置和职能说起，总体逻辑上较为分散。

其次，第三条是事关畅通的国家核应急体系，这个体系能够被看见、被感知的部分就是各级互联互通的状态。但是我国的现状是已有国家、省级、运营单位三个层级，每个层级都有众多的构成单位，例如光国家层级就有26个协调委成员单位。真正的核能应急联动就是要确保这个庞大体系实现硬件和软件的互联互通，硬件是指网络、专线、视频、传真、电话的五通。所谓"通"，应当是大家能够遵循同一标准和口径开展有效对话和协作。比如说核事故中如何汇报情况、何时汇报、汇报频次如何、汇报哪些数据，就应当有一个统一的标准可以参照执行，这是个讲究细节的工程，对核应急效果将产生至关重要的影响，必须高度重视。

再次，第六条其实强调的是核事故后的反思和改进，希望建成后果评价与决策支持系统。关注点在于核事故发生以后的阶段，回顾事故原因、事故进程、评价事故影响、预测事故危害，这一切将为核事故救援组织者提供必要的决策依据，打造一个可以用来研究、分析、判断核事故发生、演变、发展等趋势的软件系统，是果断做出科学核应急决策的关键。

最后，第九条强调的是涉外核应急工作的开展，"核装置国国内区域发生核事件并对其他国家或在国家管辖范围以外的其他地区造成损害的情形"在国际社会中已不少见，正所谓核事故影响无国界，如日本福岛核爆炸事故，对我国及相关邻国造成了重大影响和威胁。在确保本国核设施安全的基础上，我们有必要认真对待涉外核应急工作，与相关国家和地区寻求合作，建立核应急事务联系的双边或多边机制，开展核应急交流，履行我国已加入的"国际核应急响应与援助网络"的国际责任，履行我国已加入的《及早通报核事故公约》《核事故或辐射紧急情况援助公约》的法定义务，有力地支持国际原子能机构在全球核应急领域工作的开展，遗憾的是现有法规条款中并没有体现这一点。

三、完善我国核能安全应急制度的具体法律途径

核应急行为的目标是尽可能地抑制核事故的发生和发展、降低核事故可能带来的不利影响、减轻核事故可能造成的损害结果，从而采取有别于日常状态和通常秩序的一种紧急行为，这类紧急行为必须由政府统一主导、涉核单位和企业主动配合、社会各方积极协同，统一应对才能顺利达成既定目标。国际原子能机构的《基本安全原则》提出，各国政府有责任做好恰当安排，保证核设施现场、所涉地区、国家等的各级机构都能对核辐射相关的紧急情况作出及时有效的响应。遵循以上国际文件要求，我国已建有核能安全三级应急准备和响应体系，

即核设施运营单位、省级、国家级，但法律层面的系统规范一直缺乏。我国虽已有《突发事件应对法》，针对突发性环境事件进行了概要性规范，逐一规定了风险防控、应急准备和处置、事后恢复还原等工作，但各领域尤其是核能工业的特性决定了我国需要有一部专门的法规来规范核能领域突发事件的应对工作，这就必须通过制定《核设施核事故应急管理条例》等类型的专门法规文件来加以实现。1993 年颁布的《核电厂核事故应急管理条例》的适用范围仅限定于核电厂，但现实情况是随着核能产业的发展，核事故的发生已不会局限于核电厂之内，诚然核电厂依然是概率最大的发生地，但能够发生放射性物质释放、造成重大辐射后果的却不限于此。根据《民用核设施安全监督管理条例》第二条的规定可以发现，所谓的民用核设施所涵盖的内容很广泛，主要有核动力厂类，又细分为核电厂、核热电厂、核供汽供热厂等；其他反应堆类，具体包括研究堆、实验堆、临界装置等；此外，还有对核燃料进行生产、再加工、移动运输、短期或长期存储及后处理设施；放射性废物的处理和处置设施；等等。因此，1993 年的应急管理条例已无法涵盖现有的核设施应急管理需求，亟待扩大规范范围，填补缺失内容。本书建议除了在《核安全法》中独立设置核安全应急章节外，还应当在核能安全法律体系中增加制定《核设施核事故应急管理条例》，立法层次应属于由国务院颁布的统管规制核应急管理事务的行政法规，条例内容应包括核设施事故、应急机构及其职责、应急日常准备工作、应急对策、应急防护措施、应急状态终止、经济和物质保障、违规责任追究等。

（一）核事故发生之前阶段的应急前置工作

主要任务之一是编制核事故应急预案，完善核应急预案体系。《核安全法》层面对国家各级组织的预案编制义务加以规定，分级分层分配应急预案任务，安排了国务院核工业主管部门牵头制定国家核事故应急预案，经国务院批准后组织实施，审批决策层级得到了很高的重视。还要求国家核事故应急协调委员会成员单位根据国家核事故应急预案部署，制定本单位核事故应急预案，报国务院核工业主管部门备案。接下来，根据事故发生地划定边界，分为场内场外，由不同的责任主体承担：省、自治区、直辖市人民政府要指定部门制定本行政区域场外核事故预案，报国家核事故应急协调委员会审批；核设施营运单位则负责本单位场内核事故预案，上报部门也有所不同，报国务院核工业主管部门、能源主管部门和各级人民政府指定部门备案，特别区别于场外应急预案的审批方式。此外，中国人民解放军和中国人民武装警察部队按上级规定，针对本系统支援地方的核事故应急工作编制预案，报国务院核工业主管部门备案。

自 1997 年首次发布之后又经多轮修改形成了现行的《国家核应急预案》，这是我国中央政府为了应对处置核能安全事故事先准备的基本工作方案，预案之中对核能应急准备与响应的组织架构、核应急工作指挥与协调机制、核事故应急响应分级机制、核事故后恢复重建行动、应急事先准备与保障措施等都作出了全面的规定。按照《国家核应急预案》要求，各级政府部门和核设施营运单位都应形成各有特色的核应急预案，还要定期接受复审并进行修订完善，相互呼应形成配套衔接的全国核应急预案体系。这也是对现行《环境保护法》第四十七条的切实履行，即"企业事业单位应依照国家规定制作突发环境事件应急预案，并且上报环境保护主管部门等有关部门备案"。各级核能安全应急预案涵盖的内容理应大致相同，基本构成如下：总则性事项、技术基础、应急组织、应急准备、应急响应、应急终止和恢复正常秩序、术语解释等条款。《国家核应急预案》规定的国家核应急领导组织为国家核事故应急协调委员会，该委成员单位包括 18 个部门，下设国家核事故应急办公室作为行政管理机构，由国防科工委牵头运行。接续前文多次提到的建议，我国应归总核安全管理机构权限，建立相对集中统一的核安全管理机构，届时国家核应急工作的行政职权也应当一起调整。

主要任务之二是加强应急日常准备。核事故应急工作必须坚持常备不懈，针对核设施随时可能发生的核事故，自核设施运营单位至国务院指定部门都有责任预先制订应急计划，分别为场内、场外和国家核事故应急计划。应急计划是核能安全纵深防御的最后屏障，因此各级计划应做到协调一致、有机衔接，并由有责部门完全履行送审报批和备案存档手续。各类应急计划中应当列明核事故应急工作的基本目标和任务；责权组织及其职责；应急计划区[1]划分；干预水平和导出干预水平[2]；应急准备和响应的详细方案；应急物资的准备；各方配合支援事项等。核事故应急计划的重要地位不容忽视，应要求在进行核设施选址和设计时就纳入考虑，只有应急计划获批后方可启动核实施装料等工作。此外，还应通过法规规章分类规范应急设备维护、应急知识宣传教育、应急工作人员培训、核事故应急演习等日常准备工作。

主要任务之三是建立核能安全预警机制。核能安全预警机制首先要以核能安全评价研究为数据基础，构建国家核能安全监测预警模型，依据全国核能安全实时监测结果和模型运作原理，推演国家核能安全系统的未来演变趋势从而形成预警内容。通过这一安全预警机制可以及时发现、分析系统运行的常态和非常态及其原因，探究系统运行的优势及限制。将核能安全预警机制与核事故应急预案进行有效对接后，能够为及时启动核事故应急系统并对化解核能安全隐患进行有效指导，为国家核能安全战略决策提供科学依据。核能安全预警机制应覆盖核能利用全过程，无论是日常还是事故中，预警机制都应当得到一致的贯彻。

1　应急计划区是指为在核电厂发生事故时能及时有效地采取保护公众的防护行为，事先在核电厂周围建立、制订应急计划并做好应急准备的区域。一般包括烟羽应急计划区和食入应急计划区。烟羽应急计划区是指针对放射性烟云引起的照射而建立的应急计划区；食入应急计划区是指针对食入放射性污染的水或者食物引起照射而建立的应急计划区（参见 GB/T 17680—2008《电厂应急计划与准备准则》）。
2　干预水平是指预先规定的用于在异常状态下确定需要对公众采取应急防护措施的剂量水平（参见《核电厂核事故应急管理条例》国务院第 124 号令，1993 年）。

（二）核事故发生之后阶段的应急处置工作

主要任务之一是继续做好预警监测工作。这一阶段的预警监测工作是上文提到的核能安全预警机制的重要组成部分，是日常安全预警工作在特殊状态下，即事故状态下的延续。事故状态下的预警监测工作的要求更为严格，科学高效是基本要求。2015 年修订实施的《环境保护法》中已确定了要新建环境预警机制的基本原则和重点要求，法条第四十七条第二款中提出，县级以上人民政府应当根据本行政区划的需求和特点，建立并完善环境污染公共监测预警机制，组织责任部门制定预警方案；一旦环境受到污染，进而可能危害公众健康和自然环境安全，必当依法及时公布环境预警信息，果断采取应急措施。因此，在核能安全领域引入并强化预警监测机制顺理成章。当核能安全事故发生时，有关核能安全的数据、信息表明核事故即将发生或极有可能发生时，政府责任部门应及时发布预警公告，广泛通告社会民众，宣告进入核事故预警状态；并严格履行监测职能，随时关注掌握核事故发生态势，根据监测结果更新预警信息。核能安全预警监测制度应当包括核能安全预警监测系统的建立与运行、核能事故等级认定、预警宣告、监测执行和应急预案的启动等内容。尤其值得注意的是，要严格明确核能安全事故应急事件的分级认定和预警宣告权限，杜绝随意性。根据准确的预警监测数据，一是可以对核事故应急状态的四种级别作出科学的判断，根据应急待命、厂房应急、场区应急、场外应急的不同需求作出指令和响应；二是可以为主管部门做好核事故后果预测评价，从而为采取正确的核事故应急防护措施提供依据；三是也为进一步做好信息公开和民众安抚工作提供基础数据。

主要任务之二是信息公开通报工作。依照环境报告制度（Environmental Report）的要求，能源公司在开发利用能源时，应当按规定时间要求或在能源事故发生后第一时间提供环境报告，说明所涉周边环境面临的情况，阐述污染事故发生的原因，介绍为降低环境负面影响和防范事故再次发生而采取的措施等内容。核事故应急处理中的信息公开通报工作也归属于此类环境报告制度。从国际立法来看，《及早通报核事故公约》中要求，各缔约国有义务对已经引发或可能会引发放射性物质释放的情形，从而已经造成或者可能将会对另外一个或多个国家，造成具有重要辐射安全危害的跨越国家边界的一切事故情况，都应及时向相关国家和国际组织机构进行情况和信息通报。具体通报的内容应该要包括此次核事故的概要情况，例如至少要说明事故的性质、发生的具体时间和方位地点等其他有可能利于减轻辐射危害的各类情报信息。这一信息通报要求的适用范围包括一切与核相关的设施设备和行为活动，这里的核设施包括但不限于：核反应堆、核燃料循环处理设施、管理放射性废物的设施等。行为活动则主要包括：核燃料或放射性废物的运输和贮存；用于农、工、医、科研目的的放射性同位素的生产、使用、储存、运输以及处置；用放射性同位素作空间物体的动力源。同样，在我国《环境保护法》中已规定了突发环境事件应急中企业事业单位的信息通报责任，第四十七条第三款提出：在已经发生或者可能将要发生突发性环境事件时，涉事企业事业单位必须立即采取相应措施，及时通告可能受到辐射危害的周边单位和居民，并同时向环境保护主管部门和有关部门报告。有必要在《核安全法》之中进行有效的回应，规定突发核应急事项中运营者的信息通报责任。

关于核应急事项中的信息公开通报制度，在具体律法工作中，一是建议要注意这样一个问题：现行的《核电厂核事故应急管理条例》第二十条在设计逐层上报的程序时，较多地用到的是"上级主管部门""国务院核安全部门""国务院指定的部门""省级人民政府指定的部门"等表述形式，这种指向不明的规定会给工作带来巨大的隐患和麻烦。回溯上文提到的现阶段核安全管理部门多头并存的状态，或许就可以理解法规采取这种表达的缘由了。但是在逐步规范统一核能安全主管机构的同时，相对应的此类法律法规中不确定的机构界定模式可以被取代，特别是在应急处理这种严肃紧急的工作中，能够直接、高效、完整地将核事故的信息传递给对口的责权部门和专门业务部门，以便做出正确的行政决策，采取妥当的防护措施。因此，建议在待制定的《核设施核事故应急管理条例》中最大限度地对职权部门做出明确规定。二是建议要将通报的必要内容予以法定明确，通报中应当涉及的必要的基本信息包括以下内容：对核事故的基本描述、核事故的性质判定、事故发生的具体时间和确切地点，以及其他任何可能有助于消减辐射危害后果的各类情报信息，并且要统一规定信息公开和通报的最低频次，尽可能多地列明有效的公开形式和通报方式，并强调要做好事故信息续报工作，确保信息的权威性和连续性。

　　主要任务之三是应急响应和善后工作。这一阶段是核能安全事故发生后最直接、最关键的管理应对阶段，主要强调对核能安全事故的危机管理，包括采取应急响应和保障措施、控制事故影响范围、加速恢复工作等。分析现有法律法规，本书有以下建议：一是做好与国际立法接轨的工作。1989 年国际原子能机构发布了一份《应急通知和援助技术操作手册》，最新版本于 2002 年 12 月 1 日发布出版。为了确保核事故信息的快速交换，其对核设施内部的事件，定义了报警、场区应急和总体应急三种应急类别；对在核设施外部发生的事件，定义了辐射事故、丢失放射源、卫星重新进入地球和放射性水平增高四种应急类别。这与前文提到的，我国《核电厂核事故应急管理条例》第十九条界定的四个核事故状态等级有所不同。国际原子能机构的定级分类更为细致，首先区分核设施内部和外部，其次再各自细分类别。为统一法律法规口径，便于与国际接轨，更好地参与国际核事故应急支持或者是获得国际社会的应急援助，建议在新的立法中，采用国际通用的核事故应急定级标准和分类。二是要重视核事故应急状态的终止和恢复环节。宣布核事故的终止，并继续采取后续恢复措施，都是应急响应保障的重要组成部分，事关核事故整体时间应急效果。法条中规定了核事故应急状态的终止信息必须是有权的权威部门统一发布，以及终止信息发布的程序，但没有说明核事故应急状态终止的评判标准，即使是有权的权威部门发布也是于法律法规而言无法可依。

此外，应急时期采取的措施仅是暂时的，甚至是有悖于常规的，那么应急状态终止后的恢复措施则非常有必要，现行法规中对这一点已有涉及，《核电厂核事故应急管理条例》第三十条、第三十一条、第三十二条，分别简要规定了政府部门采取措施的依据、提交事故总结报告、核电厂重新启动审批的内容，但内容都很简单，点到为止，缺乏具体可操作性，在后期立法工作中应当完善。而且并未涉及民众的告知解说答疑工作，正如前文分析的，民众的核恐惧心理并不会随着政府相关部门一声令下而立马烟消云散，心理的平复需要时间，信心重建更是艰难。而现行立法中并未关注这点，忽视了公众情绪安抚和信心重建的环节，建议作为政府部门职责要加以点明，要及时开展心理援助，抚慰社会公众情绪，减轻社会恐慌。另外，对核事故应急可能存在的伤亡人员、应急处置工作人员，以及紧急调集征用有关单位及个人的物资等情况，也都没有涉及。这些情形下，有必要规定给予抚恤、补助或补偿，并提供专业的医疗、心理及司法援助等措施。

后 记

　　能源关乎国家未来的经济和安全，能源与每个国民的生活息息相关，作为最具潜力的未来性能源——核能更是承担了更多的责任和使命，至少在人类开发出绝对清洁能源之前，核能将发挥过渡性作用以填补能源空缺。正如陈春生教授所言："从核分裂发现至今，也许在讨论是否当初若无核分裂发现会比较好之问题，已无意义，因为已不可能再走回头路。现在重要的毋宁是如何随着原子核之分裂，有责任地思考人类之未来。换言之，如何有责任地处理核能之和平利用，以使人类拥有未来"，"对技术之运用须有责任地行使，不可能因技术发展所带来之风险，而立即地放弃或下车，而应经由环境政策及法之技术以减轻及掌控风险"。如何做到理性的、有责任的应对？法律正是我们最为有用的助手之一，所以要善用法律这一规制工具，引导核能安全地发挥作用，更好地为人类服务，核安全法正是基于这样的成熟考虑而具有了存在的意义和迫切性。

　　经由前文论述可见，核安全法是一个从安全视角出发，统筹规范核能开发利用全过程全环节的内涵丰富、体系繁杂的法律体系。如何科学出台较为完善的法律文本？在《核安全法》正式实施后，本书重点关注了我国核安全法创制过程中和实际颁布文本中涉及的一些基本问题：基本概念、社会需求、立法模式、适用范围、立法框架、价值定位、立法思路和核心制度，针对现行立法提出了一些意见和建议。本书期待抛砖引玉，让更多的民众和专家关注《核安全法》的诞生、发展和完善，促进原子能法律体系的进一步完善。

第一，安全视角是核能立法规制的首要选择。本书开篇章节就着重厘清核能、安全、核能安全这几个概念，核能自身特性和核能利用的发展历史决定了安全之于其中的核心地位。本书分析了世界和我国核能安全现状，可以清晰地看出忽略安全问题，核能已带给世界无法弥补的沉重创伤，但包括中国在内的各国发展却对核能有着迫切而美好的期待。但相比于科技、行管、经济、文化等手段，法律中形成并框定的核能安全规则，能够更好地预防、规避和化解核能利用风险，可谓确保核能安全的一剂良药，同样，安全也成为统领核能法律的核心。

第二，我国核能安全立法有着完善的国际基础和迫切的国内需求。实践中，国际原子能机构和大多数涉核国家都已从安全角度出发，围绕核安全、核保安、核安防制定了大量法律规范和技术文件，并且在保障核能利用可持续发展中发挥了积极的促进作用，可见国际核能安全立法已相对成熟且法律效果明显。我国核能产业发展日新月异，也积累了一定数量的核能安全领域的法律法规，但不成体系、质量不高、机构松散等问题的存在，严重制约了我国核能产业的可持续发展，影响了我国核能国际地位的提升，甚至危害国家安全、制约国家发展，可见我国核能安全法律制度的建立既可行也必要。

第三，我国核能安全法律制度的价值理念和基本原则既有共性也有特性。核能安全法律制度首先是归属于环境与自然资源保护法，兼而有科技法的部分特质，因此，其首先要承继法律中普适性的价值理念，其次也会体现出所属部门法的价值定位，最终体现在核能安全法律制度中最为显性的是在安全统领下的自由、公平、和谐等价值理念，进而映射为更为具体的主要原则。经综合分析，本书认为，安全原则、可持续发展、信息公开、公众参与是与核能安全法律制度紧密契合的四个重要原则，应当成为构建我国核能安全法律制度所遵循的主要原则，四者作为一种保障核能利用安全的理念和思想，应当贯穿核能事业发展的始终。

第四，我国核能安全法律制度的立法模式建议采取"一主多从"的形式。首先，解决好《原子能法》与《核安全法》二者的关系，二者并行存在是较为合理的立法模式，具体而言，各自的侧重点不同，相互呼应，前者负责原则性的部分，后者负责进一步地细化阐释，另外后者需要解决与核安全相关的一些特殊问题。其次，建议我国核能安全法律制度自身架构采取"一主多从"的模式，在已经集中力量颁布《核安全法》单行本后，应着力提高其主体规范的效力层次，有效发挥顶层设计和概要总括的作用。再针对核安全监管、核安全许可、核安全应急与响应、核安全信息公开、辐射安全防护等各项具体的核安全制度，配合制定具体办法、条例、标准、细则等，重在填补漏洞空白，强化实际可操作性。最后，建议我国《核安全法》的章节架构设置可以优化调整为总则、组织管理、核能安全监管、核能安全预防、核能安全应急、法律责任、国际合作、附则等。

第五，我国核能安全主要法律制度的分类研究。核能安全利用这一庞大的系统工程，必然涉及数量较多的具体法律制度，为了更好地发挥各项制度的作用，本书尝试对其进行分类研究。文中主要依据某一制度在核能安全管理的哪个阶段重点发挥作用，大致将核能安全所涉及的具体法律制度分为三类。

一是核能安全监管制度，贯穿核能安全规制的始终，且主体大多为行政机构。其核心在于核能安全监管机构的设立，国际公约的建议和他国经验教训均表明，应当专门组建或直接指定一个核能监督机构，并正式地赋予妥当公共权力、行政职能、独立财政和人员队伍等必要资源，核能监督机构的各项职能必须与管理核能的所有其他机构组织的职能有效区分，不容重叠交叉。建议我国在国家能源局下设专门的核能司统管核能工业业务，成为一个高级别的综合性核能事务主管协调机构，此外，严格贯彻《核安全公约》确定的监督与管理机构分离的原则，将核能安全监督职能落在环保部的国家核安全局，并扩展其监督职能，牵头做好核能安全计划、核能安全行政许可、核能安全情况监测、核能安全审计和国家安全审查等工作，在一定程度上有效地实现外部监督和实质监督。

二是核能安全预防制度，主要在核事故未发生期间充分发挥作用，其执行主体主要为核能营运单位。核心环节是建立并贯彻好公众参与制度，思考如何比较方便、快捷、经济地去开展公众参与，通过有效的公众参与形式实现核能安全领域的社会感知，并反过来以科学有效的信息去让公众获得感知，影响公众的认知和行为，共同参与核能安全的预防管理工作。前置环节是落实好安全规划制度，妥善处理好核设施选址规划、环境影响评价、设计建造等环节。重要环节是保障核能产业的安全营运，落实好涉核工作人员职业安全制度、核设施安全保卫与监督制度、核能安全责任保险制度。末端环节是实现安全退出，重点关注核设施安全退役制度和放射性废物安全管理制度。

三是核能安全应急制度，在核事故发生之时或之后发挥作用，其主体有核能主管行政机构，也有核能营运单位。核事故会对工作人员、周边民众、自然环境造成不同程度的危害，核能安全应急制度的作用就是作为一套科学有效的机制，来控制核事故的态势、延缓核事故的发展、减轻核事故的损害后果，其必要性和重要性不言而喻。因此，建议除了在《核安全法》中独立设置核安全应急章节外，还应当在核能安全法律体系中增加制定《核设施核事故应急管理条例》等法律层面的系统规范，系统安排核事故应急前置工作和应急处置工作，更好地完成编制核事故应急预案、做好日常应急准备、建立核能安全信息监测预警机制、开展信息公开通报、做好事故中的应急响应和善后工作等。

根据智研咨询发布的《2017—2022 年中国核电市场运行态势及投资战略研究报告》，2014 年底核电项目重启后，2015 年我国新并网发电机组达到 8 台，占当年全世界新并网发电机组数的 80%。截至 2018 年 12 月 31 日，我国投入商业运行的核电机组共 44 台，在建核电机组 20 台。其中，在建以及拟建的核电机组总数量位于世界第一，在建和在运机组总数也高居世界第三位。截至目前，中国大陆所有在运核电机组均没有发生过国际核与辐射事件分级表评定的二级以上事件或事故，日常运作中排放的气态和液态流出物数值远远低于国家标准限值。如何继续保持这种稳定的发展态势，着眼于安全当仁不让。当法治成为全社会共同认可的价值追求和一致的行为模式时，很多看似无解的社会难题就会迎刃而解。居于现代社会的我们，更要善于运用健全的法治去管住任性的权力，为核能工业的发展规划好安全的轨道，防止脱轨，保障其平稳高效运行。

颇为遗憾的是，由于时间和篇幅所限，再加上本人学术能力和阅历所限，本书管中窥豹，对内容丰富的核安全法律制度仅做了一些宏观的、历史性的研究，提出了一些观念性的、思路性的想法，列举了一些具体的制度性建议，存有一定的局限和不足：一是对核能安全法律制度的研究并没有穷尽，仅选取了较为关键性的相关制度加以论述，就制度完整度而言存有不足；二是对核能安全实证分析的深度不够，对现实的行业安全难题和瓶颈仅停留于表象，缺乏深入的调查研究，希望日后有机会能够在核能行业的保密限制范围内进行进一步的实证研究。我们常说"没有调查就没有发言权"，缺乏对现实情况的了解和把握，去制定政策和法律只会是无的放矢、闭门造车。因此想要真正构建出科学适用的中国核能安全法律制度，要更多地学习和了解这个行业的技术和运营以及监管方面的现状，考虑我国与他国的、现代与后代的、理论与实践的种种共性和差异。

在整个过程中，需要不断地提醒自我，是否已经就我国核能安全法律制度背后的若干政策和价值规范进行了深入的思考，并在其相互冲突时进行了权衡和选择。将核能安全纳入法治化轨道是核能和平利用所有参与组织和工作人员肩负的重任，更是法学研究者的社会责任。

主要参考文献

一、中文文献类

（一）中文著作

［1］孙贤胜，钱兴坤，姜学峰.2015年国内外油气行业发展报告［M］.北京：石油工业出版社，2016.

［2］中华人民共和国国务院新闻办公室.中国的能源政策（2012）［M］.北京：人民出版社，2012.

［3］徐原，陈刚.世界原子能法律解析与编译［M］.北京：法律出版社，2011.

［4］郭江，赵晓风，彭直兴.原子及原子核物理［M］.北京：国防工业出版社，2010.

［5］吕艳滨.信息法治：政府治理新视角［M］.北京：社会科学文献出版社，2009.

［6］史蒂芬·布雷耶.打破恶性循环：政府如何有效规制风险［M］.宋华琳，译.北京：法律出版社，2009.

［7］张建伟.政府环境责任论［M］.北京：中国环境科学出版社，2008.

［8］清华大学环境资源与能源法研究中心课题组.中国能源法（草

案）专家建议稿与说明［M］.北京：清华大学出版社，2008.

［9］B.盖伊·彼得斯，弗兰斯·K.M.冯尼斯潘.公共政策工具：对公共管理工具的评价［M］.顾建光，译.北京：中国人民大学出版社，2007.

［10］姜明安.行政法与行政诉讼法［M］.2版.北京：法律出版社，2006.

［11］罗上庚.放射性废物处理与处置［M］.北京：中国环境科学出版社，2007.

［12］阎政.美国核法律与国家能源政策［M］.北京：北京大学出版社，2006.

［13］舒国滢.法理学导论［M］.北京：北京大学出版社，2006.

［14］鞠美庭，张裕芬，李洪远.能源规划环境影响评价［M］.北京：化学工业出版社，2006.

［15］倪健民.国家能源安全报告［M］.北京：人民出版社，2005.

［16］艾德里安·J.布拉德布鲁克，理查德·L.奥汀格.能源法与可持续发展［M］.曹明德，邵方，王圣礼，译.北京：法律出版社，2005.

［17］朱继洲.核反应堆安全分析［M］.西安：西安交通大学出版社，2004.

［18］彼得·斯坦，约翰·香德.西方社会的法律价值［M］.王献平，译.北京：中国法制出版社，2004.

［19］李寿平.现代国际责任法律制度［M］.武汉：武汉大学出版社，2003.

［20］汉斯·J.沃尔夫，奥托·巴霍夫，罗尔夫·施托贝尔.行政法：第二卷［M］.高家伟，译.北京：商务印书馆，2002.

［21］梁西.国际组织法：总论［M］.武汉：武汉大学出版社，2001.

［22］亚历山大·基斯.国际环境法［M］.张若思，编译.北京：法

律出版社，2000．

［23］杨国华，胡雪．国际环境保护公约概述［M］.北京：人民法院
出版社，2000．

［24］汪劲.环境法律的理念与价值追求［M］.北京：法律出版社，
2000．

［25］金瑞林.环境与资源保护法［M］.北京：北京大学出版社，
2000．

［26］王逸舟.全球化时代的国际安全［M］.上海：上海人民出版社，
1999．

［27］王曦.国际环境法［M］.北京：法律出版社，1998．

［28］芭芭拉·沃德，勒内·杜博斯.只有一个地球：对一个小小行
星的关怀和维护［M］.《国外公害丛书》编委会，译校.长春：
吉林人民出版社，北京：中国环境科学出版社，1997．

［29］梅孜.美国国家安全战略报告汇编［M］.北京：时事出版社，
1996．

［30］陈春生.核能利用与法之规制［M］.台北：月旦出版社，1995．

［31］沈宗灵.法理学［M］.北京：高等教育出版社，1994．

［32］国家核事故应急委员会办公室，中国人民解放军总参谋部防化
部.核事故应急响应教程［M］.北京：原子能出版社，1993．

［33］牛津现代高级英汉双解词典［M］.北京：商务印书馆，1993．

［34］V.奥斯特罗姆，D.菲尼，H.皮希特.制度分析与发展的反思：
问题与抉择［M］.王诚，等，译.北京：商务印书馆，1992．

［35］E.博登海默.法理学：法律哲学与法律方法［M］.邓正来，译.
北京：中国政法大学出版社，2004．

［36］R.贝尔格雷夫，C.K.埃伯格尔，冲野秀明.2000 年的能源安
全［M］.王能全，李绍先，刘宁，译.北京：时事出版社，
1990．

［37］中国社会科学院语言研究所词典编辑室．现代汉语词典［M］．
　　　北京：商务印书馆，1987.

［38］米契欧·卡库，詹尼弗·特雷纳．人类的困惑：关于核能的辩
　　　论［M］．李晴美，译．北京：中国友谊出版公司，1987.

［39］世界环境与发展委员会．我们共同的未来［M］．王之佳，柯
　　　金良，等译．长春：吉林人民出版社，1989.

［40］罗斯科·庞德．通过法律的社会控制［M］．沈宗灵，译．北京：
　　　商务印书馆，1984.

［41］洛克．政府论（下篇）［M］．叶启芳，翟菊农，译．北京：商
　　　务印书馆，1964.

［42］黄平，倪峰．2012 年美国问题研究报告［M］．北京：社会科学
　　　文献出版社，2012.

［43］范纯，王威．世界主要国家环境保护法律机制略论［M］．哈
　　　尔滨：黑龙江人民出版社，2010.

（二）中文期刊、学位论文及其他

［1］杜圣华．核电厂设计制造采用的法规、导则、规范和标准［G］．
　　　上海核工程研究设计院．2006.

［2］福岛土壤调查结果 ［EB/OL］．［2016-12-21］．http：//www.rcnp.
　　　osaka-u.ac.jp/dojo/.

［3］马忠法，彭亚媛．中国核能利用立法问题及其完善［J］．复旦学
　　　报：社会科学版，2016，58（1）：149-160.

［4］曹原．日本核损害赔偿制度研究［D］．济南：山东大学，2016.

［5］汪劲．谱写依法治核新篇章［J］．中国人大，2016（21）：35-
　　　36.

［6］王海丹，伍浩松，王政．国外主要有核国家核安全监管和法规体
　　　系概况及启示［J］．中国核工业，2016（10）：28-31.

［7］翟永平．法国的核电悖论［J］．财经，2016（10）.

［8］陶李林 . 论我国核应急法律制度的完善［J］. 科技视界，2016
（13）：284+306.

［9］王岩岩 . 法国核电发展模式对我国的启示［J］. 价值工程，
2010，29（16）：133-134.

［10］国家核安全局网站［EB/OL］.［2016-06-26］http：//nnsa.mep.
gov.cn.

［11］王少华 . 我国核电监管领域的法律真空［J］. 中国电力企业管理，
2015（5）：53-55.

［12］耿保江 . 我国核安全地方立法：沿革、特点及走向［J］. 广东
行政学院学报，2015，27（1），63-68.

［13］庄玉友 . 日本原子能损害赔偿制度研究［J］. 中国能源，
2015，37（10）：35-39.

［14］汪劲，耿保江 . 核能快速发展背景下加速《核安全法》制定的
思考与建议［J］. 环境保护，2015，43（7）：25-29.

［15］新华网日本频道 . 从福岛核电站事故看日本人的核意识［EB/
OL］.［2015-04-06］.http：//japan.xinhuanet.com/2015-04/06/
c1341272394.html.

［16］陈玮 . 德国核能安全和环境保护调控模式借鉴［J］. 人民论坛，
2015（2）：251-253.

［17］胡帮达，汪劲，吴岳雷 . 中国核安全法律制度的构建与完善：
初步分析［J］. 中国科学：技术科学，2014，44（03）：323-
330.

［18］郑玉辉 .《原子能法》立法 30 年［J］. 中国核工业，2014（5）：
36-39.

［19］邹荣，扈黎光 . 科学合理确定《核安全法》适用范围［J］. 中
国核工业，2014（5）：40-42.

［20］胡帮达 . 中国核安全法制度构建的定位［J］. 重庆大学学报（社

会科学版），2014，20（4）：129-134.

[21] 习近平．在荷兰海牙核安全峰会上的讲话［N］．人民日报，2014-03-25（2）.

[22] 刘水林．风险社会大规模损害责任法的范式重构：从侵权赔偿到成本分担［J］．法学研究，2014，36（3）：109-129.

[23] 王社坤，刘文斌．我国核安全许可制度的体系梳理与完善［J］．科技与法律，2014（2）：184-203.

[24] 汪劲．论《核安全法》与《原子能法》的关系［J］．科技与法律，2014（2）：168-182.

[25] 胡帮达．核安全独立监管的路径选择［J］．科技与法律，2014（2）：240-261.

[26] 宋志琼．后福岛时代中国核能法律制度定位研究［J］．环境科学与管理，2014，39（3）：39-41.

[27] 王清军．环境治理中的信息工具［J］．法治研究，2013（12）：107-116.

[28] 王仰文．行政决策责任追究的制度观察［J］．法治研究，2013（12）：98-106.

[29] 伏创宇．核能安全立法的调控模式研究：基于德国经验的启示［J］．科技管理研究，2013，33（17）：245-250.

[30] 巩固．公众环境利益：环境保护法的核心范畴与完善重点［EB/OL］．（2013-03-22）［2013-07-29］.http：//www.civillaw.com.cn/Article/default.asp?id=52444.

[31] 金苍．用什么终结"一闹就停"困局［N］．人民日报，2013-05-08（5）.

[32] 王晓方，王高．核安全立法 保障核能有序健康发展：世界主要核电国家核安全法立法概览［J］．中国核工业，2013（3）：40-43.

［33］张弛，宋大虎，刘黎明，等 . 加拿大核立法研究［J］. 核安全，2013，12（3）：57-61.

［34］邢会强 . 信息不对称的法律规制：民商法与经济法的视角［J］. 法制与社会发展，2013，19（2）：112-119.

［35］刘画洁 . 我国核安全立法研究：以核电厂监管为中心［D］. 上海：复旦大学，2013.

［36］蒋世松 . 国际核应急法律制度研究［D］. 重庆：重庆大学，2013.

［37］国防科技信息网 .2012 年世界核能工业发展回顾：核电政策［EB/OL］. http：//www.dsti.net/Information/News/79834，（2013-01-09）［2017-01-01］.

［38］张铭 . 民用核能安全利用的国际法规制：以福岛核事故为例［D］. 济南：山东大学，2012.

［39］廖乃莹，周凤翔 . 论我国核事故应急法律法规的完善［C］// 2012 年中国法学会能源法研究会年会论文集 . 上海，2012：195.

［40］欧阳恩钱 . 适应气候变化的核灾害应对制度变革［J］. 法学杂志，2012，33（6）：126-129.

［41］洪延青 . 藏匿于科学之后？规制、科学和同行评审间关系之初探［J］. 中外法学，2012，24（3）：537-559.

［42］岳树梅 . 中国民用核能安全保障法律制度的困境与重构［J］. 现代法学，2012，34（6）：115-125.

［43］程荃 . 欧盟核安全立法的新发展及其对中国的启示［J］. 时代法学，2012，10（3）：100-108.

［44］邓禾，夏梓耀 . 中国核能安全保障法律制度与体系研究［J］. 重庆大学学报（社会科学版），2012，18（2）：26-32.

［45］甘继刚 . 核能安全的国际法规制［J］. 湖南警察学院学报，

2012，24（2）：77-80.

[46] 曹霞.美国核电安全与法律规制［J］.政法论丛，2012（1）：103-110.

[47] 苏勇.生态安全视角下核能开发利用的法律规制［D］.重庆：西南政法大学，2012.

[48] 黄锡生，宋志琼.跨界核损害责任的制度缺陷及其立法完善［J］.甘肃政法学院学报，2012（6）：42-46.

[49] 赵威.原子能立法研究［J］.法学杂志，2011，32（10）：14-19+144.

[50] 丁学良.核电站安全，制度比技术更重要［J］.南风窗，2011（18）：92.

[51] 刘武俊.原子能立法难产27年的立法反思［J］.人大研究，2011（7）：37-38.

[52] 杨春福.风险社会的法理解读［J］.法制与社会发展，2011，17（6）：106-114.

[53] 贾颖.浅谈我国核责任保险［J］.中国保险，2011（5）：47-49.

[54] 范纯.简析日本核电安全的法律控制体系［J］.日本学刊，2011（5）：47-61.

[55] 黄锡生，落志筠.中国核能利用立法现状及前瞻［J］.绿叶，2011（4）：82-89.

[56] 蔡先凤.核电安全风险管理、信息公开与法律保障［J］.绿叶，2011（4）：70-76.

[57] 陈伟.中国核安全法论纲［J］.北华大学学报（社会科学版），2011，12（4）：84-87.

[58] 黄倩.中国核事业立法拖延27年归因主管部门频繁变动［N］.检察日报，2011-04-07.

［59］葛先园．主体间型立法的概念及其意义［J］．法律科学（西北
　　　政法大学学报），2011，29（4）：52-59.

［60］陈伟．核安全法的指导思想、体系与内容［J］．沈阳工程学院
　　　学报（社会科学版），2011，7（3）：370-372.

［61］宣海林．全球核安全体系反思［J］．今日国土，2011（3）：
　　　26-27.

［62］闫高丽．我国规划环境影响评价法律制度的问题研究［D］．上
　　　海：上海交通大学，2011.

［63］刘芳．核电领域国际法和国内法问题研究［D］．北京：华北电
　　　力大学，2010.

［64］董韦．"风险社会"理论与风险管理再造［J］．安顺学院学报，
　　　2010，12（4）：75-77.

［65］宋爱军．我国核能安全立法研究［D］．长沙：湖南师范大学，
　　　2009.

［66］花明，陈润羊．我国核安全法律体系研究［J］．核安全，2009
　　　（1）：39-45.

［67］陶政．商法价值研究［D］．重庆：西南政法大学，2008：44.

［68］周婷玉，邹声文，艾福梅．我国立法拟对外资并购进行国家安
　　　全审查［N］．中华工商时报，2007-06-25.

［69］阚小冬．试探"政府推动"环境责任保险的经济学依据［J］．
　　　江西师范大学学报（哲学社会科学版），2007（4）：103-
　　　105.

［70］欧阳予，汪达升．国际核能应用及其前景展望与我国核电的发
　　　展［J］．华北电力大学学报（自然科学版），2007（5）：1-10.

［71］陈金元，李洪训．浅谈我国核安全立法问题［J］．核安全，
　　　2007（3）：1-4+9.

［72］马立毅，王建英．我国核安全法规概述［J］．辐射防护通讯，

2007（2）：39-42.

[73] 杨明，李希.台湾"环境基本法"之分析研究［C］//环境法治与建设和谐社会：2007年全国环境资源法学研讨会（年会）论文集（第二册），2007.

[74] 郁祖盛.中国与美国核电厂许可证管理程序的比较［J］.核安全，2006（3）：33-38.

[75] 应松年.政府职能的演变与行政规划［J］.郑州大学学报（哲学社会科学版），2006（1）：5-8.

[76] 李晶晶，屈植.如何建立我国核能安全立法体系［J］.科教文汇（下半月），2006（8）：157-158.

[77] 李晶晶，屈植.我国核能安全立法体系的建设［C］//中国法学会环境资源法学研究会.资源节约型、环境友好型社会建设与环境资源法的热点问题研究：2006年全国环境资源法学研讨会论文集（四）.中国法学会环境资源法学研究会，2006：8.

[78] 韩运旗.从核能到核武：民用核技术与军事核技术要离有多远［J］.今日科苑，2006（12）：11-12.

[79] 张红卫.核能安全利用的法律制度分析［D］.青岛：中国海洋大学，2006.

[80] 张毅.我国已建立起完整的核应急体系［EB/OL］.（2006-05-01）［2006-05-02］.http：//scitech.people.com.cn/GB/1057/4346620.html.

[81] 罗豪才，宋功德.认真对待软法：公域软法的一般理论及其中国实践［J］.中国法学，2006（2）：3-24.

[82] 华月强.加强核企业的安全文化建设［J］.企业文明，2005（5）：42-45.

[83] 司国建.核安全与辐射防护法规体系的现状与发展［J］.核安全，2005（3）：29-33.

［84］王晓丹．浅谈国际核安全立法现状［J］．中国核工业，2003（4）：
39-41.

［85］吴坤．立法确保核能安全［N］．法制日报，2003-01-02.

［86］汪劲．伦理观念的嬗变对现代法律及其实践的影响：以从人类
中心到生态中心的环境法律观为中心［J］．现代法学，2002（2）：
124-130.

［87］蔡守秋．论环境资源法学理论体系的框架［J］．福州大学学报
（哲学社会科学版），2001，15（4）：5-15.

［88］李鞾．主要核国家核安全行政体制及法令［J］．国外核新闻，
2001（7）：4-8.

［89］马维野，王志强，黄昌利．我国能源安全的若干问题及对策思
考［J］．国际技术经济研究，2001（4）：7-11+16.

［90］春江．核能利用与核安全：写在切尔诺贝利核电站爆炸 15 周年
［J］．质量与可靠性，2001（2）：35-40.

［91］张力．核安全：回顾与展望［J］．中国安全科学学报，2000
（2）：15-20.

［92］吕世伦．趋利避害，加强现代西方法律思想文化的研究［J］．
法学家，1999（Z1）：181-185.

［93］张力．核安全文化的发展与应用［J］．核动力工程，1995（5）：
443-446.

［94］张时龙．国际乏燃料运输的基本经验与我国乏燃料运输研究现
状［J］．辐射防护通讯，1994（4）：22-23.

［95］汪劲．论现代西方环境权益理论中的若干新理念［J］．中外法
学，1999（4）：29-38.

［96］叶文．美国成立核电站运行研究所和核安全分析中心［J］．国
外核新闻，1980（9）：33.

［97］国务院环境保护领导小组办公室．《世界自然保护大纲》概要

［J］.自然资源研究，1980（2）：67-69.

二、英文文献类

［1］Helen Cook，George Borovas. The law of nuclear energy［M］. UK：Sweet & Maxwell，2013：381.

［2］Phillip Lipscy，Kenji Kushida，and Trevor Incerti. 2013. "The Fukushima Disaster and Japan's Nuclear Plant Vulnerability in Comparative Perspective."［J］.Environmental Science and Technology 47（May），6082‐6088.

［3］Stephen TromansQC. Nuclear Law：The Law Applying to Nuclear Installations and Radioactive Substances in Its Historic Context（2nd）［M］.Hart Publishing Ltd Oxford，2010.

［4］Stephen Tromans QC，Nuclear Law：The Law Applying to Nuclear Installations and Radioactive Substance in its Historic Context［M］.2nd edition，Oxford：Hart Publishing，2010：31.

［5］Carlton Stoiber，Abdelmadjid Cherf，Wolfram Tonhauser，Maria de Louedes Vez Carmona. Handbook on Nuclear Law：Implementing Legislation［M］.Vienna：IAEA，2010：9.

［6］Internationl Energy Agency. World Energy Outlook 2012［J］. International Energy Agency，2012，2010（1）：3.

［7］Xin Ma，National Oil Company Reform from the Perspective of Its Relationship with Governments：The Case of China，Dundee University，2008：273.

［8］Johann-Christian Pielow etc. "Energy Law in Germany"，in Martha M. Roggenkamp etc. ed. Energy Law in Europe：National，EU and International Law and Institutions，Second Edition，Oxford University Press，2007：679.

［9］Joseph P.Tomain. Nuclear Futures ［J］. Duke Evironmental Law and Policy Forum, 2005（15-3）：222.

［10］Bo Kong, An Anatomy of China Energy Insecurity and Its Strategies ［A］. Pacific Northwest National Laboratory, 2005：1-57.

［11］B. Kong. An Anatomy of China's Energy Insecurity and Its Strategies ［R］. Pacific Northwest national Laboratory, Richland, WA（US）, 2005.

［12］Adrian J. Bradbrook, Richard L.Ottinger.Energy law and sustainable development ［M］.IUCN Environmental Policy and Law Paper, No.47, The World Conservation Union（2003）.

［13］Carlton Stoiber, Alec Baer, Norbert Pelzer, Wolfram Tonhauser. Handbook on Nuclear Law ［M］.Vienna：IAEA, 2003：5.

［14］Carlton Stoiber, Alec Baer, Norbert Pelzer, Wolfram Tonhauser. Handbook on Nuclear Law ［M］.Vienna：IAEA, 2003：7.

［15］Carlton Stoiber, Alec Baer, Norbert Pelzer, Wolfram Tonhauser. Handbook on Nuclear Law ［M］. Vienna：IAEA, 2003：4.

［16］Karen McMillan. Strengthening the International Legal Framework for Nuclear Energy ［J］.Georgetown International Environmental Law Review, Vol.13, No.1, 2001：989.

［17］Ayesha Dias. The Oil and Gas Industry in the Tangled Web of Environmental Regulation：Spider or Fly？ ［C］//Environmental Regulation of Oil and Gas. Kluwer Law International, 1998：77.

［18］Amy B. Rosenfeld ect. Approaches to Minimizing the Environmental and Social Impacts of Oil Development in the Tropics ［C］// Environmental Regulation of Oil and Gas. Kluwer Law International, 1998：288.

［19］Kit Armstrong. Managing Environmental Legal Risks in Oil and

Gas Exploration and Production Activities ［C］// Environmental Regulation of Oil and Gas . Kluwer Law International，1998：359-389.

［20］Zhiguo Gao. Environmental Regulation of Oil and Gas in the Twentieth Century and Beyond：An Introduction and Overview ［C］//Environmental Regulation of Oil and Gas. Kluwer Law International，1998：44.

［21］E.L.M. Burns. Can the Spread of Nuclear Weapons Be Stopped? ［J］. International Organization. University of Wisconsin Press，Vol.19，No.4（Autumn，1965）：851-869.See David Fischer. The First Forty Years，History of the IAEA ［M］.IAEA，1997：19.

［22］Robert W. Schaaf. New Convention on Nuclear Safety ［J］. International Journal of Legal Information，1994，V22（2）：279.

［23］Elena Molodstova. Nuclear Energy and Environmental Protection：Responses of International Law ［J］.Pace Environmental Law Review，1994，V11（2）：586.

［24］Peter Riley. Nuclear Waste Law，Policy and Pragmatism ［M］. Surrey，United Kingdom：Ashgate Publishing Company，1993：10.

［25］Barkenbus J. Nuclear power safety and the role of international organization ［J］.International Organization，1987，41（3）：475-490.

［26］Lamm V.The utilization of nuclear energy and international law ［J］. International Geology Review，1986，18（2）：167-171.

［27］Michael J.Brenner，Nuclear Power and Non-Proliferation：The Remaking of U.S. Policy ［M］.Cambridge Unicersity Press，1981：56.

［28］Kemeny， John et al. Report of the President's Commission on the Accident at ThreeMile Island， The Need of Change： The Legacy of Three Mile Island ［R］.Washington D.C.， Government printing Office， 1979.

［29］International Nuclear Safety Advisory Group. Safety Culture.IAEA Safety Series75–INSAG–4，Vienna.

三、法律法规及其他

［1］国际原子能机构《国际原子能机构规约》（Statute of the International Atomic Energy Agency，1957）

［2］国际原子能机构《及早通报核事故公约》（Convention on Early Notification of a Nuclear Accident，1986）

［3］国际原子能机构《核事故或辐射紧急情况援助公约》（Convention on Assistance in the Case of a Nuclear Accident or Radiological Emergency，1986）

［4］国际原子能机构《核安全公约》（Convention on Nuclear Safety，1994）

［5］国际原子能机构《乏燃料管理安全和放射性废物管理安全联合公约》（Joint Convention on the Safety of Spent Fuel Management and on the Safety of Radioactive Waste Management，1997）

［6］国际原子能机构《放射性物质安全运输条例》（Regulation for the safe transport of radioactive material，GB 11806–89）

［7］国际原子能机构《核法律手册》（Handbook on Nuclear Law，2003）

［8］《国际原子能机构安全术语——核安全和辐射防护系列》（2007年版）（IAEA Safty Glossary 2007 Edition）

［9］国际原子能机构《基本安全原则》（Safety Glossary）

［10］国际原子能机构《核安全标准》（NUSS）

［11］国际原子能机构《放射性废物安全标准》（RADWASS）

［12］欧盟"为核设施的核安全建立共同体框架"的指令（COUNCIL DIRECTIVE 2009/71/EURATOM）

［13］欧盟"放射性废物和核废料安全框架指令"（COUNCIL DIRECTIVE 2011/70/EURATOM）

［14］欧盟"基本安全标准指令"（Basic Safety Standards Directive, BSS）

［15］欧盟"制定防止暴露在电离辐射下而产生危险的基本安全标准"（Laying down basic safety standards for protection against the dangers arising fromexposure to ionising radiation, COUNCIL DIRECTIVE 2011/0254）

［16］《美国原子能法》（Atomic Energy Act of 1954）

［17］《美国能源政策法案》（Energy Policy Act of 2005）

［18］美国《能源部组织法》（The Department of Energy Organization Act）

［19］《美国 1957 年普莱斯 – 安德森核工业补偿法》（Price - Anderson Nuclear Industries Indemnity Act）

［20］《美国 1969 年全国环境政策法》（National Environmental Policy Act, HEPA）

［21］《美国 1974 年能源重组法》（Energy Reorganization Act of 1974）, Pub.L. 93 - 438, 88 Stat. 1233, enacted October 11, 1974, codified at 42 U.S.C.A. § 5801

［22］《美国核废料政策法》（Nuclear Waste Policy Act of 1982）

［23］《美国 1992 年能源政策法》（Energy Policy Act of 1992）

［24］《美国核管理委员会导则》（Regulatory Guides of U.S. Nuclear Regulatory Commission, RG of NRC）

［25］美国"杜克电力公司诉卡罗来纳州环境研究集团公司"案（Duke Powder Co. v. Carolina Environment Study Group, Inc.1978）

［26］美国"卡尔弗特·克利夫协调委员会公司诉美国原子能署"案（Calvert Cliff's Coordinating Committee, Inc. v. United States AEC（D.C. Cir. 1971））

［27］美国"有良知的科学家联合会诉美国核能监管署"案（Union of Concerned Scientist v. United States NRC（D.C. Cir. 1987）

［28］美国"萨福克县诉长岛照明公司"案（Suffolk County v. Long Island Lighting Co.（2nd Cir. 1984））

［29］俄罗斯联邦法律170号－论原子能的利用（Russian Federation, FEDERAL LAW No.170 of 21 November 1995, on the use of atomic energy）

［30］经济合作与发展组织成员国国家核立法概况（Nuclear Legislation in OECD Countries：USA、Japan、Austria、Germany、UK、New Zealand、Korea、France、Canda、Greece）

［31］中国《国务院关于核安全与放射性污染防治"十三五"规划及2025年远景目标的批复》（2017年）

［32］中国《放射性同位素与射线装置安全和防护条例》（2005年，2014年修订）

［33］中国《放射性废物安全管理条例》（2012年）

［34］中国《放射性物品运输安全管理条例》（2010年）

［35］中国《放射性同位素与射线装置安全和防护条例》（2005年）

［36］中国《放射性污染防治法》（2003年）

［37］中国《核电厂核事故应急管理条例》（1993年，2011年修订）

［38］中国《放射性药品管理办法》（1989年，2011年、2017年修订）

［39］中国《国务院关于加强放射性同位素和射线装置放射防护管理

工作的通知》（1987 年）

［40］中国《中华人民共和国民用核设施安全监督管理条例》（1986 年）

［41］中国《国务院对国家核安全局关于核电厂选址、设计、运行、质量保证四个安全规定的批复》（1986 年）